Biologie 5/6

NATUR UND TECHNIK

Hauptschule Baden-Württemberg

Cornelsen

Biologie 5/6
für das 5. und 6. Schuljahr
an Hauptschulen in Baden-Württemberg

Entwickelt von der Redaktion Biologie,
Heidelberg

Autoren:
Jürgen Baatz, Berlin
Prof. Dr. Ernst W. Bauer, Ostfildern-Nellingen
Rektor Ottmar Engelhardt, Neresheim
Dr. Stefanie Esders, Göppingen-Holzheim
Professor Dr. Werner Gotthard, Ostfildern-Kemnat
Udo Hampl, Pörnbach
Professor Hans Herzinger, Ohmden
Dr. Walter Kleesattel, Schwäbisch Gmünd
Heidrun Lehr, Sandhausen
Christiane Piepenbrock, Gütersloh
Professor Dr. Dieter Rodi, Schwäbisch Gmünd
Fachseminarleiterin Ingrid Scharping, Hamburg
Dipl.-Päd. Dr. Anneliese Schmidt-Heinen, Aachen
Dr. Wolfgang Schwoerbel, Biberach/Riß
Ulrich Weber, Süssen
Studienleiter Karl-Heinz Werner, Schenefeld
Dr. Horst Wisniewski, Freising

Berater:
Rektor Karlheinz Engelhardt, Plankstadt
Professor Dr. Werner Gotthard, Ostfildern-Kemnat

Redaktion:
Annerose Bender
Dr. Wolfgang Goll
Dr. Silvia Jander
Carola Lerch
Jutta Waldow

Gestaltung und technische Umsetzung:
Martin Langner

Basislayout:
Karlheinz Groß BDG, Bietigheim-Bissingen

1. Auflage
Druck 4 3 2 1 Jahr 99 98 97 96

Alle Drucke dieser Auflage können im Unterricht nebeneinander verwendet werden.

© 1996 Cornelsen Verlag, Berlin
Das Werk und seine Teile sind urheberrechtlich geschützt. Jede Verwertung in anderen als den gesetzlich zugelassenen Fällen bedarf deshalb der vorherigen schriftlichen Einwilligung des Verlages.

Druck: Stürtz, Würzburg

ISBN 3-464-02174-2

Bestellnummer 21742

Umschlagbild: Joachim Hollatz, Heidelberg

Mein liebstes Tier
Hannah und Daniel haben viel Spaß mit ihren vierbeinigen Hausgenossen. Zwergkaninchen und Meerschweinchen gehören zu unseren beliebtesten Haustieren. Mit dem Erwerb und der Haltung übernimmt man aber auch eine große Verantwortung für ein ganzes Tierleben.

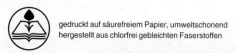
gedruckt auf säurefreiem Papier, umweltschonend hergestellt aus chlorfrei gebleichten Faserstoffen

Inhaltsverzeichnis

Säugetiere als Haustiere und in freier Natur   **5**
    Die Katze – ein eigenwilliger Hausgenosse   6
    Der Hund – verläßlicher Partner des Menschen   10
☐ Der Wolf   11
■ Praktikum: Katze und Hund sind Haustiere   14
    Der Goldhamster – ein possierlicher Hausgenosse   16
■ Praktikum: Der Goldhamster als Haustier   17
    Feldhase und Wildkaninchen   18
☐ Ein Zwergkaninchen als Haustier   20
    Das Meerschweinchen   21
    Die Mongolische Rennmaus   22
☐ Artgerechte Tierhaltung   22
☐ Haustiere können Allergien auslösen   22
■ Zur Diskussion: Verantwortung für unsere Haustiere   23
    Säugetiere im Zoo   24
    Die Mausohrfledermaus – Jäger in der Finsternis   26
☐ Fledermäuse   27
    Der Maulwurf – ein samtener Erdbewohner   30
☐ Spitzmäuse   31
    Das Dromedar – Leben in Hitze und Trockenheit   32
    Der Eisbär – Raubtier in eisiger Kälte   33
    Der Seehund – Robbe zwischen Wasser und Land   34
    Der Delphin – ein schwimmendes Säugetier   35
■ Umwelt aktuell: Säugetiere sind bedroht   36
■ Umwelt aktuell: Säugetiere brauchen unseren Schutz   37
    Gemeinsame Merkmale der Säugetiere   38
    Verwandtschaft bei Tieren   39

Du und dein Körper   **40**
    Wahrnehmung durch unsere Sinne   41
    Das Auge   42
    Sehen mit Augen und Gehirn   43
    Das Ohr   44
■ Praktikum: Sehen und Hören   45
■ Praktikum: Sicher im Straßenverkehr   46
■ Umwelt aktuell: Hilfen bei Sinnesschädigungen   47
    Die Haut   48
    Die Haut hat viele Aufgaben   49
■ Praktikum: Die Haut   50
■ Gesundheit: Sonne und Haut   51
    Die Knochen des Skeletts   52
    Die Gelenke   53
    Bau des Knochens   54
■ Praktikum: Die Wirbelsäule   56
■ Gesundheit: Haltungsschäden müssen nicht sein   57
    Bewegung durch die Muskeln   58
    Sport und Gesundheit   60
■ Gesundheit: Haltungstraining   61

Wir werden erwachsen   **62**
    Die Pubertät   63
    Die weiblichen Geschlechtsorgane   64
    Die männlichen Geschlechtsorgane   65
    Ein Kind entsteht   66
    So wächst das Kind im Mutterleib   68
    Das Kind wird geboren   70
    Zwillinge   71
    Zärtlich sein   72
    Vom „Nein-Sagen"   73
☐ Elis Onkel   73

Aufbau und Verwandtschaft der Blütenpflanzen   **74**
    Aufbau einer Blütenpflanze   75
    Von der Blüte zur Frucht am Beispiel der Kirsche   76
■ Praktikum: Die Kirsche   79
    Verwandschaft bei Pflanzen – die Familie der Rosengewächse   80
    Obstsorten aus der Familie der Rosengewächse   82
☐ Obstbäume werden veredelt   83
    Die Familie der Kreuzblütler   84
    Die Familie der Schmetterlingsblütler   86
    Die Familie der Lippenblütler   87
    Besondere Lebensbedingungen – Pflanzen am Bachrand   88
    Pflanzen am trockenen Wiesenhang   89

Tiere und Pflanzen in unserer Kulturlandschaft   **90**
    Das Rind – unser wichtigstes Nutztier   91
    Vom Wildschwein zum Hausschwein   94
■ Zur Diskussion: Haltung unserer Nutztiere   95
    Getreide – unsere wichtigsten Nutzpflanzen   96
    Die Kartoffel   100
☐ Die Tomate   101
■ Praktikum: Gemüseanbau im Schulgarten   102
■ Praktikum: Kartoffelanbau im Schulgarten   103
    Kreislauf der Stoffe   104
■ Kennübung: Sonderkulturen in Baden Württemberg   105
    Wildkräuter beleben unsere Kulturlandschaft   106
■ Umwelt aktuell: Viele Ackerwildkräuter sind gefährdet   107
    Lebensraum Wiese   108
    Das Wiesenjahr   109
    Wildpflanzen der Wiese   110
■ Praktikum: Anlegen eines Herbars   111
    Wildtiere in Wiese und Feld   112
    Der Mäusebussard   114
    Die Feldmaus   116
    Feldmaus und Mäusebussard   118
■ Praktikum: Biologisches Gleichgewicht bei Feldmaus und Mäusebussard   119
    Der Igel – Wildtier in unserem Garten   120
☐ Igelschutz   121
    Der Regenwurm – ein nützlicher Erdbewohner   122
■ Praktikum: Regenwurmparade   124
    Von Glückskäfern und Pflanzensaftsaugern   125
☐ Beobachtung von Blattläusen   125
    Schädlingsbekämpfung   126
    Integrierte Schädlingsbekämpfung   128

■ Praktikum: So bekämpft man Blattläuse im Garten	129
Gefährdete Tiere der Feldflur	130
Abwechslungsreiche Landschaft oder eintönige Nutzfläche?	132
Landschaft im Wandel	133

Fische, Lurche und Kriechtiere   134

Ein Leben im Wasser – Fische	135
□ Wie richte ich ein Aquarium ein?	137
■ Praktikum: Leben im Wasser	138
Die Forelle	139
Der Hecht im Karpfenteich	140
Wandernde Fische	142
Der Grasfrosch ist ein Lurch	144
Der Feuersalamander ist ein Lurch	147
Einheimische Lurche	148
Rettet die Lurche	150
■ Umwelt aktuell: Unsere Lurche sind bedroht	152
■ Praktikum: Wir helfen den Lurchen	153
Kriechtiere	154
Die Zauneidechse ist ein Kriechtier	154
□ Die Blindschleiche	156
Die Ringelnatter ist ein Kriechtier	157
Die Kreuzotter ist ein Kriechtier	159

Vögel – Akrobaten der Luft   160

□ Nisthilfen für Vögel	161
Schnellflieger Taube	162
■ Praktikum: Vogelfedern	163
Das Huhn	164
□ Wildhühner	165
Die Amsel	168
■ Praktikum: Wir untersuchen ein Amselnest	169
Der Buntspecht und seine Verwandten	170
Der Kuckuck ist ein Brutschmarotzer	172
Außergewöhnliche Vögel – Anpassungen an besondere Lebensräume	173
Zugvogel und Vogelzug	174

Die Vielfalt der wirbellosen Tiere   176

Die Honigbiene	178
Leben im Bienenstaat	180
■ Praktikum: Körperbau der Biene	183
Die Bienensprache	184
■ Praktikum: Besuch beim Imker	185
Der Kohlweißling ist ein Insekt	186
Die Rote Waldameise ist ein Insekt	188
□ Beutetiere der Roten Waldameise	189
Die Weinbergschnecke ist ein Weichtier	190
■ Kennübung: Wirbellose Tiere	191

Lebensraum Wald   192

Der Wald – eine Lebensgemeinschaft	193
Wald ist nicht gleich Wald	194
Wie man Bäume erkennt	195
Das Jahr der Buche	196
Die Fichte	198
Waldbäume	200
Der Baum im Herbst und Winter	202
□ Barbarazweig	203
Sträucher – Schutz und Nahrung für Tiere am Waldrand	204
■ Kennübung: Bäume und Sträucher im Herbst	206
■ Praktikum: Samen und Früchte	207
Pilze im Wald	208
■ Kennübung: Säugetiere des Waldes	210
■ Kennübung: Vögel des Waldes	211
Das Reh im Jahreslauf	212
Der Fuchs – verfolgtes Raubtier unserer Heimat	214
□ Der Dachs	215
Mit dem Förster im Wald	216
Fressen und gefressen werden	217
Kreislauf der Stoffe im Wald	218
■ Praktikum: Tiere in der Laubstreu	219
Die Salweide – ein Baum mit zwei Gesichtern	220
Der Haselstrauch und der Wind	221
Das Scharbockskraut – Frühblüher mit Wurzelknollen	222
Das Buschwindröschen – Frühblüher mit Erdspross	223
Schattenpflanzen des Waldes	224
■ Praktikum: Lichtverhältnisse im Wald und am Waldrand	225
■ Kennübung: Geschützte Pflanzen im Wald	226
■ Kennübung: Giftpflanzen im Wald	227
Urwald in Deutschland	228
Vom Urwald zum Forst	229
Der Fichtenborkenkäfer – Schädling im Fichtenforst	230
■ Praktikum: Die Entwicklung des Fichtenborkenkäfers	231
■ Umwelt aktuell: Wir brauchen den Wald	232
Der Wald als Erholungsraum	233
□ Einige Gebote zum Verhalten im Wald	233
Wald in Gefahr	234
■ Praktikum: Erkennen von Waldschäden	235

Register   236

Bildverzeichnis   240

Säugetiere als Haustiere und in freier Natur

Die Katze – ein eigenwilliger Hausgenosse

Mit ihrem Körper drückt die Katze ihre Stimmung aus.

a Sie fühlt sich wohl.
b Sie ist beunruhigt.
c Sie sucht Anschluß.
d Sie ist gereizt.
e Höchste Vorsicht ist geboten.
f Sie greift gleich an.

Die drei Katzensprachen

Körper. Katzen sprechen nicht unsere Sprache. Dennoch teilen sie uns mit, wie ihnen zumute ist und was sie vorhaben. Sie drücken das mit ihrem Körper aus:

Wenn du einer Katze zu nahe kommst, kratzt sie nicht sofort, sondern *droht* zuerst einmal. Dabei kann sie unterschiedlich stark drohen: Zunächst legt sie die Ohren an und kneift die Augen zu schmalen Schlitzen. Schlägt sie mit dem Schwanz hin und her, droht sie stark. Macht sie einen Bukkel und zeigt die Zähne, dann steht ein *Angriff* bevor. Diese Zeichen verstehen auch alle Katzen und verhalten sich entsprechend.

Stimme. Katzen können sich durch Laute verständigen:
Sie *schnurren,* wenn sie sich wohl fühlen. Sie *knurren* oder *fauchen,* wenn sie warnen oder angreifen wollen. Sie *miauen* vor der geschlossenen Tür oder wenn sie Hunger haben. Sie *jaulen* laut zur Paarungszeit, wenn sich Kater und Kätzin suchen.

Duftmarken. Katzen können sich durch Geruchszeichen verständigen:
Sie verspritzen Harn und hinterlassen so eine *Duftmarke.* Auch mit Duftstoffen, die in Duftdrüsen am Schwanz gebildet werden, kann markiert werden. Auf diese Weise kann jede Katze riechen, daß hier schon eine andere Katze war und daß sie sich in einem fremden Revier befindet.
Revier nennt man das Wohngebiet eines Tieres.

> Katzen können sich auf dreierlei Weise verständigen: mit ihrem Körper, mit ihrer Stimme und mit Duftmarken.

1 Was fällt dir zu folgenden Redewendungen ein: wie Hund und Katze; falsch, wie eine Katze; nachts sind alle Katzen grau; eine Katze hat sieben Leben; wie die Katze um den heißen Brei gehen?

Hauskatze

Woher die Katzen stammen

Falbkatze. Man weiß nicht genau, wie die Katze zum Haustier wurde. Wahrscheinlich hat sie sich vor mehr als 5000 Jahren in *Ägypten* an den Menschen angeschlossen. Damals begannen die Menschen in diesem Land vor allem Getreide anzubauen. Es gab viel Korn und folglich viele Mäuse. Das zog die dort lebenden Wildkatzen an. Sie gewöhnten sich an die Nähe der Menschen, die den kleinen Mäusefänger gerne duldeten. Aus alten ägyptischen Abbildungen weiß man, daß cadiska, wie die Katze genannt wurde, später auf Schiffen, in Kornspeichern und Wohnhäusern als *Mäusefängerin* gehalten wurde.

Noch später wurden die Katzen in die Tempel aufgenommen und als *heilige Tiere* verehrt. Wer eine Katze tötete, mußte mit der Todesstrafe rechnen. Bald hielten sich viele Familien Katzen als Haustiere. Starb eine Hauskatze, so rasierten sich alle Familienmitglieder zum Zeichen der Trauer die Augenbrauen ab.

Die Wildkatze der Ägypter war die *Falbkatze,* die auch heute noch wild in vielen Ländern um das Mittelmeer vorkommt. Sie liebt die *Wärme* und *sonnt* sich gern stundenlang.

Falbkatze aus Ägypten

1 Woran merkt man bei einer Hauskatze heute noch, daß die Falbkatze aus Ägypten einer ihrer Vorfahren ist?

2 Die Falbkatze ist ein Einzelgänger. Trifft dies auch für die Hauskatze zu?

Europäische Wildkatze. In den weiten Wäldern der Eifel oder auch des Hunsrück gibt es heute noch die *Europäische Wildkatze.* Früher wurde sie viel gejagt und dadurch beinahe ausgerottet. Inzwischen ist sie *geschützt.*

Die Wildkatze ist ein scheuer *Einzelgänger.* Ihr Revier ist 2 bis 3 Quadratkilometer groß. Hier duldet sie keine andere Wildkatze. Nur zur Paarungszeit finden sich Kater und Kätzin zusammen. Die Kätzin bringt in einem hohlen Baum oder in einem ähnlichen Versteck 3 bis 5 blinde, hilflose Junge zur Welt. Sie zieht sie alleine auf. Sie säugt die Jungen, bis sie 4 Wochen alt sind. Dann bringt sie ihnen kleine Beutetiere. Sobald die jungen Wildkatzen 3 Monate alt sind, können sie für sich selbst sorgen. Sie suchen sich ein eigenes Revier.

Die Wildkatze hat sich im Laufe der Zeit mit der Hauskatze der Ägypter, die von den Römern nach Europa gebracht worden war, vermischt.

Europäische Wildkatze

> Unsere heutige Hauskatze stammt sowohl von der Falbkatze als auch von der Europäischen Wildkatze ab.

Katz' und Maus

Anschleichen. Minka, die Hofkatze, geht auf Mäusejagd. Sie *schleicht* geduckt durch das Gras und nutzt jede Deckung aus. Schon auf große Entfernung kann sie das Fiepen der Mäuse hören. Vor einem Mauseloch bleibt sie sitzen und kauert sich eng an den Boden. So *lauert* sie geduldig fast eine Stunde lang, bis schließlich die ahnungslose Maus herauskommt. Dann *springt* Minka los. In zwei Sätzen schießt sie flach über den Boden. Die Vorderpfoten mit den ausgestreckten Krallen greifen nach der Maus. Mit den Zähnen *packt* sie die Beute und hält sie fest. Sie tötet sie aber nicht, sondern trägt sie vorsichtig in ein sicheres Versteck.

Spiel mit der Beute. Die Maus war während des Tragens ganz steif und starr. Nun läßt Minka sie los. Die Maus versucht zu entkommen. Doch Minka fängt sie erneut. Lange *spielt* die Katze so mit der Maus. Sie fängt sie, läßt sie los, fängt sie wieder.

Töten und Fressen. Endlich *tötet* sie ihre Beute mit einem Biß in den Nacken. Danach *verzehrt* sie die Maus, wobei sie vorne beim Kopf beginnt. Sie kann zwar die Maus so dicht vor sich nicht sehen. Mit ihren Barthaaren kann sie aber *ertasten,* wo bei der Maus vorne und hinten ist.

> Der Beutefang der Katze besteht aus Anschleichen, Fangen, Spiel mit der Beute, Töten und Fressen.

Skelett einer Hauskatze

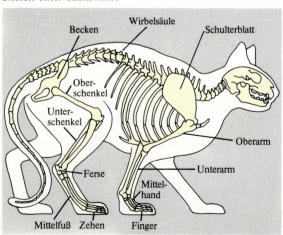

Gespannt lauert die Katze auf die Maus. Dann schießt sie flach über den Boden auf sie zu und packt die Maus.

Im Hellen ist die Pupille des Katzenauges zu einem senkrechten Schlitz verengt.

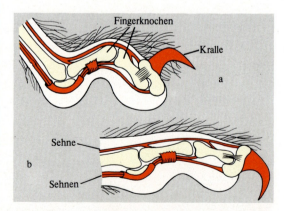

Ein starkes elastisches Band zieht die Katzenkrallen nach oben (a). Wenn eine Katze droht oder springt, ziehen sich Muskeln im Unterschenkel zusammen. Die Krallen werden dann ausgestreckt (b).

Schleichjäger in der Dämmerung

Sinne. Katzen haben große *Augen*. Vor allem in der Dämmerung können sie viel besser sehen als wir. Im Hintergrund der Katzenaugen befindet sich nämlich eine Schicht, die das einfallende Licht wie ein Spiegel zurückwirft. Die Katzenaugen scheinen dann zu glühen. Die Augen sind sehr wichtig. Katzen sind *Augentiere*.

Katzen *hören* auch gut. Die Ohrmuscheln sind groß und beweglich. Selbst leise und hohe Töne fangen sie noch auf. Die Katze hat auch einen leistungsfähigen *Tastsinn*. Mit den Barthaaren kann sie im Dunkeln Gegenstände abtasten.

Körperbau. Die Katze ist ein *Wirbeltier*. Sie hat eine biegsame *Wirbelsäule* und starke Muskeln, die ihr das Anschleichen und Springen leicht machen. Die Beine sind lang und kräftig. Die Krallen sind einziehbar. Die weichen Ballen an den Pfoten machen den Schritt fast unhörbar.

Gebiß. Katzen sind *Raubtiere*. Sie haben ein Raubtiergebiß. Mit den Fangzähnen, das sind die dolchartigen Eckzähne, wird die Beute getötet. Die scharfen Backenzähne können selbst Knochen zerbrechen.

Verdauung. Katzen sind *Fleischfresser*. Fleisch ist leicht verdaulich. Der Magen der Katze ist daher klein, der Darm kurz.

In der Dämmerung ist die Pupille rund und weit geöffnet.

> Sinne und Körperbau ermöglichen es der Katze, in der Dämmerung zu jagen. Die Katze ist ein Schleichjäger.

Gebiß einer Hauskatze

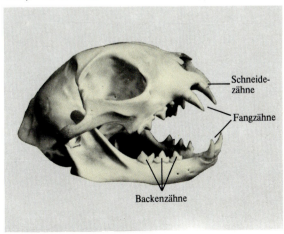

An der Rinde von Bäumen wetzt die Katze ihre Krallen. Auf diese Weise bleiben sie scharf. Im Foto sieht man deutlich die Hüllen, in denen die Krallen normalerweise verborgen sind.

Der Hund – verläßlicher Partner des Menschen

Jan und sein Spielkamerad Ajax, ein Eurasierhund.

Ich habe einen tollen Freund. Er hat schwarze Haare und braune Augen. Jeden Mittag, wenn ich aus der Schule komme, wartet er schon auf mich. Oft spielen wir den ganzen Nachmittag miteinander. Am liebsten mag er „Fußball". Wir stehen zur gleichen Zeit auf und gehen zur gleichen Zeit zu Bett. Mein Freund wäscht sich nie, er putzt auch keine Zähne. Und dennoch sind sie strahlend weiß, und er kann mit ihnen Knochen knacken.
Obwohl er nicht sprechen kann, wissen wir beide, ob der andere gerade fröhlich, traurig oder wütend ist.
Jan

1   Wenn Jan statt seines Hundes eine Katze hätte, könnte er dann das gleiche berichten?

2   Vergleiche Hund und Katze. Worin gleichen sie sich, worin unterscheiden sie sich? Denke dabei an: Beutefang und Nahrung, Sinne, Körperbau, Gebiß.

Ajax, der Hetzjäger

Sinne. Ajax, der Hund von Jan, döst in der Sonne. Trotzdem entgeht ihm kein Geräusch. Immer wieder stellt er die Ohrmuscheln auf und bewegt sie. Hunde haben ein vorzügliches *Gehör*. Man bezeichnet sie deshalb auch als *Ohrentiere*. Ajax geht gerne mit Jan aufs Feld spazieren. Dann schnuppert er überall mit der Nase. Immer wieder hebt er sein Bein und spritzt Harn an Bäume oder

Skelett und Gebiß eines Hundes

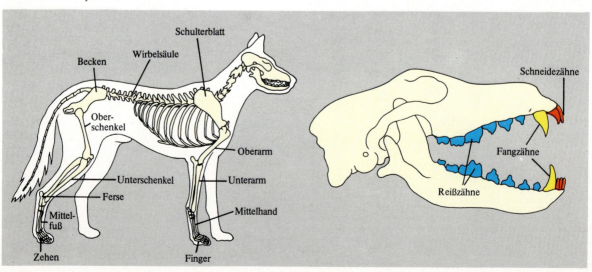

Pfosten. Mit diesen *Duftmarken* grenzt er sein Revier ab. Der Geruchssinn des Hundes ist viel besser als der des Menschen. Man nennt Hunde deshalb auch *Nasentiere*.

Körperbau. Einmal stöberte Ajax auf dem Feld einen Hasen auf. Eine wilde Verfolgungsjagd begann. In weiten Sprüngen hetzte Ajax hinter seiner Beute her. Wie der Wolf, so ist auch der Hund ein *Hetzjäger*. Die harten Krallen ragen aus den Pfoten heraus und greifen wie Spikes auf dem Boden. Die großen Trittballen sind hart und verhornt. So kann der Hund lange rennen, ohne sich die Füße wund zu laufen. Dabei tritt er wie die Katze nur mit den Zehen auf dem Boden auf. Hund und Katze sind *Zehengänger*. Stütze und Halt erhält der Körper vom Knochenskelett. Die Hauptachse des Skeletts ist die Wirbelsäule. Auch der Hund ist also ein *Wirbeltier*.

Gebiß. Manchmal erwischt Ajax eine Maus. Mit den *Fangzähnen* hält er sie fest und schüttelt sie tot. Die Backenzähne sind scharfkantig und spitz. Die größten von ihnen in jeder Kieferhälfte sind die *Reißzähne*. Sie arbeiten wie die Schneiden einer kräftigen Schere. Sie können rohes Fleisch zerschneiden und sogar Knochen zerbrechen.

Verdauung. Hunde sind vor allem Fleischfresser. Wie der Wolf *schlingt* Ajax sein Futter herunter. Schlund und Magen sind sehr dehnbar.

Wegen ihrer vorzüglichen Sinne nennt man Hunde auch Nasen- und Ohrentiere. Hunde hetzen ihre Beute, sie sind Hetzjäger.

Hunde sind wie die Katzen Wirbeltiere, Raubtiere und Zehengänger.

Der Wolf. In Europa ist der Wolf nahezu ausgerottet. Häufig kommt er nur noch in den Wäldern und Gebirgen Asiens und Nordamerikas vor. Wölfe leben und jagen meist zu mehreren in *Rudeln*. Einzelgänger sind selten. Innerhalb eines Rudels hat jeder Wolf einen bestimmten Platz. Er hat einen Rang. An der Spitze steht der Leitwolf, danach folgt die Leitwölfin. Ihnen ordnen sich die anderen Wölfe unter: Im Rudel herrscht eine *Rangordnung*. Die Wölfe eines Wolfsrudels sind jedoch zueinander meistens recht freundlich, Streitigkeiten werden durch kurzes Knurren und Drohen geklärt. Die Mitglieder eines Rudels kennen einander am Geruch, am Aussehen und am Heulen. Mit Heulen verständigen sie sich über weite Entfernungen.

Wölfe sind *Hetzjäger*: Das Wolfsrudel verfolgt und hetzt ein Beutetier solange, bis es erschöpft zusammenbricht. Wölfe werden 14 bis 16 Jahre alt. In einem Wolfsrudel bringt nur die ranghöchste Wölfin einmal im Jahr 4 bis 6 blinde, hilflose Junge zur Welt. Sie werden 2 Monate lang gesäugt.

Der Hund stammt vom Wolf ab

Als vor etwa 15 000 Jahren die Steinzeitmenschen auf die Jagd gingen, folgten Wolfsrudel ihren Spuren. Die Jäger erlegten auch Wölfe und nahmen vielleicht ab und zu mutterlose Wolfsjunge mit. Einige davon wurden anhänglich und schlossen sich den Menschen an. Sie hielten sich in ihrer Nähe auf und begleiteten sie bei der *Jagd*.

Die Menschen merkten, daß diese „Hauswölfe" nützliche Dienste leisten konnten. Beim Aufstöbern von Wild und der Verfolgung von Fährten waren sie den Jägern sogar überlegen. Sie boten auch der Siedlung *Schutz*, da sie die Annäherung von Feinden, besonders in der Nacht, viel eher als die Bewohner bemerkten und diese durch Heulen und Bellen warnten.

Alle unsere Haushunde stammen vom Wolf ab. Inzwischen gibt es über 400 verschiedene Hunderassen. Bei einigen kann man noch erkennen, daß der Wolf ihr Ahne ist, bei vielen aber nicht mehr.

Der Wolf ist ein Hetzjäger. An einem Tag kann er bis zu 60 km zurücklegen.

Bei keinem anderen Haustier gibt es so viele unterschiedliche Formen im Aussehen wie beim Hund. Wie viele Hunderassen findest du im Bild?

Zwei Wölfe drohen sich an. Der eine zeigt mit erhobenem Schwanz, daß er sich überlegen fühlt.

Es kommt zu einem Beißkampf. Jeder Wolf versucht dem anderen in die Kehle zu beißen.

Der Kampf ist beendet. Der Unterlegene zeigt dem Sieger seine Kehle. Er unterwirft sich.

Ajax verteidigt sein Revier
Rangordnung. Wenn der Briefträger kommt oder wenn andere Hunde am Haus vorbeilaufen, sträuben sich bei Ajax die Nackenhaare. Er läuft zum Gartenzaun, beginnt zu knurren und bellt.
Warum tut er das? Wie jeder Mensch, so hat auch Ajax ein Zuhause. Das Haus und der Garten bis zum Zaun sind sein Wohngebiet, sein *Revier,* das er verteidigt. Dieses Revier betritt nun jeden Tag der Briefträger. Ohne Erlaubnis, wie Ajax meint. Deshalb ist der Briefträger, der gar nichts von ihm will, sein größter Feind. Die Mitglieder „seiner" Familie dagegen sind seine Freunde, sie sind sein *Rudel.* Ajax kennt sie und hat sie als seine *„Leittiere"* anerkannt. Sie haben mehr Rechte als er, sie sind ranghöher. Sie stehen also in der *Rangordnung* höher als Ajax. Deshalb gehorcht er ihren Befehlen.
Revierverteidigung. Wenn Ajax alleine im Garten ist, dann fühlt er sich als *Ranghöchster.* Er setzt an vielen Stellen Harn als Duftmarke ab. So kennzeichnet er sein Revier. Das riechen andere Hunde, die vorbeikommen, und machen einen Bogen um das Revier von Ajax.
Kommt nun doch ein fremder Hund an den Gartenzaun, so versucht Ajax ihn einzuschüchtern und zu vertreiben. Seine Nackenhaare sträuben sich, er fletscht die Zähne und knurrt. Er droht. Meist ziehen die anderen Hunde den Schwanz ein, ducken sich und laufen schnell vorbei. Damit zeigen sie, daß sie sich *unterlegen* fühlen. Hasso, ein Rüde aus der Nachbarschaft, erkennt Ajax nicht als Ranghöheren an. Treffen sich beide, so kommt es jedesmal zu einem *Kampf.* Das sieht gefährlich aus, endet aber immer gleich harmlos: Hasso, der Nachbarhund, legt sich auf den Rücken und zeigt seine Kehle. Er *unterwirft* sich. Ajax hört sofort auf zu kämpfen und läßt Hasso fliehen.

1 Kannst du die Begriffe Revier, Rudel, Leittier und Rangordnung erklären?

Hunde müssen erzogen werden
Ein Hund muß lernen, sich in die Gemeinschaft einzuordnen. Im Alter von 4 bis 6 Monaten muß bereits mit der Erziehung begonnen werden. Ein schlecht erzogener Hund ist eine Plage für seine Umwelt. Er ist auch selbst nicht glücklich. Hunde wollen sich einem Herrn unterordnen. Ein Hund muß immer wissen, was er darf und was er nicht darf. Das beste Erziehungsmittel ist das Lob. Bestraft werden darf er nur für Fehler, die er gerade begangen hat. Ein gut erzogener Hund ist stubenrein, geht bei Fuß, macht auf Befehl „Sitz" und kommt sofort, wenn man ihn ruft.

Setz dich! hatte ich gesagt

Praktikum: Katze und Hund sind Haustiere

1 Was mußt du tun, wenn dich ein fremder Hund anknurrt? Übertrage die Tabelle in dein Heft und kreuze an.

	falsch	richtig
stehenbleiben	☐	☐
wegrennen	☐	☐
anstarren	☐	☐
wegschauen	☐	☐
wild herumfuchteln	☐	☐
keine hastigen Bewegungen machen	☐	☐
laut schreien	☐	☐
ruhig sprechen	☐	☐

Wenn ihr mehr über die Haltung einzelner Haustiere wissen wollt, verschiedene Verlage haben spezielle Bücher dazu. Ihr könnt diese Bücher in Buchhandlungen und in Zoohandlungen kaufen.
Lehrmeister Bücher, Albrecht Philler Verlag;
GU Ratgeber, Gräfe und Unzer-Verlag;
Heimtier-Bibliothek, Kapust Verlag;
ratgeber ht, Humboldt-Taschenbuchverlag;
Ulmers Tierbuchreihe

2 Notiere dir die Preise und Artikel für Hundebedarf in einem Supermarkt oder in einer Tierhandlung.

3 Erkundigt euch bei einem Hundebesitzer nach den Kosten für Hundefutter, Haftpflichtversicherung und Impfungen beim Tierarzt.

4 Stelle einen Speisezettel für eine Katze zusammen.

5 Was muß man beachten, wenn man einen Hund halten will?

6 Was muß man beachten, wenn man eine Katze halten will?

7 Woran erkennt man beim Hund, daß er angriffslustig ist? Woran merkt man, daß er ängstlich ist?

8 Beschreibe, wie ein Hund einen Knochen frißt. Welche Zähne sind beteiligt?

9 Woran erkennt man das Raubtiergebiß von Hund und Katze? Kennst du weitere Tiere, die ein Raubtiergebiß haben?

10 Weshalb wird eine Katze nie so gehorsam wie ein Hund?

11 Welche Bedeutung hat es, wenn der Hund mit dem Schwanz wedelt? Welche dagegen, wenn die Katze dasselbe tut?

12 Welche Körperhaltung nimmt eine Katze ein, wenn sie am stärksten droht?

13 Wem würdest du recht geben?

Praktikum: **Katze und Hund sind Haustiere**

1 Wieso können die Kinder im Garten mit dem Hund spielen, obwohl an der Gartentür ein Schild hängt: „Vorsicht, bissiger Hund"?

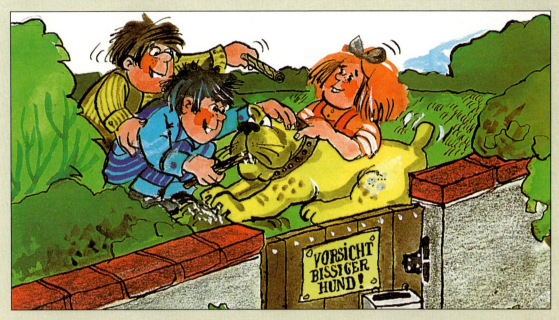

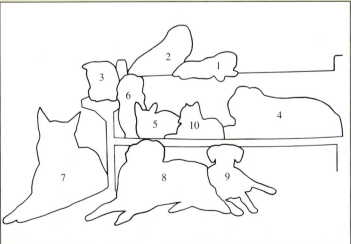

2 Wenn du wissen willst, welche Hunderassen in Bild 2 auf S. 12 zu sehen sind:

1 Pekinese
2 Lhasa Apso
3 Yorkshire Terrier
4 Bearded Collie
5 Französische Bulldogge
6 King Charles Terrier
7 Deutscher Schäferhund
8 Pyrenäenhund
9 Labrador Retriever

Hast du gemerkt, daß Nummer 10 eine Katze ist?

Der Goldhamster – ein possierlicher Hausgenosse

Goldhamster

Der Goldhamster. Die Heimat des Goldhamsters ist die *syrische Steppe*. 1930 wurde ein Weibchen mit 12 Jungen gefangen. Von ihnen stammen alle Goldhamster ab, die weltweit als Haustiere gehalten werden. Beobachtungen über die natürliche Lebensweise des Goldhamsters beschreibt der Text unten links; rechts stehen die Bedürfnisse, die er als Haustier hat.

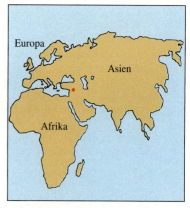

Heimat des Goldhamsters (rot)

Lebensweise des Goldhamsters als Wildtier	Haltung des Goldhamsters als Haustier
Der Goldhamster ist ein Dämmerungs- und Nachttier. Tagsüber schläft er meist.	Der Goldhamster soll tagsüber ruhig schlafen können. Bringe ein Schlafhäuschen in den Käfig.
Er ist ein Einzelgänger, der sich ein bestimmtes Gebiet sucht und hier ständig lebt. Dies ist sein Revier. Eindringlinge greift er an und vertreibt sie.	Halte ihn als Haustier einzeln. Ein zweites Tier darf nur unter besonderen Vorsichtsmaßnahmen zugesetzt werden. Wird es vom Revierbesitzer angegriffen, kann es im Käfig nicht fliehen. Hole es dann sofort heraus. Vorsicht ist auch beim Zusammensetzen von Männchen und Weibchen geboten.
Der Goldhamster lebt meist unterirdisch in 1 bis 3 Meter Tiefe. Dort legt er eine Schlafkammer und Vorratskammern an.	Bodenbelag: Streu aus Sand, Sägespänen, Holzwolle, Zellstoff, Wiesenheu zum Nestbau. Röhren aus gepreßter Pappe zum Durchlaufen. Wenn der Boden zum Graben ungeeignet ist, ab und zu eine Schüssel oder eine kleine Kiste mit Sand zum Buddeln anbieten. Kein direktes, helles Licht! Keine Zugluft!
In der Dämmerung und nachts kommt er an die Oberfläche. Hier legt er auf der Suche nach Nahrung große Strecken zurück. Er frißt Pflanzenteile, Samen und Insekten. Bei gutem Nahrungsangebot legt der Goldhamster unterirdische Vorratslager an. Du kennst sicher den Begriff „hamstern", der von Beobachtungen am wesentlich größeren einheimischen Feldhamster herrührt.	Laufrad, Hamsterleiter, Stangen und Zweige zum Laufen und Klettern. Abends Fütterung mit Haferflocken oder Sonnenblumenkernen, einer geschälten Erdnuß, mit saftigem Grünfutter und Obststückchen. Zweimal in der Woche ein Fingerhut voll Rinderhackfleisch oder gekochtem Hühnerfleisch; 5 bis 10 Mehlwürmer in der Woche. Das Tier hamstert. Entferne jeden Tag die verderblichen Nahrungsreste.
Auch Goldhamster können sich an Krankheitserregern anstecken und erkranken: Struppiges Fell, trübe Augen, verminderter Bewegungsdrang oder Durchfall können allgemeine Anzeichen einer Krankheit sein.	Wer nach dem Streicheln der Haustiere und nach dem Säubern der Käfige gründlich die Hände wäscht, beugt der Übertragung von Krankheiten vor. Zeigt ein Tier die nebenstehenden Anzeichen, sollte ein Tierarzt aufgesucht werden.

Praktikum: Der Goldhamster als Haustier

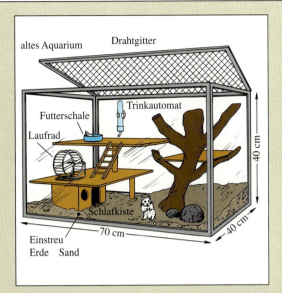

1 Haltung und Pflege
Am besten hält man den Goldhamster in einem Gitterkäfig, der eine Mindestgröße von 40 x 30 x 30 cm hat. Auch ein Aquarium läßt sich zu einem Hamstergehege umrüsten. Der Deckel sollte aus Draht oder Gitterstäben bestehen.
In einem Etagenkäfig, der zwei oder mehr „Wohnebenen" enthält, fühlt sich der Hamster besonders wohl. Als Tierhalter mußt du für Sauberkeit im Käfig sorgen. Das „Hamstern" solltest du dem Tier zugestehen. Doch überschüssige und verderbliche Nahrungsreste sind vor jeder Fütterung zu entfernen. Auch die „Hamstertoilette" bedarf der täglichen Reinigung. Der Goldhamster selbst ist ein geruchsfreier Hausgenosse. Der Käfig muß jedoch jede Woche einmal gründlich gereinigt werden.

2 Tragen des Goldhamsters
Goldhamster lassen sich nicht gern am Nackenfell hochheben. Am besten läßt du den Hamster auf den Handteller der einen Hand laufen und deckst ihn dann schützend mit der anderen Hand ab. Auf diese Weise kann er nicht abspringen.

3 Goldhamster beobachten
Forscher, die sich mit dem Verhalten von Tieren befassen, halten ihre Beobachtungen in einem Protokoll fest.
Wie ein solches Protokoll für Beobachtungen am Goldhamster angelegt werden kann, siehst du rechts. Verwende es als Muster für dein eigenes Protokoll. Sprich mit den Mitschülern über Beobachtungen, die ihr an Goldhamstern gemacht habt:

- Wo halten sie sich am liebsten auf?
- Wie reagiert der Hamster, wenn er sich bedroht fühlt?
- Was frißt der Goldhamster? Was frißt er am liebsten?
- Wie „hamstert" er? Welche Futtermengen kann er in seinen Backentaschen unterbringen?

Datum: Beobachter: *Uli Brehme*

Tier: *Goldhamster Hansi*

Bedingungen:
Nach dem Fressen, im Käfig

Beobachtung:
Hansi hat an einer Mohrrübe genagt. Jetzt schiebt er sich im Käfig ein Stück weiter. Langsam richtet er sich auf den Hinterbeinen auf. Er schleckt die Pfoten und wischt dann abwechselnd links und rechts mit ihnen über die Schnauze. Das geht sehr rasch. Ich nenne das Putzen.

Feldhase und Wildkaninchen

Im März brachte Anka, unsere Hündin, einen jungen Hasen im Maul zu uns. Sie legte ihn vorsichtig hin und leckte ihn.

Ich nahm ihr das Häschen ab und zeigte es meinem Vater. Er meinte, der Hase wäre erst wenige Tage alt und würde von seiner Mutter noch gesäugt. Da wir aber nicht wußten, wo Anka das Häschen gefunden hatte, versuchte ich es mit Milch zu füttern. Das Häschen wollte aber die Milch aus der Puppenflasche nicht. Auch Gräser und Löwenzahnblätter rührte es nicht an. Am nächsten Tag war es tot. Was hatte ich falsch gemacht? Meine Freundin Katja hat einen kleinen Hasen bekommen. Er ist nicht größer wie mein Hase war, frißt aber Grünzeug und es geht ihm gut. Er ist ganz zutraulich.

Kerstin

1 Hast du eine Erklärung dafür, warum Kerstins Hase gestorben ist?

Wenige Tage alte Feldhasen

Feldhase; Länge: 50 bis 75 cm; Gewicht: 3,5 bis 6 kg; Ohren: Hängeohren, länger als der Kopf, können gestellt werden.

Der Feldhase ist ein *Einzelgänger*, der sein ganzes Leben unter freiem Himmel verbringt. Tagsüber liegt der Feldhase in einer flachen, ungepolsterten Grube, der *Sasse*. Dort ist er durch seine Fellfarbe gut getarnt. Kommt ihm ein Feind zu nahe, jagt er in großen Sätzen davon. Auf der Flucht schlägt er Haken und kann so seinem Verfolger häufig entkommen. In der Dämmerung äst der Hase. Die Häsin bringt bis zu 4mal im Jahr 2 bis 4 Junge zur Welt. In der Nacht werden die Jungen gesäugt, die schon nach 4 Tagen alleine in ihrer Sasse auf dem freien Feld liegen. Neugeborene Feldhasen sind viel weiter entwickelt als gleichaltrige Wildkaninchen. Sie sind *Nestflüchter* und haben bei der Geburt bereits ein dichtes Fell und gut entwickelte Zähne. Sie können schon sehen und hören. Nach wenigen Tagen flüchten sie bei Gefahr. Mit etwa 3 Wochen sind die jungen Hasen selbständig.

> Feldhasen sind scheue Einzelgänger. Ihre neugeborenen Jungen sind Nestflüchter.

Wildkaninchen; Länge: 35 bis 50 cm; Gewicht: 1,5 bis 2 kg; Ohren: Stehohren, kürzer als der Kopf.

Wildkaninchen leben in einem *Bau,* der an trockenen Stellen in die Erde gegraben wird. Gemeinsam wachsen die jungen Wildkaninchen auf und spielen und fressen zusammen. Nie entfernen sie sich weit von ihrem Bau, in den sie bei Gefahr flüchten. Im Bau schlafen tagsüber alle erwachsenen und jungen Tiere eng aneinandergeschmiegt. Abends und in den frühen Morgenstunden kommen sie aus dem Bau und suchen sich Futter. Viele hundert Tiere leben in einer *Kolonie.*

Ehe das Weibchen Junge bekommt, gräbt es sich in der Nähe des Hauptbaus eine *Satzröhre,* die es sorgfältig auspolstert. Dort werden dann 4 bis 12 Junge geboren. Junge Kaninchen sind *Nesthocker:* Sie sind nackt, zahnlos, blind und wärmebedürftig. Die Mutter säugt die Jungen mehrmals am Tag, bis zum Alter von etwa 3 Wochen. Mit 4 Wochen sind die kleinen Kaninchen selbständig.

> Wildkaninchen leben gesellig in Kolonien. Ihre neugeborenen Jungen sind Nesthocker.

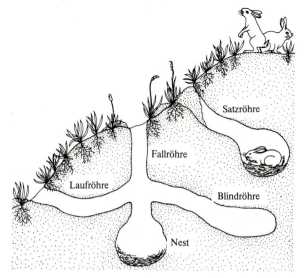

Im Kaninchenbau wohnen viele Kaninchen.

Hase oder Kaninchen?

Obwohl sich die beiden „Hasen" von Kerstin und Katja ähnlich sahen, so waren sie doch ganz verschieden. Sie gehören *verschiedenen Arten* an. Sie unterscheiden sich im Körperbau und ganz besonders in ihrer Lebensweise voneinander. Kerstins Hase war ein Feldhase, Katjas „Hase" ist ein Hauskaninchen.

Alle Hauskaninchen stammen vom Wildkaninchen ab. Die Kaninchenzüchter haben im Lauf der Jahre große und kleine Rassen gezüchtet. Es gibt Kaninchen mit ganz unterschiedlichen Fellfarben und ganz unterschiedlichen Größen. Katja hat ein Zwergkaninchen.

1   Kerstin will jetzt ein Kaninchen haben. Was muß sie alles berücksichtigen?

Wenige Tage alte Wildkaninchen

Ein Zwergkaninchen als Haustier

Zwergkaninchen brauchen einen großen Käfig, Auslauf im Garten und viel Zeit für Zuwendung und Pflege.

Ich wünsche mir ein Zwergkaninchen
Zwergkaninchen sind gerade bei Kindern sehr beliebt. Die Tiere mit dem rundlichen Kopf, den Kulleraugen und den kurzen Ohren werden sofort von jedem ins Herz geschlossen. Aber bitte Vorsicht: Zwergkaninchen sind Lebewesen, die nicht nach dem Spielen in den Schrank gestellt werden können. Wer ein Kaninchen anschafft, ist auch dafür verantwortlich.

Das Futter
Das Zwergkaninchen braucht morgens und abends Futter. Es sollte nicht mehr Futter gegeben werden, als das Tier sofort auffrißt. Heu, Karotten, Äpfel, Kartoffelschalen und hartes Brot für die Zähne gehören zum täglichen Speiseplan. Frischer Löwenzahn, würzige Kräuter und Gras dürfen nicht fehlen. Auch das Grünfutter muß immer frisch, sauber gewaschen und trocken sein. An Zweigen und Aststücken kann das Kaninchen seine immer nachwachsenden Nagezähne abnutzen und zusätzlich dabei Faserstoffe fressen. Stets braucht das Tier frisches Wasser.

Der Auslauf
Jedes Zwergkaninchen gräbt für sein Leben gern und hat einen großen Bewegungsdrang. Darum braucht es täglich Auslauf im Garten. Es wird ein Drahtpferch mit Dach zum Schutz gegen Sonne und Regen gebaut. Jeden Tag stellt man den Pferch an eine andere Stelle im Garten. Aber Vorsicht: Die Tiere buddeln sich Gänge ins Freie. Läßt man das Zwergkaninchen in der Wohnung laufen, muß das Zimmer kaninchensicher sein. Die Tiere nagen alles an; gefährlich wird es beim Elektrokabel!

So pflege ich mein Zwergkaninchen
Zwergkaninchen werden nur bei sehr guter Pflege stubenrein. Der Käfig soll alle zwei bis drei Tage sauber gemacht werden. Die Tiere wollen sehr viel Zuwendung. Da Kaninchen gesellige Tiere sind, ist es besser, 2 Kaninchen, am besten 2 Weibchen, zu halten. Das Kaninchen darf nicht an den Ohren hochgehoben werden. Zum Aufnehmen faßt man mit der Hand unter das Tier und packt mit der anderen Hand die weiche Haut in seinem Nacken.

So sollte der Käfig für das Zwergkaninchen aussehen
Um ein Kaninchen artgerecht zu halten, muß der Käfig mindestens 1 m lang und 1 m breit sein. Eine Höhe von 50 cm ist ausreichend. Der Boden des Käfigs sollte leicht sauber zu machen sein. Wichtig ist auch eine Schlupfhöhle im Käfig, die mit Heu ausgepolstert ist. Eine Heuraufe und eine Trinkflasche sind für Futter und Wasser bestimmt.

Wo soll der Käfig stehen?
Weil das Zwergkaninchen keine Hitze verträgt, soll der Käfig nicht neben der Heizung oder in der Sonne stehen. Auch Zugluft macht die Tiere krank.

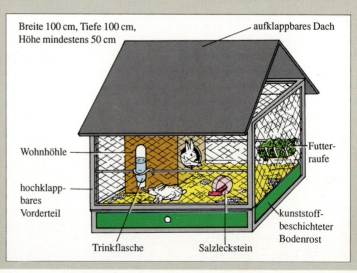

Das Meerschweinchen

Unsere Meerschweinchen fressen: Wurzeln, Salat, Äpfel, Gemüse, Sonnenblumenkerne. Erst haben wir nur ein einziges gehabt. Es heißt Pummel. Damals wußten wir noch gar nicht, daß Meerschweinchen miteinander reden können. Das zweite nannten wir Quieki, weil es plötzlich losquiekte, als es dicht bei Pummel war. Und da konnte der plötzlich auch quieken! Die beiden zwitschern auch richtig zusammen oder gurren so ähnlich wie Tauben. Zur Begrüßung beschnuppern sie sich immer. Beide leben zusammen in einer Kiste, in der sie sich ganz wohl fühlen. Leider werden sie immer dicker.

Hans

Pummel und Quikie in einer selbstgebauten Karton-Villa

Meerschweinchen paaren sich 4- bis 5mal im Jahr. Nach ungefähr 9 Wochen bringen die Weibchen 2 bis 3 Junge zur Welt, die sofort nach der Geburt selbständig sind. Die Jungen haben bereits offene Augen, ein Fell und ein vollständiges Gebiß, mit dem sie schon kurze Zeit nach der Geburt nagen und fressen können. Meerschweinchen können gut riechen, sehen und hören. Sie geben eine Vielzahl von Lauten von sich: Sie gurren, schnurren, quieken und pfeifen. Meerschweinchen werden etwa 8 Jahre alt.

Meerschweinchen sind südamerikanische *Nagetiere*. Sie bewohnen *Erdhöhlen* in lichten, bergigen Buschlandschaften. Meerschweinchen sind *gesellig*. Sie leben paarweise oder in Gruppen bis zu 10 Tieren. Ein einzelnes Tier benötigt wenig Platz. Bei anbrechender Dunkelheit gehen sie auf Nahrungssuche. Sie fressen Gras und andere frische Pflanzen. Sie sind *Pflanzenfresser*.

1 Was mußt du beachten, wenn du ein Meerschweinchen halten willst?

2 Wie sollte ein Käfig für Meerschweinchen aussehen?

3 Meerschweinchen können bis zu 10 Jahre alt werden. Dies beeutet, daß du dich über viele Jahre hinweg täglich um deinen Hausgenossen kümmern mußt. Bist du dazu bereit?

Wilde Meerschweinchen in Südamerika. Sie leben gern in Gruppen.

Heimat der Meerschweinchen (rot)

Die Mongolische Rennmaus

Eine Rennmausmutter säugt ihre Jungen.

Heimat der Rennmäuse (rot)

Mongolische Rennmaus. Wie schon der Name verrät, stammt die Mongolische Rennmaus aus der Mongolei. Ihr Lebensraum ist vor allem die *Halbwüste* und die *Steppe*. Die Sommer sind hier bis zu 35 °Celsius heiß und die Winter bis zu minus 40 °Celsius kalt.

Lebensweise. Die Rennmäuse sind vormittags, spätnachmittags und in den frühen Nachtstunden aktiv. Sowohl während der heißen Mittagsstunden und kalten Nächte im Sommer als auch während der sehr niedrigen Außentemperaturen im Winter halten sie sich mit ihrer *Familiengruppe* in *unterirdischen Höhlen* auf. Ein Bau kann sich bis zu sechs Meter Länge ausdehnen. Er besteht aus mehreren Kammern, die durch Gänge verbunden sind.

Nahrung. Im Sommer suchen die Rennmäuse grüne Pflanzenteile als Nahrung. Schon im August beginnen alle Familienmitglieder, Samen, Früchte, Blätter und Zweige zu sammeln und in die Vorratskammern als Winternahrung einzutragen. Hält man die Tiere in der Wohnung, können sie bei guter Pflege fünf Jahre alt werden.

Artgerechte Tierhaltung

Wer ein Tier zu Hause hält, trägt dafür die Verantwortung. Die Behausung muß seinem natürlichen Lebensraum ähnlich sein, die Verpflegung den natürlichen Bedürfnissen entsprechen. Das ist artgerechte Tierhaltung.

Haustiere können Allergien auslösen

In Familien wo immer wieder allergische Krankheiten wie Ekzeme, Heuschnupfen oder Asthma auftreten, heißt es Vorsicht bei der Anschaffung von Haustieren. Die Haare der Tiere können Allergien auslösen.
Besonders bei Kindern haben Allergien in den letzten Jahren stark zugenommen. Wenn allergieanfällige Kinder auf die Haltung eines Tieres verzichten müssen ist das bestimmt ein Grund zur Traurigkeit. Viel größer ist aber der Schmerz, sich von einem liebgewonnenen Tier trennen zu müssen, weil das Ausmaß der Allergie das Zusammenleben mit dem Tier nicht mehr erlaubt.

Zur Diskussion: Verantwortung für unsere Haustiere

Auszug aus dem Tierschutzgesetz

§ 1 Zweck dieses Gesetzes ist es, aus der Verantwortung des Menschen für das Tier als Mitgeschöpf dessen Leben und Wohlbefinden zu schützen. Niemand darf einem Tier ohne vernünftigen Grund Schmerzen, Leiden oder Schäden zufügen.

§ 2 Wer ein Tier hält, betreut oder zu betreuen hat, muß das Tier seiner Art und seinen Bedürfnissen entsprechend angemessen ernähren, pflegen und verhaltensgerecht unterbringen …

§ 3 Es ist verboten, … ein im Haus, Betrieb oder sonst in Obhut des Menschen gehaltenes Tier auszusetzen oder es zurückzulassen, um sich seiner zu entledigen …

Wird das Meerschweinchen in der Kiste artgerecht gehalten? Ist die Kiste groß genug zum Wohlfühlen?

Dieser Hund wurde am Ferienbeginn an einer Straße ausgesetzt.

2 eigenw. Kaninchendamen suchen paradies. Gehegeplatz mit Kontakt zu Artgenossen bei erf. Liebhaber. Tel. D-02721/

Wg. Wohnungsaufgabe su. ich dringend ein neues zuhause für meinen 3 1/2 Mon. alten Kater Charlie und der 4 1/2 alten Katze Laura. Beide zu versch., 07052/

2 einmalig schöne, gesunde Schmusekätzchen, ca. 4-5 Mon. alt, von rücksichtslosen Menschen im Wald einfach ausgesetzt, suchen zus. dringend liebevolles Zuhause, Eilt! 07248/

Yorkshire Terrier Welpen, 9 Wo., liebevoll in Familie aufgezogen, geimpft, entwurmt u. m. Papieren, suchen ein liebevolles Zuhause für ein ganzes Hundeleben. 06392/

Meerschweinchen, weibl., Rosette - Blond, ca. 3 J., mit Käfig, wegen Allergie zu verschenken, nur in gute Hände!. 07231/

Gr. temperamentv., 3 jähr. Rottweiler Hündin, aus Zeitmangel in gt. Hde. 07042/

Suche **Gerät**, das durch Töne Katze von neuem Sofa vertreibt. Tel. D-07622/

Zu kaufen gesucht: **kleiner Affe** als Gesellschaft für eine behinderte Frau. Offerten an

Wer ein Haustier hält, trägt dafür die Verantwortung.
– Verstoßen die Besitzer der oben abgebildeten Tiere gegen das Tierschutzgesetz?
– Lest die nebenstehenden Anzeigen und diskutiert darüber in der Klasse.

Säugetiere im Zoo

Zoo-Wegweiser

Paviane. Etwa 6 Arten. In Steppen und Felsgelände von Afrika und Südarabien. Allesfresser mit kräftigem Gebiß. Immer am Boden.

Elefanten. Größte lebende Landtiere. Länge bis 4,50 Meter, Schulterhöhe bis 4 Meter, Gewicht bis zu 6000 Kilogramm. Rüssel als „Vielzweckorgan". Heimat?

Zebras. Afrikanische „Tigerpferde". Steppenbewohner. Sie weiden kurzes Gras mit beweglicher Oberlippe und scharfen Schneidezähnen. Streifung bei jedem Tier anders: Bedeutung?

Giraffe. Bis 6 Meter hoch. Bewohner der afrikanischen Baumsteppe. Lange Beine, langer Hals und Greifzunge zum Blätterfressen in den Kronen von Akazienbäumen.

Flußpferd. Bis 3200 Kilogramm. Tagsüber im flachen Wasser von Seen und Flüssen. Nachts an Land zum Fressen. Grasfresser. Kot im Wasser und an Land als Duftmarke. Schwanz als Kotschleuder. Mit Pferden nicht verwandt: Begründe!

Menschenaffen. Schimpanse, Gorilla, Orang-Utan. Menschenähnlichste Affen. Kein Schwanz, Gesicht und Hände haarlos. Urwaldbewohner mit langen Armen und Greifüßen. Heimat der drei Arten? Sehr lernfähig: Suche Beispiele!

Löwe. Steppentier. Heimat? Lebt in Rudeln, Männchen mit Mähne. Sie schützt als „Fechtmaske" vor Prankenhieben von Rivalen. Weibchen jagen durch Belauern, Beschleichen, Einkreisen.

Beobachtungspläne für Zootiere

Vor dem Pavianfelsen. Beachte und beobachte:
– Wie sich die Affen bewegen. Achte darauf, wie Hände und Füße gebaut sind.
– Was sie im Zoo alles gelernt haben.
– Ob sie spielen und was sie spielen.
– Was ihre Neugier weckt.
– Wo sich die Jungtiere aufhalten und wohin sie flüchten, wenn sie erschreckt werden.

Affen haben mit dem Menschen mehr Ähnlichkeit als alle anderen Tiere. Stelle nach deinen Beobachtungen solche Ähnlichkeiten zusammen.

Am Seelöwenbecken

Seelöwen gibt es fast in jedem Tiergarten.
– Wie bewegt sich ein Seelöwe an Land?
– Beschreibe die Füße eines Seelöwen.
– Welche Körperteile treiben den Seelöwen im Wasser vorwärts?
– Wie lenkt er beim Schwimmen?
– Stoppe, wie lange ein Tier beim Tauchen unter Wasser bleibt.
– Achte vor dem Wegtauchen und nach dem Auftauchen auf Augen, Ohren und Nasenlöcher.

Bei den großen Katzen

Löwe, Tiger, Leopard und Jaguar sind Großkatzen. Mit den Kleinkatzen, zu denen die Hauskatze gehört, haben sie viele Gemeinsamkeiten. Beobachte:
– Wie sie sich bewegen. Achte auf das Laufgeräusch. Sieh dir die Pranken genau an!
– Wie sie sich bei der Fütterung verhalten und wie sie fressen. Wie halten sie den Kopf beim Abbeißen?
Welche Zähne setzen sie ein?
– In vielen Zoos bekommen die Großkatzen an einem Tag in der Woche kein Futter. Welchen Sinn hat das?

Im Elefantenhaus

– Beobachte, was Elefanten mit dem Rüssel alles tun.
– Wo hat der Elefant Ellbogen und Knie?
– Welche Beine setzen Elefanten beim Gehen nacheinander auf? Höre dabei ganz genau hin.
– Auch im Zoo leben Elefanten fast immer in einer Gruppe. Beobachte, wie sich die Tiere untereinander verhalten.

Die Mausohrfledermaus – Jäger in der Finsternis

Mausohrfledermaus

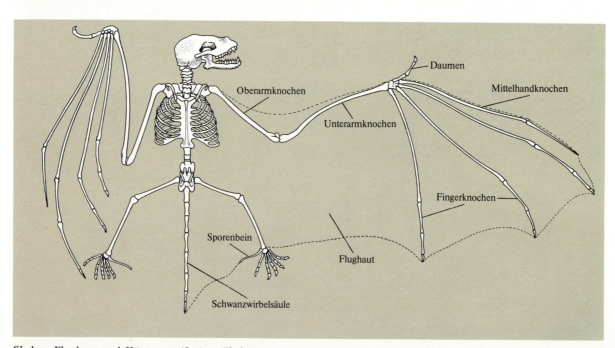

Skelett, Flughaut und Körperumriß einer Fledermaus

Es ist schon beinahe dunkel, als Andreas an diesem Sommerabend nach Hause geht. Plötzlich huscht ein schwarzer Schatten über ihn hinweg. Was war das? Eine Amsel? Kurz darauf sieht Andreas das Tier wieder. Im Lichtschein der Straßenlampe erkennt er es: eine Fledermaus!

Körperbau. Das Mausohr ist unsere größte und noch häufigste Fledermausart. Die Spannweite ihrer *Flügel*, von Spitze zu Spitze gemessen, beträgt gut 30 Zentimeter. Trotzdem wiegt eine Mausohrfledermaus nur etwa 30 Gramm. Als fliegendes Tier ist sie *leicht gebaut*. Die Knochen sind sehr zart. Zwischen den Fingerknochen ist eine dünne *Flughaut* gespannt. Die Muskeln von Brust und Schultern sind besonders kräftig. Es sind die *Flugmuskeln*. Bis zu zwölfmal in der Sekunde bewegen sie die Flügel auf und ab.

Ernährung. Ein Mausohr von 30 Gramm Gewicht frißt in einer Nacht etwa 7 Gramm Insekten, vor allem Nachtschmetterlinge. Sie werden im Flug mit weit geöffnetem Maul gefangen und schnell gefressen.

Tagesschlaf. Mausohrfledermäuse verbringen den hellen Tag schlafend im Dachraum alter Gebäude. Als Schlafplätze suchen sie enge Hohlräume in Mauern, zwischen Dachbalken und Ziegeln. Meist *schlafen* die Fledermäuse *kopfunter*. Dabei legen sie die zusammengefalteten Flughäute an den Körper an und halten sich mit ihren *Fußkrallen* fest. Bei einem wachen Mausohr beträgt die *Körpertemperatur* 39 °C. Im Schlaf sinkt sie auf die Temperatur der Umgebung ab. Dieses Absenken der Körperheizung bedeutet eine *Energieeinsparung*.

Fortpflanzung. Wie alle *Säugetiere* bringen Fledermäuse lebende Junge zur Welt, die sie säugen. Das Mausohrjunge wird im Juni geboren. Es wiegt 3 bis 5 Gramm, ist nackt, blind und kann nicht fliegen. Mit Daumen- und Zehenkrallen klammert es sich im Bauchfell der Mutter fest. Etwa 10 Tage lang trägt das Mausohrweibchen sein Junges ständig mit sich herum. Dann bleibt das Junge während der Jagdflüge allein. Im Alter von 6 bis 8 Wochen sind Mausohrfledermäuse selbständig.

> Fledermäuse sind fliegende Säugetiere.

Fledermäuse
Einzige Säugetiere, die wirklich fliegen können. Haben mit den Mäusen nichts zu tun. Eigene Gruppe der Säugetiere mit über 800 Arten. Werden auch als Handflügler bezeichnet. Auf der ganzen Erde mit Ausnahme der Polargebiete verbreitet.

In Deutschland 21 Arten. Man unterscheidet Glattnasen und Hufeisennasen. Alle bei uns lebenden Fledermäuse sind nachtaktive Flugjäger von Insekten. Fluggeschwindigkeit 10 bis 50 Kilometer in der Stunde.

In den Tropen gibt es auch Raubfledermäuse, Nektarlecker, Früchtefresser und 3 Arten Vampirfledermäuse, die Blut lecken.

Mausohrfledermäuse auf einem Dachboden

Die Fladermaus ist das mittelthier zwischen dem Vogel und der Maus, also, dass man die billich ein fliegende Maus nennen mag, wiewohl sie weder under die Vögel noch under die Mäuse kann gezehlet werden.

CONRAD GESNER
HISTORIA ANIMALIUM
1581

Spallanzani spannte in einem dunklen Raum Fäden, an die er Glöckchen hängte. Die Fledermaus erkannte diese Hindernisse: kein Glöckchen erklang. Auch eine Fledermaus mit verbundenen Augen erkannte die Hindernisse. Eine Fledermaus mit verstopften Ohren erkannte sie nicht: die Glöckchen erklangen.

Orientierung in der Dunkelheit. Wie finden sich die Fledermäuse in der dunklen Nacht zurecht? Lange Zeit glaubte man, daß Fledermäuse einen geheimnisvollen „sechsten Sinn" hätten, mit dem sie sich *in der Dunkelheit orientieren*. Schon vor etwa 200 Jahren fand der italienische Naturforscher Lazzaro Spallanzani heraus, daß nicht die Augen, sondern die *Ohren* für das Zurechtfinden der Fledermäuse im Dunkeln notwendig sind.
Wie aber können die Fledermäuse Hindernisse in ihrer Flugbahn „hören"? Fledermäuse rufen im Dunkeln! Ihre Rufe bestehen aus so hohen Tönen, daß wir Menschen sie kaum wahrnehmen. *Ultraschall* nennt man diese hohen Töne. Wo der Ultraschall auf Gegenstände trifft, wird er als *Echo* zurückgeworfen. Mit den großen *Ohrtrichtern* fängt die Fledermaus die Echos auf. Ist ein Gegenstand weiter entfernt, braucht das Echo länger. Ist der Gegenstand links von der Fledermaus, kommt das Echo ein wenig schneller zum linken als zum rechten Ohr. Befindet sich der Gegenstand auf der anderen Seite, ist es gerade umgekehrt. Die Echos ihrer Ultraschallrufe zeigen der Fledermaus also Richtung und Entfernung von Hindernissen und Beute. Man nennt dieses Zurechtfinden mit Schall *Echopeilung*.

> Fledermäuse sind hervorragend an das Leben im Luftraum angepaßt.

Echopeilung bei Fledermäusen

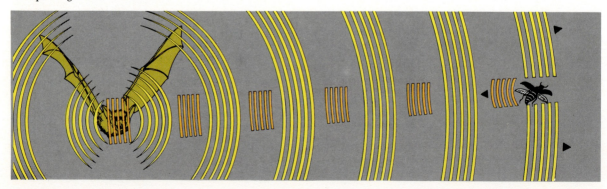

Überwinterung. Im Oktober suchen die Mausohrfledermäuse kühle, aber frostfreie *Winterquartiere* in Höhlen, alten Bergwerksstollen oder großen Kellern. Oft fliegen sie dazu 30 oder 50 Kilometer weit zum Quartier, in dem sie auch das Jahr zuvor überwintert hatten. Hier halten sie *Winterschlaf*. Ähnlich wie beim Tagesschlaf sinkt auch während des Winterschlafs ihre Körpertemperatur auf die Temperatur der Umgebung ab. Auf diese Weise reichen die Fettpolster unter der Haut ein halbes Jahr.

Wichtig ist, daß die Fledermäuse während des Winterschlafs Ruhe haben. Werden sie geweckt, erreicht ihre Körpertemperatur wieder den Wert von 39 °C. Die Fettpolster werden jetzt rascher verbraucht. Da es im Freien noch keine Beutetiere gibt, verhungern die Tiere. Um dies zu verhindern, werden mehr und mehr Winterquartiere der Fledermäuse durch Eisengitter geschützt.

Eingang zu einem Winterquartier in einem Stollen

Mit Nisthilfen kann man die Wohnungsnot der Fledermäuse lindern.
Fledermauskästen hängt man im Wald auf, Fledermausbretter bringt man an geschützten Hauswänden an.

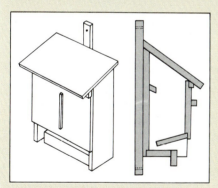
Fledermauskasten aus rohen Brettern

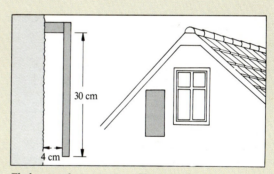
Fledermausbrett an einer Hauswand

Lüftungsziegel als Einschlupf für Fledermäuse

Fledermäuse in Gefahr. Den Fledermäusen drohen bei uns vielerlei Gefahren:
- Sommerquartiere fehlen. Hohle Bäume werden gefällt, alte Dachstühle erneuert, alte Gemäuer abgerissen.
- Gute Winterquartiere werden selten. Gewölbe und Keller mauert man zu. In Höhlen stören Besucher den Winterschlaf.
- Die Nahrung wird knapp. Insektengifte schaden den Beutetieren. Werden diese von Fledermäusen gefressen, vergiften sich auch die fliegenden Säugetiere.
- Menschen töten Fledermäuse aus Angst und Unwissenheit. Sie halten sie für häßliche, geisterhafte „Teufelstiere", die bei Tieren und Menschen Blut saugen.

Der Maulwurf – ein samtener Erdbohrer

Lebensraum. Eben noch war der gepflegte Rasen makellos grün. Jetzt türmt sich, wie von Geisterhand geschaffen, mittendrin ein Erdhügel auf. Wenige Tage später ist der Rasen in eine kleine Hügellandschaft verwandelt: Ein Maulwurf ist in den Garten eingezogen.

Körperbau. Der Maulwurf ist an das Leben im Boden vorzüglich angepaßt. Sein etwa 15 Zentimeter langer Körper hat die Form einer *Walze*. Damit kommt er im Boden gut voran. Am spitzen Kopf sitzt ein Schnäuzchen, das einem Rüssel ähnelt. Mit ihm kann der Maulwurf sehr gut *riechen* und *tasten*. Auf der Unterseite des Rüssels liegen die *verschließbaren Nasenlöcher* und das Maul. Die Augen des Maulwurfs sind so klein wie Stecknadelköpfe. Viel sehen kann das Tier damit nicht, doch in den dunklen Gängen sind gute Augen auch ohne Bedeutung. Die Ohren haben keine Ohrmuscheln und sind deshalb von außen nicht zu sehen. Trotzdem *hört* der Maulwurf ganz *vorzüglich*. Der Eingang zum Ohr ist im Fell versteckt und kann durch eine Hautfalte verschlossen werden. Erde kann daher nicht eindringen.

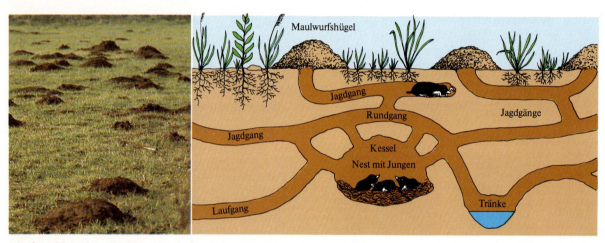

Maulwurfshügel und Schnitt durch das Gangsystem

Fortbewegung. Streicht man einem Maulwurf mit dem Finger über das schwarze Fell, so fühlt es sich samtweich an. Die kurzen Haare können sich nach jeder Richtung biegen. Deshalb kann der Maulwurf in seinen Gängen gut *vorwärts* und *rückwärts kriechen*. Die kurzen Beine erleichtern die Fortbewegung in den engen Gängen.

Graben. Die *Vorderbeine* stehen seitlich vom Körper weg. Die *Armknochen* sind kurz, nur die großen Hände sind zu erkennen. Ihre Innenflächen sind nach hinten gerichtet. Die *Finger* haben lange, scharfe *Krallen* und sind durch Häute miteinander verwachsen. Beim *Graben* arbeiten die Vorderbeine wie Schaufeln: Sie scharren das Erdreich fort und drücken es seitlich gegen die Gangwände. Wenn zuviel Erde anfällt, gräbt der Maulwurf einen Gang nach oben und drückt die Erde an die Oberfläche. Auf diese Weise entstehen die Maulwurfshügel.

> Der Maulwurf ist hervorragend an das Leben im Boden angepaßt.

1 Welche wichtigen Merkmale am Maulwurf sind dem Zeichner entgangen?
Hat der Maulwurf eine Schaufel?

Maulwurf im Jagdgang

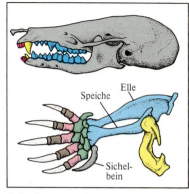

Schädel und Grabhände

Ernährung und Gebiß. Beim Graben und beim regelmäßigen Absuchen seiner Jagdgänge stößt der Maulwurf auf Tiere, die in der Erde leben: Insekten, Schnecken, Würmer, Spinnen, aber auch Mäuse und sogar Schlangen. Von diesen Tieren ernährt sich der Maulwurf. Die *nadelspitzen, dolchförmigen Eckzähne* und die vielen *scharfen Backenzähne* zeigen, daß sich der Maulwurf räuberisch ernährt. Auch der Igel und die Spitzmäuse haben ein solches *Insektenfressergebiß*. Der Maulwurf gehört zur Gruppe der *Insektenfresser* unter den Säugetieren.

Da der Maulwurf im Boden unter den Kleintieren aufräumt, wird auch mancher Pflanzenschädling mitvertilgt. Der nützliche Erdbohrer steht daher unter *Naturschutz*.

Fortpflanzung. Maulwürfe leben als *Einzelgänger*. Nur zur Fortpflanzungszeit werden sie geselliger. Die Männchen kämpfen erbittert um die Weibchen. Im Mai bringt das Weibchen 5 bis 6 bohnengroße, nackte und blinde Junge zur Welt. 5 Wochen lang werden sie von der Mutter *gesäugt*. Schon nach 8 Wochen suchen sie sich ein eigenes Revier.

> Der Maulwurf hat ein Insektenfressergebiß. Er zählt zu den Insektenfressern.

1 Wie ist der Maulwurf an das Leben im Boden angepaßt? Wie findet er in der Erde Nahrung?

2 Hat der Maulwurf Feinde?

Spitzmäuse

Sie zählen wie der Maulwurf zu den Insektenfressern und sind mit die kleinsten Säugetiere, die es auf der Erde gibt. So wiegt unsere einheimische Waldspitzmaus gerade 10 Gramm, soviel wie ein 5 DM-Stück. Ihre Körperlänge beträgt etwa 14 Zentimeter.

Spitzmäuse müssen viel fressen. Sie verschlingen täglich oft mehr Nahrung, als sie selbst wiegen. Neben Würmern und Spinnen sind vor allem Insekten ihre Beute. Da auch viele schädliche Insekten dabei sind, gehören Spitzmäuse zu den Tieren, die für den Menschen nützlich sind.

Ihren Namen haben die Spitzmäuse von der rüsselartig verlängerten, spitzen Nase. Mit ihr können sie vorzüglich riechen. Auch ihr Gehörsinn ist sehr gut ausgebildet. Untereinander verständigen sich die Spitzmäuse durch hohe, zwitschernde Laute.

Das Dromedar – Leben in Hitze und Trockenheit

Lebensraum. Die *Wüsten und Steppen* von Nordafrika und Südwestasien sind die Heimat der Dromedare. Heiße Tage und kalte Nächte zeichnen diesen Lebensraum besonders aus.

Körperbau. Durch dicke *Hornschwielen* an den Sohlen sind die Tiere gegen die Hitze des Bodens geschützt. Hornschwielen an den Gelenken und der Brust ermöglichen sogar das Liegen im heißen Sand. Das gelblich-braune Fell hat dieselbe Farbe wie der Wüstenboden. Das Winterfell ist dicht und schützt vor Kälte, das dünnere Sommerfell vor Hitze. Nie setzt das Dromedar seine Körperseite der direkten Sonnenbestrahlung aus. Wenn Dromedare gehen, werden die zwei Beine einer Körperseite jeweils gleichzeitig nach vorne bewegt. So entsteht der *Paßgang*. Jeder Fuß berührt nur mit den Spitzen von 2 Zehen den Boden. Jede dieser Zehen trägt einen Huf.

Der Kopf wird von einem langen Hals getragen. Dadurch überblickt das Tier die ganze Umgebung. Es kann aber auch leicht den Boden erreichen, um Pflanzennahrung aufzunehmen.

Bei der Erkundung der Umgebung spielt neben den guten Augen vor allem der Geruchssinn eine Rolle. Bei Sandstürmen verhindern die *langen Haare* an den *Augenlidern* und am *Ohreneingang* sowie *verschließbare Nasenöffnungen* das Eindringen von Sand.

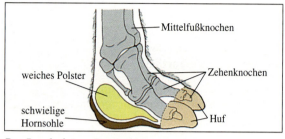

Der Paarhuf eines Dromedars

Ernährung. Trotz des Hitzeschutzes verdunsten auch die Dromedare Wasser. Dies ist sogar lebensnotwendig. Denn Wasser kühlt, wenn es verdunstet. Das Dromedar kann im Wüstensommer bis zu 7 Tage ohne Wasser überstehen. Wenn es dann Wasser findet, trinkt es in wenigen Minuten oft über 100 Liter. Auch ohne Nahrung, wie hartes Gras oder Zweige von Dornbüschen, kommt es lange aus. Der *Fetthöcker* auf dem Rücken dient als Nahrungsreserve. Aber auch für die Wasserversorgung ist er von Bedeutung, denn beim Abbau des Fettes wird Wasser gebildet.

> Das Dromedar ist an die Hitze von Wüsten und Steppen angepaßt. Es gehört zu den Paarhufern und ist ein Zehenspitzengänger.

Trampeltier (links), *Dromedar* (Mitte) und *Lama*. Das Trampeltier und das Lama sind die nächsten Verwandten des Dromedars.

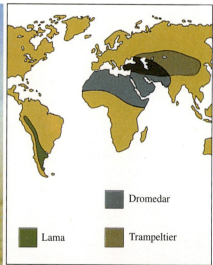

Die Heimat von Dromedar, Lama und Trampeltier

Der Eisbär – Raubtier in eisiger Kälte

Lebensraum. Der Eisbär hat seinen Namen zu Recht. Im Gebiet um den *Nordpol,* das er auf weiten Wanderungen durchstreift, liegt fast das ganze Jahr über Eis und Schnee.

Körperbau und Fortbewegung. Vor der Kälte schützt ihn ein *dichter Pelz.* Selbst die Ohren und Fußsohlen sind mit Fell überzogen. Eine dicke *Fettschicht* unter der Haut hält den Körper auch im eisigen Wasser warm.

Eisbären schwimmen gut und ausdauernd. Zwischen den Zehen ihrer Vorderpfoten haben sie *Schwimmhäute,* so daß die Pfoten wie breite Paddel wirken. Auf dem Eis läuft der Eisbär zwar langsam, aber ausdauernd und oft über große Strecken.

Ernährung. Ein Eisbär hat keine Feinde zu fürchten. Sein weißes Fell *tarnt* ihn auf Eis und Schnee nicht vor Feinden, sondern vor seiner Beute. Dies sind vor allem Polar-Robben. Er wittert sie von weitem und schleicht sich an sie heran, wenn sie zum Ausruhen auf dem Eis liegen. Oft überrascht er sie auch vom Wasser aus. Mit den *Fangzähnen* seines *Raubtiergebisses* packt er sie. Die *Reißzähne* helfen beim Zerkleinern der Nahrung.

Fortpflanzung. Mitten im eisigen Polarwinter bringt die Eisbärin in einer Schneehöhle 1 bis 2 Junge zur Welt. Die neugeborenen Eisbären wiegen kaum mehr als 500 Gramm. Solange sie noch kein dichtes Fell haben, werden sie von der Eisbärin mit ihrem Körper gewärmt und so vor dem Erfrieren bewahrt. Mit nahrhafter Eisbärenmilch *gesäugt,* wachsen die kleinen Bären schnell heran. Wenn die Bärin im Frühling die Höhle verläßt, bleiben die Jungen aber noch über ein Jahr bei ihr. Nur jedes dritte Jahr bekommt die Eisbärin Junge.

> Der Eisbär ist ein Säugetier, das in der Kälte des nördlichen Polargebietes lebt.

Junge Eisbären bleiben über ein Jahr bei der Bärin.

1 Suche Merkmale des Eisbären, die ihm das Leben in Kälte und Eis ermöglichen.

2 Wieso tarnt das weiße Fell den Eisbären vor seiner Beute?

Der Seehund – Robbe zwischen Wasser und Land

Sandbänke sind die Rastplätze der Seehunde.

Betreuung von Heulern in einer Aufzuchtstation

Lebensraum. An der Küste Norddeutschlands weicht die Nordsee zweimal am Tag kilometerweit zurück. Dann ist Ebbe. Für einige Stunden wird jetzt der Meeresboden zu einem breiten Strand aus Sand und Schlick. Dies ist das Watt. Bei Flut kommt das Wasser zurück und verwandelt das Watt wieder in ein flaches, wenige Meter tiefes Meer. In diesem *Wattenmeer* leben Seehunde, unsere häufigste Robbenart. Bei Ebbe liegen die Tiere auf Sandbänken. Bei Flut gehen sie auf Tauchjagd.

Körperbau und Fortbewegung. Der *strömungsgünstige* Körper der Seehunde bietet dem Wasser wenig Widerstand. Das Fell ist kurzhaarig und legt sich dicht an den Körper. Ohrmuscheln fehlen. Vorderbeine und Hinterbeine haben die Gestalt von Flossen und tragen *Schwimmhäute*. Seehunde bewegen sich im Wasser schnell und geschickt. Die *Hinterflossen* treiben als „Heckantrieb" die Tiere vorwärts. Die Vorderflossen werden nur zum Steuern und Wenden gebraucht. Seehunde können bis zu 12 Minuten unter Wasser bleiben, bevor sie wieder Luft holen. Vor dem Tauchen *verschließen* sie ihre *Nasenlöcher* und *Ohröffnungen*.

Ernährung. Ihre Nahrung suchen die Seehunde am Grund des Wattenmeeres. Mit den steifen Barthaaren tasten und stöbern sie dort Schollen und andere Tiere aus dem Sand auf. Seehunde sind *Fleischfresser*. Sie haben ein *Raubtiergebiß* und sind *Raubtiere*.

Fortpflanzung. Auf einer Sandbank bringt das Seehundweibchen Ende Juni ihr Junges zur Welt. Wenige Stunden nach der Geburt, wenn die Flut kommt und das Wasser die Sandbank überspült, kann das Junge schon mit seiner Mutter davonschwimmen. Nur bei Ebbe, wenn die Tiere an Land sind, kann das Weibchen sein Junges *säugen*. Daher erhält das Jungtier nur zweimal am Tag Nahrung. Trotzdem wächst es rasch. Die Seehundmilch ist nämlich sehr nahrhaft.

> Der Seehund ist ein Säugetier, das an das Wechselleben zwischen Meer und Land gut angepaßt ist.

Heuler. Manchmal trägt die Strömung ein Junges mit sich fort, bisweilen flieht die Mutter vor einem nahenden Schiff, einem tieffliegenden Flugzeug oder einer anderen Gefahr und läßt das Junge allein zurück. Gelegentlich bringt ein Muttertier zwei Junge zur Welt. Weil sie nur ein Junges aufziehen kann, verstößt sie eines von beiden. Die alleingelassenen Jungen rufen laut klagend nach ihrer Mutter. Man nennt sie daher *Heuler*. Viele Heuler würden umkommen, wenn sie nicht von Fischern zu *Aufzuchtstationen* gebracht würden. Dort werden sie aufgezogen.

Der Delphin – ein schwimmendes Säugetier

Delphine sind vorzügliche und elegante Schwimmer.

Der Kiefer ist mit Zähnen besetzt.

Delphine leben meist gesellig. Man kann hören, daß sie sich durch Laute verständigen. Allerdings weiß man erst sehr wenig über die Delphinsprache. Delphine erzeugen außerdem sehr hohe, für Menschen nicht hörbare Laute, mit denen sie sich wie die Fledermäuse orientieren. In Freiheit schließen sich Delphine dem Menschen manchmal sehr eng an. Menschen sollen sogar von ihnen aus Seenot gerettet worden sein.

Körperbau. Der Körper des Delphins hat eine *spindelartige Gestalt*. Diese Form bietet beim Schwimmen dem Wasser wenig Widerstand. Als *Säugetiere* atmen sie mit *Lungen*. Delphine müssen zum Luftholen immer wieder auftauchen. Dabei atmen sie ausschließlich durch die Nasenöffnung, das *Spritzloch*. Seine Lage an der Kopfoberseite ermöglicht es, Luft zu holen, ohne die Schwimmbewegungen zu unterbrechen.

Ernährung. Im schnabelartig verlängerten Maul der Delphine befinden sich zahlreiche *gleichförmige Zähne*. Mit den Zähnen können schnell schwimmende Beutetiere, vor allem Fische, gepackt und festgehalten werden.

Fortpflanzung. Das Junge wird mit dem Schwanz voraus unter Wasser geboren. Es schwimmt sofort ohne fremde Hilfe zur Wasseroberfläche, um Luft zu holen. In manchen Zoos werden Delphine in Seeaquarien gehalten. Dort kann man beobachten, wie geschickt und gelehrig diese Tiere sind. Tierschutzorganisationen üben jedoch immer mehr Kritik an der *nicht artgerechten Haltung* der Tiere in viel zu kleinen Becken. Weibliche Delphine bekommen in Gefangenschaft nur sehr selten Junge.

> Delphine sind Säugetiere, die hervorragend an das Wasserleben angepaßt sind.

1 Nenne Säugetiermerkmale der Delphine.

Die beiden Nasenlöcher des Delphins münden als Spritzloch auf dem Scheitel nach außen.

Umwelt aktuell: Säugetiere sind bedroht

Von unseren 94 einheimischen Säugetierarten ist rund die Hälfte vom Aussterben bedroht. Dazu gehören Luchs und Wildkatze ebenso wie sämtliche einheimischen Fledermausarten. Biber und Fischotter wurden durch eine erbarmungslose Jagd an den Rand der Ausrottung gebracht.

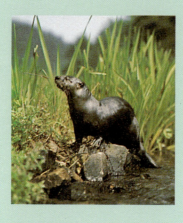

Rote Listen
Rote Listen geben Auskunft über gefährdete Pflanzen- und Tierarten. Sie bieten Politikern und Behörden Entscheidungshilfen. Rote Listen sind die Grundlage für die Aufstellung von Artenschutzprogrammen.

Fischotter
Der Fischotter ist bei uns fast überall verschwunden. Er ist ein guter Schwimmer und Taucher. Durch die Begradigung von Bächen und Flüssen wurden die Ufer verändert. Es fehlt ihm die Möglichkeit, Röhren zur Aufzucht der Jungen anzulegen.

Feldhase
Feldhasen sind selten geworden. Die Hauptursache für den Rückgang ist die Umgestaltung der Landschaft. Wo Gebüsche und Wildkräuter entfernt werden, fehlen dem Hasen Verstecke und Futterpflanzen sowie die Möglichkeit, Junge aufzuziehen.

Wasserspitzmaus
Sie lebt an Fluß- und Seeufern und legt dicht unter der Erdoberfläche Gänge an. Sie hat wenige natürliche Feinde. Nur der Mensch bedroht ihren Bestand, wenn er durch Wasserbaumaßnahmen die bewachsenen Ufer der Flüsse und Seen zerstört.

Seehund
Im Wattenmeer vor der friesischen Nordseeküste leben die letzten Seehunde Deutschlands. Zunehmende Nordseeverschmutzung und ständige Störungen beim Sonnen auf den Sandbänken durch Touristen gefährden auch ihre Existenz. Jedes zweite Jungtier stirbt im ersten Lebensjahr.

Siebenschläfer
Der natürliche Lebensraum sind unterholzreiche Laubwälder. In unseren wirtschaftlich ausgerichteten Wäldern mit makellosen Stämmen fühlt er sich nicht wohl. Hier fehlt es ihm oft an natürlichen Versteckmöglichkeiten und geeigneten Höhlen für den Winterschlaf.

Umwelt aktuell: Säugetiere brauchen unseren Schutz

Bedrohte Tierarten stehen unter Naturschutz, doch können sie nur dann überleben, wenn auch ihre Lebensräume bewahrt werden. Eine abwechslungsreiche Landschaft bietet vielen verschiedenen Tierarten Lebensräume. Die Wiedereinbürgerung von Biber und Luchs zeigt erste Erfolge.

Naturschutzgebiete
Diese Gebiete dürfen vom Menschen gar nicht oder kaum angetastet werden. Hier können sich gefährdete Tier- und Pflanzenarten noch halten. Zum Schutz von Tieren und Pflanzen darf man die Wege im Naturschutzgebiet nicht verlassen.

Alpensteinbock
Er lebt im Hochgebirge oberhalb der Waldgrenze. Jagd und Erschließung der Gebirge für den Fremdenverkehr haben ihn in den Alpen fast ausgerottet. Durch strengen Schutz gelang es den wenigen verbliebenen Tieren, sich wieder zu vermehren.

Luchs
Bei uns war er ausgerottet. In einigen Mittelgebirgen Deutschlands wurde er wieder eingebürgert. Der Luchs jagt nachts als Einzelgänger. Zu seiner Beute zählen Rehe, Füchse, Kaninchen und Vögel. Für den Menschen stellt er keine Gefahr dar.

Dachs
Die früher durchgeführten Tollwutimpfungen des Fuchses mit ausgelegten Ködern hat auch dem Dachs geholfen. Die Begasung von Fuchsbauen traf die Dachse meist schlimmer, da sie tagsüber im Bau schlafen. Fuchs- und Dachsbau liegen oft eng beisammen.

Biber
Er ist unser größtes Nagetier. Wegen seines Felles wurde ihm so sehr nachgestellt, daß er bei uns ausstarb. Wiedereinbürgerungsaktionen sind bereits erfolgreich angelaufen. Soll der Biber erhalten bleiben, braucht er ausgedehnte Auwälder mit Überschwemmungsgebieten.

Abendsegler
Insektenvernichtungsmittel töten die Nahrung der Fledermäuse oder aber belasten sie mit giftigen Stoffen. Besonders betroffen sind Jungtiere. Durch die moderne Bauweise und Renovierungen von Dachstühlen finden die Tiere kaum noch geeignete Quartiere.

Gemeinsame Merkmale der Säugetiere

Eine Katzenmutter säugt ihre Jungen

Säugetiere. Alle Tiere, die ihr bis jetzt kennengelernt habt, bezeichnet man als *Säugetiere*. Diese Bezeichnung verwendet man für alle Tiere, die sich *im Mutterleib entwickeln* und nach der Geburt mit *Muttermilch* gesäugt werden. Mit Ausnahme der Schnabeltiere bringen alle Säugetiere lebende Junge zur Welt.

Körperbedeckung. Säugetiere besitzen ein *Haarkleid*. Es isoliert den Körper, d.h. es schützt ihn vor Wärmeverlust. Die Haare tragen auch dazu bei, daß die Körpertemperatur der Säugetiere immer gleich hoch ist, ungefähr 37°C. Bei manchen Arten ist das Haarkleid umgebildet, wie z.B. beim Igel zu Stacheln. Bei anderen Säugetierarten fehlt es gänzlich, wie bei den Walen und Delphinen, bei denen eine Fettschicht die Aufgabe des Haarkleides übernimmt.

Atmung. *Säugetiere atmen durch Lungen.* Auch die Säugetiere des Meeres sind Lungenatmer. Delphine und Wale müssen deshalb sofort nach der Geburt an die Wasseroberfläche, um zu atmen.

Sinnesleistung. Säugetiere haben ein großes, *leistungsfähiges Gehirn*. Dadurch können sie mehr lernen als andere Tiere und sind in der Lage, sich veränderten Lebensbedingungen rasch anzupassen.

Wir haben in dem zurückliegenden Kapitel gesehen, daß die Säugetiere die Lebensräume Luft, Erde und Wasser erobert haben. Sie gehören damit zu den erfolgreichsten Tiergruppen unserer Erde.

> Säugetiere säugen ihre Jungen, tragen ein Haarkleid, atmen durch Lungen und haben ein hochentwickeltes Gehirn.

1 Beschreibe an einigen Beispielen, wie sich Säugetiere ernähren. Erläutere den Zusammenhang zwischen Gebiß und Ernährung.

Säugetiere ernähren sich auf unterschiedliche Weise. Sie sind Raubtiere, Pflanzenfresser oder Allesfresser.

Verwandtschaft bei Tieren

„Eine feine Familie" wirst du sagen, wenn du das Bild anschaust. Und dabei hast du gar nicht so unrecht.

Auch bei Familienfotos hast du sicher schon beobachtet, daß zwischen Verwandten oft eine ausgeprägte *Ähnlichkeit* besteht. Je größer die Ähnlichkeit, um so näher ist meist die *Verwandtschaft*. Geschwister sind sich ähnlicher als Vettern und Kusinen. Eine große Ähnlichkeit ist also ein Hinweis auf enge Verwandtschaft.

Art. Tiere, die sich so ähnlich sind, daß sie sich untereinander fortpflanzen können, beispielsweise Löwe mit Löwen oder Tiger mit Tigern, bezeichnet man als eine *Art*. Löwe und Tiger sind also verschiedene Tierarten.

Gattung. Mehrere Arten werden nach dem Grad ihrer Ähnlichkeit in kleinere Gruppen zusammengefaßt: Löwe und Tiger gehören zur *Gattung* der *Großkatzen*, Katze und Luchs zu den *Kleinkatzen*.

Familie. Kleinkatzen und Großkatzen zusammen bilden die *Familie der Katzenartigen Raubtiere*. Hunde, Füchse und Wölfe zählen dagegen zur *Familie der Hundeartigen Raubtiere*.

Ordnung. Alle Angehörigen der Familie Katzenartige Raubtiere und Hundeartige Raubtiere haben dolchartige, spitze Eckzähne und scharfe Reißzähne. Man faßt Tiere, die ein solches Gebiß haben, zur Verwandtschaftsgruppe der Raubtiere zusammen. Es ist die *Ordnung der Raubtiere*.

Klasse. Zusammen mit anderen Ordnungen, wie beispielsweise den Nagetieren, den Walen, den Affen und vielen anderen mehr, bilden die Raubtiere die *Klasse der Säugetiere*.

Stamm. Säugetiere, Vögel, Kriechtiere, Reptilien und Fische bilden alle eine eigene Klasse, jedoch mit einem gemeinsamen Merkmal: der Wirbelsäule. Sie alle zusammen bilden den *Stamm der Wirbeltiere*.

> Die Einteilung der Tiere in: Art – Gattung – Familie – Ordnung – Klasse – Stamm ist der Versuch, nach Ähnlichkeitsmerkmalen eine systematische Ordnung zu erstellen.

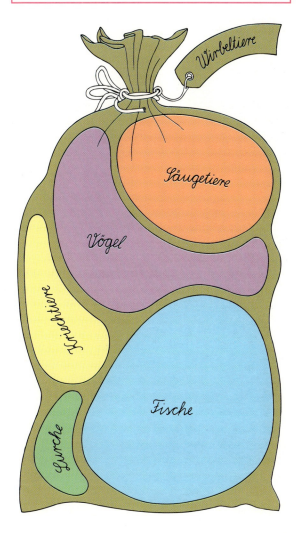

Du und dein Körper

Wahrnehmung durch unsere Sinne

Wie ein Lauffeuer hat es sich in der Schule herumgesprochen. Am Spielplatz wird ein großes Klettergerüst errichtet. Anja und Thomas können es schon gar nicht mehr erwarten, bis der Unterricht endet. Endlich ist es soweit. Erwartungsvoll rennen sie mit den anderen Kindern zum Spielplatz. Und dann sehen sie das Klettergerüst. Es ist bereits von vielen Kindern belagert. Vorsichtig mit Händen und Füßen tastend, mit den Augen nach sicherem Halt suchend, bewegen sich die Kletterer langsam auf den wackeligen Seilen voran. Viele schreien, wenn plötzlich das Seil unter ihnen nachgibt und ihr Körper sich gefährlich nach vorne oder hinten neigt. „Das kann doch nicht so schwer sein", sagt Thomas. „Komm, das müssen wir auch probieren!"

Sinnesorgane und Sinne. Ständig wirken Reize wie Licht, Geräusche oder Kälte auf uns ein. Mit bestimmten Organen unseres Körpers, den *Sinnesorganen*, können wir diese Reize empfangen. Es sind Augen, Ohren, Nase, Zunge und die den Körper umhüllende Haut, die uns die Welt um uns erschließen lassen. Mit den Augen können wir sehen. Aber nur wenn es hell genug ist, funktioniert der Sehsinn. Im Dunkeln müssen wir uns auf den Tastsinn der Haut oder den Hörsinn der Ohren verlassen. Die verschiedensten Düfte erfassen wir mit dem Geruchssinn der Nase. Auf der Zunge befindet sich der Geschmackssinn. Nervenzellen leiten die Reize von den Sinnesorganen zum Gehirn weiter. Die Botschaften werden hier erkannt und in verständliche Informationen für uns übersetzt. Nun erst verstehen wir die Sinneseindrücke.

> Mit den Sinnesorganen – Augen, Ohren, Nase, Zunge, Haut – erschließen wir die Welt.

1 Beschreibe, was du auf dem Klettergerüst erleben kannst! Welche Sinne sind besonders gefordert?

2 Betrachte die Bilder unten genau! Welche Botschaften erkennt das Gehirn jeweils?

3 Woran kann man an der Abbildung unten erkennen, daß Sinnesorgane, Nerven und Gehirn eine Einheit bilden?

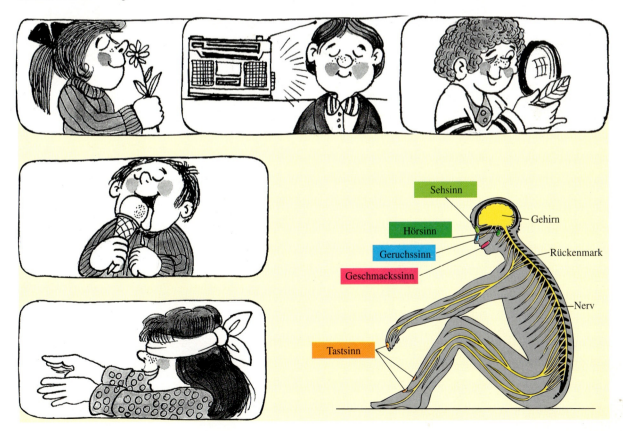

Das Auge

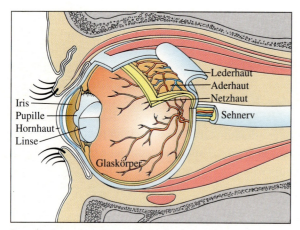

Bau des Auges mit Darstellung des Augeninneren

Wir untersuchen im Spiegel die eigenen Augen

Das Auge – Fenster zur Umwelt. Unser wichtigstes Sinnesorgan ist das Auge. Das fällt dir sofort auf, wenn zum Beispiel bei einem Gewitter nachts der Strom ausfällt und du plötzlich im Dunkeln stehst. Vorsichtig tastend und unbeholfen versuchst du dich im Dunkeln zu bewegen. Erst beim Schein der Taschenlampe oder einer Kerze fühlst du dich wieder sicher, also erst dann, wenn du wieder etwas sehen kannst.

Bau des Auges. Nur der vordere Teil des Auges ist für uns sichtbar. Wenn du jemandem in die Augen schaust, dann blickst du in einen runden, dunklen Kreis in der Mitte des Auges. Das ist aber kein dunkler, undurchsichtiger Fleck, sondern ein Loch, die *Pupille*. Durch dieses *Sehloch* fallen die Lichtstrahlen ins Augeninnere. Die Pupille ist von einem farbigen Ring, der *Regenbogenhaut* oder *Iris* umgeben. Von der Farbe der Iris spricht man, wenn man sagt, jemand habe blaue, braune oder grüne Augen. Nach außen wird dieser vordere Teil des Auges von der durchsichtigen und schützenden *Hornhaut* abgedeckt. Innen im Auge sitzt gleich hinter der Pupille die *Linse*. Das kugelförmige Augeninnere wird vollständig von einer klaren, zähflüssigen Masse, dem *Glaskörper,* ausgefüllt. Dieser ist von drei Augenhäuten umhüllt: *Netzhaut*, *Aderhaut* und *Lederhaut*. Die innerste Haut ist die *Netzhaut*. Sie besteht aus vielen Millionen lichtempfindlicher Sinneszellen. Fällt Licht auf sie, so melden sie das an das Gehirn weiter. Die *Aderhaut* dient der Versorgung des Auges mit Nährstoffen. Die stabile, weiße *Lederhaut* grenzt den Augapfel schützend nach außen ab.

Der Sehvorgang. Wir können nur Dinge sehen, die vom Sonnenlicht oder dem Licht einer Lampe *angestrahlt* werden oder selbst leuchten. Der Gegenstand wirft das Licht zurück, er *reflektiert* es. Gelangen solche reflektierten Lichtstrahlen durch die Pupillen in unsere Augen, dann treffen sie auf die lichtempfindlichen Zellen der Netzhaut. Dort entsteht auf den *Lichtsinneszellen* ein Abbild des Gegenstandes. Die auf diese Weise vom Licht gereizten Sinneszellen geben ihre Botschaft über den *Sehnerv* an das Gehirn weiter.

> Für uns Menschen sind die Augen das wichtigste Sinnesorgan. Es besteht aus verschiedenen Teilen, die die Aufgabe haben, von Gegenständen reflektierte Lichtstrahlen ins Augeninnere zu leiten. Auf der Netzhaut entsteht ein Abbild des Gegenstandes.

1 Beschreibe den Weg, den die Lichtstrahlen im Auge zurücklegen!

2 Betrachte deine Augen in einem Spiegel, so wie in der Abbildung oben. Welche Teile kannst du benennen?

3 Unsere Augen sind besonders gut geschützt. Nenne solche Schutzeinrichtungen. Auch ein Blick in den Spiegel kann dir weiterhelfen.

4 Weshalb nennt man die Iris auf deutsch „Regenbogenhaut"?

Sehen mit Augen und Gehirn

linkes Auge

rechtes Auge

linkes Auge

rechtes Auge

Huhn und Mensch sehen ihre Umwelt verschieden

Ist dir schon einmal aufgefallen, daß wir Menschen zu den Lebewesen gehören, deren Augen nicht zur Seite, sondern nach vorne gerichtet sind? Das muß natürlich einen Grund haben.

Sehvermögen beim Huhn. Schauen wir uns dazu die Abbildung oben an. Hühner haben ihre Augen seitlich am Kopf. Deshalb sieht das Huhn auf dem Arm des Mädchens mit seinem rechten Auge die ausgestreckte Hand mit den Körnern, mit dem linken Auge sieht es das Gesicht des Mädchens. Jedes Auge macht sich also sein eigenes Bild. Was unmittelbar vor dem Huhn ist, kann es nicht sehen. Deshalb müssen Hühner beim Picken ihren Kopf immer wieder kurz schief halten. Dann können sie das Futter sehen und weiterfressen.

Sehvermögen beim Menschen. Mit den nach vorne gerichteten Augen haben wir den Eindruck, nur ein Bild zu sehen. In Wirklichkeit sind es zwei, aber sehr ähnliche Bilder. Das kannst du mit einem einfachen Versuch selbst ausprobieren. Betrachte den Daumen deiner ausgestreckten Hand abwechselnd mit dem rechten und dem linken Auge. Du wirst feststellen, daß der Daumen scheinbar hin- und herspringt. Die Erklärung ist einfach: Das rechte Auge sieht den Daumen mehr von der rechten Seite, das linke Auge mehr von der linken Seite. Beide Bilder werden im Gehirn ausgewertet, indem sie übereinandergelegt werden. Dadurch können wir ein *räumliches Bild* sehen. Das gilt nicht nur für unseren Daumen.

Mit beiden Augen können wir unsere gesamte Umgebung räumlich erkennen, und wir wissen, was näher bei uns liegt oder was weiter entfernt ist. Bei der Auswertung berücksichtigt das Gehirn auch *Erfahrungen*, die wir im Laufe unseres Lebens bereits gemacht haben. Je öfter und intensiver wir Erfahrungen machen, um so rascher werden sie im Gehirn gespeichert. Die Meldungen der Augen verarbeitet das Gehirn blitzschnell und gibt über die Nerven Befehle an die Muskeln, zum Beispiel einem heransausenden Ball auszuweichen oder ihn mit den Händen zu fangen.

> Nur mit beiden Augen können wir räumlich sehen. Dabei spielen die im Gehirn gespeicherten Erfahrungen eine große Rolle.

1 Nenne Tiere, die wie wir nach vorne gerichtete Augen haben!

2 Erkläre, weshalb Hühner nicht räumlich sehen! Überlege, welche Vorteile zwei seitlich am Kopf sitzende Augen haben können!

Das Ohr

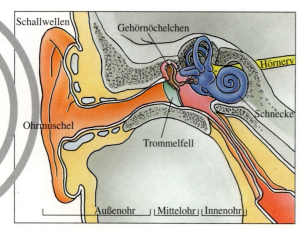

Bau des menschlichen Ohrs

Die Ohren werden durch Schallwellen gereizt. Wenn du an einer Gitarrensaite zupfst, dann schwingt die Saite rasch hin und her, sie *vibriert*. Dadurch werden auch die Luftteilchen, die die Saite berühren, in Schwingungen versetzt. Diese stoßen nun die Luftteilchen in ihrer Umgebung an und bringen auch sie zum Vibrieren usw. Die Schwingungen breiten sich wellenförmig aus. Als *Schallwellen* oder *Schall* können wir sie hören. Aber wie kann man schwingende Luftteilchen hören? Um das zu verstehen, müssen wir uns anschauen, wie das menschliche Ohr aufgebaut ist.

Bau des Ohrs. Das Ohr ist in drei Bereiche untergliedert, in *Außen-, Mittel-* und *Innenohr*. Das Außenohr fängt über die Ohrmuschel wie mit einem Trichter die Schallwellen auf und leitet sie zum Mittelohr weiter. Hier treffen sie auf ein dünnes Häutchen, das *Trommelfell*, das nun ebenfalls zu schwingen beginnt. Die am Trommelfell angewachsenen, beweglichen *Gehörknöchelchen* verstärken die Schwingungen und geben sie an das Innenohr weiter. Hier befindet sich das eigentliche Hörorgan. Wegen seiner typisch gewundenen Form nennt man es *Schnecke*. In ihr befinden sich die *Hörsinneszellen*. Diese werden durch die Schwingungen gereizt, ähnlich wie die Sehsinneszellen durch die Lichtstrahlen gereizt werden. Über den *Hörnerv* schicken die Hörsinneszellen Signale an das Gehirn. Hier entsteht der Höreindruck. Jetzt erst können wir die Schallwellen als Töne wahrnehmen. Wir können nicht nur Töne verschiedener Höhe unterscheiden, sondern auch die Richtung, aus der sie kommen.

Lärm. Die Lautstärke des Schalls wird in *Dezibel* gemessen. Die Zunahme um jeweils 10 Dezibel bedeutet immer eine Verdoppelung der Lautstärke. Setzt sich jemand längere Zeit Lautstärken über 70 Dezibel aus, dann kann es zu *gesundheitlichen Schädigungen* kommen. Daß Lärm auch Schmerzen verursachen kann, hast du sicher schon einmal am eigenen Leib gespürt, wenn zum Beispiel ein Düsenflugzeug in geringer Höhe über dich hinwegbraust. Außerdem schädigt Lärm allmählich die Hörsinneszellen und zerstört sie schließlich. Es kommt zu *Schwerhörigkeit* oder gar zur *Taubheit*.

Das Ohr nimmt Schallwellen auf. Sie reizen die Hörsinneszellen in der Schnecke. Beständiger Lärm führt zu gesundheitlichen Störungen.

---

1   Liste in einer Tabelle die Teile des Ohres auf, die zum Außenohr, zum Mittelohr und zum Innenohr gehören!

2   Weshalb kann ein Tauber nichts mehr hören, obwohl er noch Ohren hat?

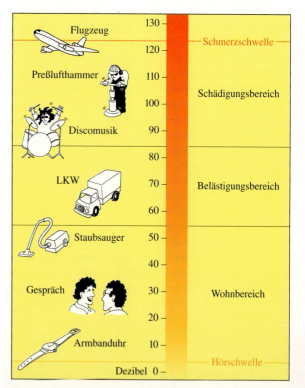

Geräuschquellen und ihre Lautstärke

Praktikum: Sehen und Hören

1 Der Nadel-Faden-Versuch
Benötigt werden: Nähnadel mit langer Öse, Faden, Bleistift und Papier für das Versuchsprotokoll.
Durchführung: 3 oder 4 Schüler arbeiten in einer Gruppe zusammen.
- Die Versuchsperson kneift ein Auge zu und versucht den Faden einzufädeln. Sie hat 5 Versuche.
- Wiederholt den Versuch nun mit zwei geöffneten Augen!
- Führt ein Versuchsprotokoll, in das ihr die Ergebnisse eintragt.
- Wertet das Protokoll aus. Zu welchem Ergebnis kommt ihr? Sucht nach einer Erklärung!

2 Sehen mit Augen und Gehirn
Schauen wir uns einen alltäglichen Gegenstand an, etwa einen Füller, dann erkennen wir ihn sofort, weil wir ihn schon oft gesehen haben. Das Bild ist im Gehirn gespeichert. Betrachtet nun die Abbildung rechts:
- Verdeckt man den Angler, wirkt der Fisch pfannengroß.
- Deckt man die Hand ab, so erscheint uns der Fisch als gewaltiger Fang.
Wir sehen, was Auge und Erfahrung uns gelehrt haben.

3 Ein Telefon aus Dosen?
Benötigt werden: 2 Blech- oder Plastikdosen, 10 m lange Schnur.
Durchführung: Bohre in den Boden der leeren Dosen jeweils ein kleines Loch, stecke das Ende der Schnur hindurch und verknote sie innen. Dann nimmt jeder eine Dose, und ihr geht so weit auseinander, bis die Schnur straff gespannt ist. Halte deine Dose ans Ohr. Wenn dein Freund in seine Dose spricht, hörst du in deiner Dose, etwas verzerrt, seine Stimme. Achte darauf, daß die Schnur beim Sprechen immer gespannt ist.
Die Schallwellen deiner Stimme versetzen den Dosenboden in Schwingungen. Sie laufen an der Schnur entlang bis zum anderen Dosendeckel. Im Prinzip arbeitet ein richtiges Telefon auch nicht viel anders, nur werden die Schallwellen hier in elektrische Schwingungen verwandelt, die über Draht oder Funk durch die ganze Welt geschickt werden können.

Praktikum: Sicher im Straßenverkehr

1 Lange Schrecksekunde

Ganz plötzlich kommt ein Radler angeschossen. Du stehst wie angewurzelt mitten auf dem Radweg, unfähig, dich in Sicherheit zu bringen … um ein Haar!

Solche Situationen hast du sicher schon erlebt. Mit einem einfachen Experiment kannst du diese Schrecksekunde „sichtbar" machen.

Benötigt werden: Langes Lineal, Schreibzeug. Bildet Dreiergruppen.

Durchführung: Das Bild rechts zeigt den Beginn des Tests. Eine Testerin oder ein Tester läßt das Lineal ohne Ankündigung plötzlich fallen, die Versuchsperson muß es fangen. Der Protokollführer schreibt die cm-Marke auf, bei der das Lineal gefangen wurde. Jede Person hat 10 Versuche. Ermittelt für jede den Durchschnittswert.

– Wie ist die „lange Leitung" zu erklären? Welche Gefahren birgt sie?

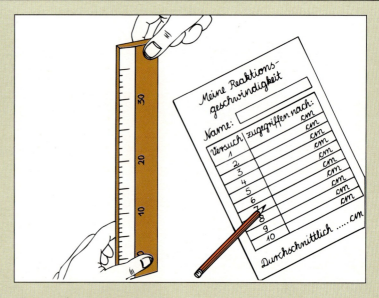

2 Geräusche können ablenken

Benötigt werden: Walkman mit Cassette, Bleistift, Stoppuhr. Bitte deine Lehrerin oder deinen Lehrer, die Testreihen 1 und 2 für dich zu kopieren.

Durchführung: Streiche bei der Testreihe 1 diese Zeichen an:

⊙ ▽ ○

Du hast 30 Sekunden Zeit. Notiere, wieviel Richtige du hast.

Setze nun einen Walkman auf und wiederhole den Test. Verwende dabei Testreihe 2 und folgende Zeichen:

⊡ ▽ ○

– Vergleiche die Ergebnisse beider Tests.
– Welche Bedeutung hat das Testergebnis für dich, zum Beispiel für dein Verhalten im Straßenverkehr?

Besitzt du einen Walkman und setzt ihn beim Fahrradfahren auf?

Testreihe 1:

Testreihe 2:

Umwelt aktuell: Hilfen bei Sinnesschädigungen

Es gibt Menschen, deren Sinnesorgane nicht richtig funktionieren. Sie sehen oder hören schlechter als andere. Manche sind gar blind oder taub. Damit sich diese Menschen in ihrer Umwelt besser zurechtfinden, gibt es eine Reihe von Hilfsmitteln. Die Zukunft wird weitere Fortschritte bringen.

Brillen und Kontaktlinsen
Kurz- und Weitsichtigkeit sind die häufigsten Sehfehler. Sie lassen sich mit Hilfe von Brillen oder Kontaktlinsen beheben. Kontaktlinsen werden direkt auf der Hornhaut getragen. Sie müssen regelmäßig gewechselt und sorgfältig gepflegt werden.

Blindenschrift
Bei der Blindenschrift handelt es sich um punktförmige Erhöhungen. Blinde „lesen" die Buchstaben tastend mit den Fingern. In Marburg gibt es einen Planetenlehrpfad für Blinde. Auf Tafeln stehen die Angaben über die Himmelskörper in Blindenschrift.

Ertastbare Banknoten
In den Niederlanden und in der Schweiz gibt es schon lange tastbare Markierungen auf den Geldscheinen. Blinde ertasten, wieviel der Schein wert ist. Solche Markierungen befinden sich neuerdings auch auf deutschen Banknoten.

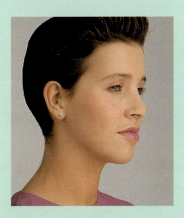

Hilfe für Schwerhörige
Die Hörgeräte-Technik ist heute so weit, daß sie Schwerhörigen wirksam helfen kann. Hörgeräte nehmen Schallwellen auf, verstärken sie und leiten sie ins Ohr weiter. Die modernen Geräte sind so klein, daß sie den Träger nicht behindern.

Telefon für Gehörlose
Es ist ein Schreibtelefon, das mit einem Drucker und einer Schreibtastatur an jedes Telefon angeschlossen werden kann. Damit Gehörlose auch in Notsituationen Hilfe holen können, besitzen Feuerwehr und Polizei ebenfalls solche Geräte.

Die hörbare Ampel
Für blinde oder stark sehbehinderte Fußgänger sind die Lichtsignale einer Ampel nicht zu erkennen. Damit sie dennoch wissen, wann sie ungefährdet die Straße überqueren können, ertönt ein Summton. Er signalisiert ihnen „Grün".

Bau der Haut

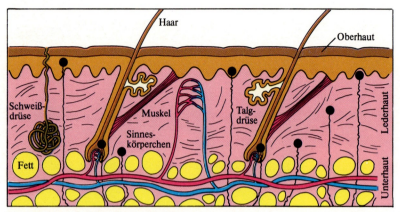

Vereinfachter Schnitt durch die Haut.

Wasche mich, aber mach mich nicht naß!

Die Haut bedeckt die gesamte Körperoberfläche. An den Handflächen oder den Fußsohlen liegt die Haut eng an, an anderen ist sie verschiebbar. Vor allem am Ellenbogen und an den Fingergelenken bildet sie Falten. Schon von außen lassen sich 2 Hauttypen unterscheiden: die unbehaarte *Leistenhaut* und die behaarte *Felderhaut*. Wenn du den Handrücken der linken Hand neben die Handinnenfläche der rechten Hand hältst, kannst du den Unterschied sehen.

Die Dicke der Haut schwankt zwischen 1 und 10 Millimetern. Sie ist aus 3 Schichten aufgebaut. Die äußerste Schicht ist die *Oberhaut*. An den dünnsten Stellen ist sie etwa so dick wie eine Seite dieses Buches. Auf den Handflächen und insbesondere an den Fußsohlen wird sie über 1 Millimeter dick. Die oberste Schicht der Oberhaut ist die *Hornschicht*. Sie besteht aus verhornten Hautteilen, die absterben und ständig abgescheuert werden. Sie werden von der darunterliegenden *Keimschicht* nachgebildet. Auch die Finger- und Zehennägel sowie die Haare sind Bildungen der Keimschicht. Die Haare entstehen am Grunde von kleinen Einsenkungen der Oberhaut, *Haarbalg* genannt. Auf dem Kopf wachsen bei einem jungen, gesunden Menschen mehr als 100 000 Haare. Jeder Haarbalg besitzt einen kleinen Muskel, der sich zusammenziehen und das Haar aufrichten kann. So entsteht die „Gänsehaut".

Die *Lederhaut* ist etwa 1 Millimeter dick. Sie enthält viele kleine Muskeln, feine Blutgefäße, Sinneskörperchen und Nervenfasern. In der Lederhaut liegen *Drüsen*, die den Schweiß erzeugen. Andere Drüsen stellen Talg her. Diese Talgdrüsen befinden sich in der Nähe der Haarwurzeln. Durch den Talg werden die Haare und die Haut gefettet. Dadurch bleibt die Haut geschmeidig.

Die *Unterhaut* ist die dickste der drei Hautschichten. In sie ist viel Fett eingelagert. So wird sie zu einem Polster gegen Druck und Stoß. Das Fett isoliert aber auch und verhindert dadurch, daß der Körper zuviel Wärme nach außen abgibt.

> Die Haut besteht aus drei Schichten: Oberhaut, Lederhaut und Unterhaut.
> Die Hautschichten haben unterschiedliche Aufgaben.

Blinde können mit ihren tastempfindlichen Fingerspitzen eine Schrift lesen, die aus vielen Höckerchen auf der Papieroberfläche gebildet wird.

Die Haut hat viele Aufgaben

Schmerz ist ein Warnsignal

Ist das kalt!

Du wäschst dir die Hände und hältst sie unter das fließende Wasser. Das Wasser ist eiskalt. Du wachst in der Nacht auf. Vorsichtig tastest du im Dunkeln mit der Hand über den Nachttisch, bis du den Lichtschalter findest. Auf dem Weg zur Schule stolperst du und fällst hin. Du reibst die Knie, denn es tut ganz schön weh. Wärme und Kälte, Druck, Berührungen und Schmerzen, all das spüren wir über unsere Haut. *Nervenfasern* und *Sinneskörperchen,* die in der Oberhaut und in der Lederhaut liegen, nehmen die Reize auf und leiten diese Informationen zum Gehirn weiter.

> Wärme, Kälte, Berührung und Schmerzen sind wichtige Informationen, die wir über die Haut wahrnehmen.

1   Bei einer Hautabschürfung blutet die Wunde meistens nicht. Begründe.

2   Ein altes Hausrezept empfiehlt bei Fieber feuchte und kalte Umschläge. Was kann man damit erreichen?

3   Beim Laufen in zu engen Schuhen bekommt man leicht Blasen. Beschreibe, aus welchen Hautschichten sie bestehen.

Praktikum: Die Haut

1 Fingerabdrücke sind Kennzeichen

Benötigt werden: Stempelkissen (ungiftig) durchsichtiges Klebeband, Löschpapier.

Durchführung: Drücke einen Finger auf das Stempelkissen. Mache dann einen Abdruck auf das Löschpapier oder auf die klebrige Seite des Klebebandes. Ein Tageslichtprojektor bildet die Abdrücke auf dem Klebeband vergrößert an der Wand ab.

– Beschreibe deine Fingerabdrücke und vergleiche mit den nebenstehenden Grundmustern.
– Vergleiche den Daumenabdruck deiner linken Hand mit denen deiner Klassenkameraden.

Grundmuster von Fingerabdrücken — Schleife — Wirbel — Bogen

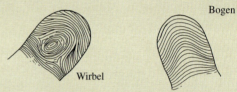

2 Ertasten von Obst und Gemüse

Benötigt werden: möglichst verschiedene Obst- und Gemüsesorten, ein Tuch zum Verbinden der Augen.

Durchführung: Verbinde einem Klassenkameraden die Augen und reiche ihm immer nur eine Obst- oder Gemüsesorte.

Dein Partner soll zunächst nur mit Tasten versuchen, das Obst beziehungsweise das Gemüse zu erraten. Ist ihm das nicht möglich, geht so weiter vor:
– tasten →
– riechen →
– schmecken →
– sehen

Haltet die Ergebnisse in einer Tabelle fest.

Obst/Gemüse	erkannt an	Sinnesorgan
Nektarine	Geruch	Nase
Banane	Form	Haut
Tomate	...	...
...	...	...
...	...	...

Gesundheit: Sonne und Haut

Sonnenbrand. Wenn du zu lange und ungeschützt in der Sonne bleibst, ist die Haut überfordert. Du bekommst einen Sonnenbrand. Die Haut ist heiß und gerötet, jede Berührung tut weh. Sonnenbrand hat auch Spätfolgen. Er läßt die Haut schneller altern, durch zu starke und häufige Sonnenbestrahlung kann Hautkrebs entstehen. Wieviel Sonne jemand verträgt, hängt von seinem Hauttyp ab. Hellhäutige, sommersprossige Menschen bekommen schneller einen Sonnenbrand als Menschen mit dunkler Haut und braunem Haar. Erste Hilfe bei Sonnenbrand sind feuchte Umschläge. Sie kühlen die verbrannten Haut-stellen und lindern die Schmerzen. Bei einem starken Sonnenbrand hilft ein kühlendes Gel.

Ozonloch. Die Erde ist von einer Ozonschicht umgeben. Sie hält die meisten ultravioletten Strahlen ab. Diese Schutzhülle ist durch die Umweltverschmutzung nun an einigen Stellen dünner geworden. Man spricht vom Ozonloch. Auf der Computergrafik ist es über der Antarktis an den rotvioletten Farbmustern zu erkennen. Das Ozonloch läßt die gefährlichen ultravioletten Strahlen verstärkt auf die Erde gelangen. Deshalb ist es ganz wichtig, in der Sonne Vorsorgemaßnahmen zum Schutz der Haut zu ergreifen.

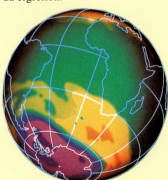

Tips für gesundes Sonnen

Die Sonne ist für alle Menschen wichtig. Bei Sonnenschein fühlen wir uns wohler. Aber nur mit Vorsicht und in Maßen genossen ist die Sonne gesund.

– Ein Sonnenschutzmittel verstärkt den natürlichen Hautschutz. Je höher der Lichtschutzfaktor ist, desto stärker hält es die ultravioletten Strahlen von der Haut ab. Eine gute Sonnenbrille schützt die Augen.

– Zwischen 11 und 15 Uhr ist die ultraviolette Strahlung am stärksten. Zu dieser Tageszeit hält man sich am besten im Schatten auf. Auch im Schatten bräunt die Haut.

– Reibe dich etwa eine halbe Stunde vor dem Sonnenbad mit dem Sonnenschutzmittel ein, damit es seinen vollen Schutz entfalten kann.

– Beim Baden brauchst du ein wasserfestes Sonnenschutzmittel. Die ultravioletten Strahlen reichen nämlich etwa einen halben Meter tief in das Wasser hinein.

– Auch bei bedecktem Himmel und im Schatten kannst du einen Sonnenbrand bekommen. Am oder im Wasser, im Gebirge und beim Skifahren mußt du besonders vorsichtig sein.

– Wenn du lange nicht mehr in der Sonne warst, ist die Gefahr eines Sonnenbrandes besonders groß. Richte dich bei den ersten Sonnenbädern nach der Tabelle. Die angegebenen Zeiten gelten für den dunkleren, sonnenunempfindlicheren Hauttyp.

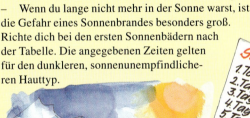

Sonnenbad-Tabelle	
1. Tag	10 Minuten
2. Tag	15 Minuten
3. Tag	20 Minuten
4. Tag	30 Minuten
5. Tag	40 Minuten
6. Tag	55 Minuten
7. Tag	75 Minuten

Die Knochen des Skeletts

Jeder Mensch hat über 200 Knochen. Alle diese Knochen bilden zusammen das *Skelett*.

Kopfskelett. Die *Schädelkapsel* wird von mehreren 2 bis 6 Millimeter dicken, plattenartigen Knochen gebildet. Diese sind gewölbt und wie die Teile eines Puzzles miteinander verzahnt.

Der *Oberkiefer* bildet das Gaumendach und trägt Zähne. Der *Unterkiefer* ist mit dem Schädel durch das Kiefergelenk beweglich verbunden. Auch er trägt Zähne.

Rumpfskelett. Es besteht aus der *Wirbelsäule* und den *Rippen*. Die Wirbelsäule stützt den Körper. Die Wirbel nehmen vom Hals bis zum Unterkörper an Größe zu. Zwischen den Wirbeln liegen polsterartige Kissen aus Knorpel, die *Bandscheiben*. Sie federn Stöße ab.

Die *Rippen* bilden zusammen mit dem *Brustbein* den *Brustkorb*. Dieser schützt die Lungen, das Herz, den Magen und die Leber.

Gliedmaßenskelett. In den Armen und Beinen liegen lange, röhrenförmige Knochen. Im Oberarm und im Oberschenkel befindet sich je ein kräftiger Knochen. Im Unterarm und Unterschenkel dagegen sind es jeweils zwei Knochen: beim Unterarm die kräftige *Speiche* und die schlanke *Elle,* beim Unterschenkel das stabile *Schienbein* und das dünnere *Wadenbein*.

Die *Handwurzel* und die *Fußwurzel* werden jeweils von einer Gruppe kleinerer Knochen gebildet. *Mittelhandknochen* und *Mittelfußknochen*, *Fingerknochen* und *Zehenknochen* schließen sich daran an.

Schultergürtel. Die beiden *Schlüsselbeine* und die *Schulterblätter* bilden zusammen den *Schultergürtel*. Er verbindet den Brustkorb beweglich mit den Armen.

Beckengürtel. Der untere Teil der *Wirbelsäule* bildet mit den *Beckenknochen* zusammen den stabilen *Beckengürtel*. An ihm setzen die Oberschenkelknochen an. Außerdem stützt er die Eingeweide des Bauchraumes.

> Das Skelett des Menschen besteht aus den Schädelknochen, den Knochen der Gliedmaßen, dem Schultergürtel, dem Brustkorb, dem Beckengürtel und der Wirbelsäule.

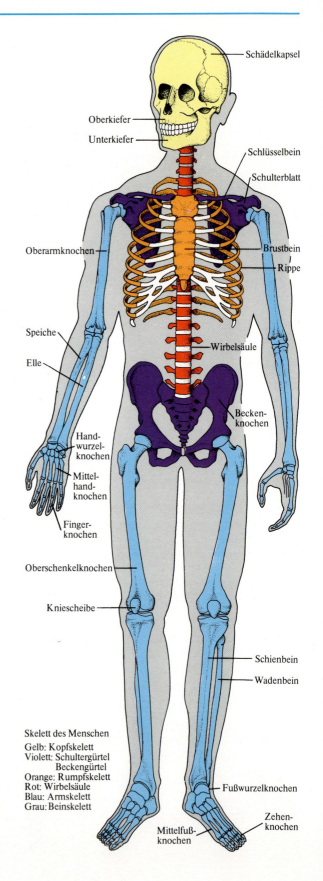

Skelett des Menschen
Gelb: Kopfskelett
Violett: Schultergürtel
  Beckengürtel
Orange: Rumpfskelett
Rot: Wirbelsäule
Blau: Armskelett
Grau: Beinskelett

Die Gelenke

Der menschliche Körper ist sehr beweglich. Hast du auch schon diese beiden Übungen versucht?

Durch Gelenke sind Knochen beweglich miteinander verbunden. Die Enden dieser Gelenke sind glatt und mit elastischem Knorpel gepolstert. Eine *Gelenkschmiere* sorgt zusätzlich für leichte Beweglichkeit. Eine zähe Hülle, die *Gelenkkapsel*, umhüllt das Gelenk. Kräftige *Bänder* verbinden die Knochen miteinander. So kann das Gelenk auch starken Zug aushalten.

Kugelgelenke ermöglichen eine kreisende Bewegung der Gliedmaßen, also eine Bewegung nach allen Seiten. Das Schultergelenk, aber auch das Hüftgelenk, das Becken und Oberschenkel miteinander verbindet, sind solche Kugelgelenke.

Scharniergelenke lassen, vergleichbar den Scharnieren einer Tür, nur Bewegungen nach zwei Richtungen zu. Scharniergelenke sind beispielsweise das Ellenbogengelenk und die Gelenke zwischen den Fingergliedern.

Ein *Sattelgelenk* liegt zwischen Handwurzel und Daumen. Dieses Gelenk läßt ebenfalls kreisende Bewegungen zu.

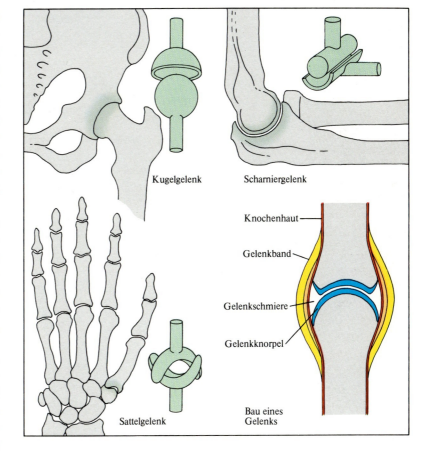

> Durch Gelenke sind Knochen beweglich miteinander verbunden.

1 Worin unterscheidet sich eigentlich der Körperbau der „Eierköpfe" von dem des Menschen? Schreibe dir einige Unterschiede auf.

2 Bei welchen sportlichen Übungen ist die federnde Wirkung der Wirbelsäule besonders wichtig?

3 Wo findet man am Skelett Scharniergelenke, wo Kugelgelenke?

Bau des Knochens

Knochenaufbau. Obwohl die Knochen sehr viel Kalk enthalten, sind sie ebenso wie die anderen menschlichen Organe aus lebenden Zellen aufgebaut. Bei den Knochen sind es *Knochenzellen* und *Knorpelzellen*. Jeder Knochen ist von einer *Knochenhaut* umhüllt. Diese ist gut durchblutet und sehr schmerzempfindlich. Das Innere vieler Knochen wird von schwammigem rotem *Knochenmark* ausgefüllt. Es spielt eine wichtige Rolle bei der Bildung des Blutes.

Röhrenknochen. Die Wand der Röhrenknochen wird von vielen kleinen *Knochensäulchen* durchzogen. Der Hohlraum in der Mitte der Knochen ist mit Knochenmark ausgefüllt. Durch die Röhrenform ist der Knochen leichter, als wenn er massiv gebaut wäre. Zugleich wird so die Biegefestigkeit erhöht. An den Gelenkenden löst sich die Knochenwand in zahlreiche *Knochenbälkchen* auf. Sie halten starke Druckbelastungen aus. Der *Gelenkkopf* ist von einer elastischen *Knorpelkappe* überzogen.

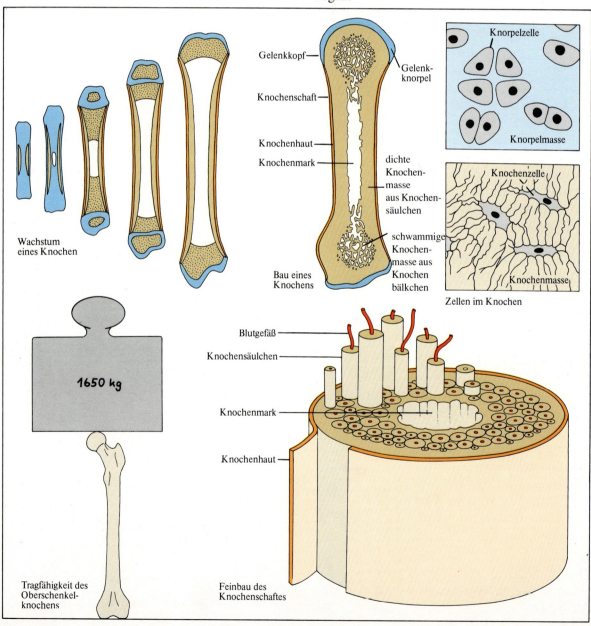

Knochenwachstum. Ein kleines Kind hat noch biegsame, weiche Knochen. Sie bestehen zum großen Teil aus dem elastischen *Knochenknorpel*. Erst im Laufe des Wachstums wird Kalk in die Knochen eingelagert. Der Knochen des erwachsenen Menschen enthält hauptsächlich harten *Knochenkalk*. Reiner Knorpel befindet sich dann nur noch in Form polsterartiger Bandscheiben zwischen den Wirbeln und an den Gleitflächen der Gelenke.

Wirbelsäule. Die Hauptachse des Skeletts wird von der Wirbelsäule gebildet. Sie ist doppelt-s-förmig gebogen und kann daher Stöße gut abfedern. Die Wirbelsäule besteht aus 33 *Wirbeln*, zwischen denen die *Bandscheiben* aus elastischen Knorpeln liegen.

Wenn du in der Rückenmitte mit den Fingern über die Wirbelsäule fährst, spürst du die *Dornfortsätze* der Wirbel. Durch sie wird die Biegefähigkeit der Wirbelsäule nach hinten eingeengt.

Mit den *Querfortsätzen* der 12 Brustwirbel sind 12 Rippenpaare beweglich verbunden. Die Rippen schützen als Brustkorb die Lungen und das Herz. Die oberen 10 Rippenpaare sind durch Knorpel mit dem Brustbein verbunden. *Wirbelkörper* und Wirbelfortsätze bilden zusammen den *Rückenmarkskanal*, in dem das *Rückenmark* verläuft.

> Legt man einen Knochen in Salzsäure, so löst sich der Knochenkalk auf. Zurück bleibt weicher und biegsamer Knochenknorpel, auch Knochenleim genannt, den man sogar mit dem Messer schneiden kann. Beim Knochenleim handelt es sich um den organischen Anteil des Knochens.
> Glüht man einen Knochen auf einem Drahtnetz aus, dann verbrennt der Knochenleim. Der Knochenkalk bleibt zurück. Man bezeichnet diesen auch als Knochenerde. Da das organische Bindemittel fehlt, ist der ausgeglühte Knochen brüchig und spröde.

> Auch Knochen sind lebendige Organe, die aus Zellen aufgebaut sind. Der harte Knochenkalk und der weiche Knochenleim zusammen machen den Knochen fest und elastisch zugleich.

1 Warum kann die Wirbelsäule Stöße gut abfedern?

Ausschnitt aus der Wirbelsäule von der Seite gesehen. Knochen gelb, Knorpel blau.

Aufsicht auf einen einzelnen Wirbel von oben

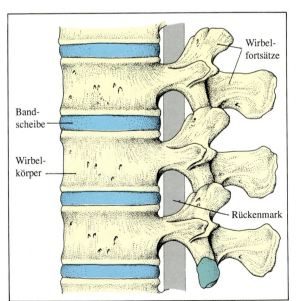

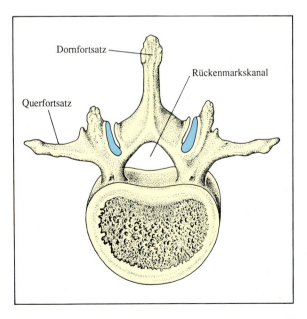

Praktikum: Die Wirbelsäule

1 Welche Wirbelsäulenform ist am stärksten belastbar?

Die Bedeutung der Krümmung der Wirbelsäule kannst du an einem Drahtmodell überprüfen.

Benötigt werden: 3 gleich lange Drahtstücke, z.B. Blumendraht, von etwa 40 cm Länge und 2 mm Durchmesser,
3 Holzstücke mit Bohrung,
eine 40 cm lange Meßlatte,
3 Plastiksäckchen mit je 50 g Sand.

Durchführung: Fertige wie im Bild rechts 3 Wirbelsäulenmodelle an (Höhe 35 cm). Befestige sie in der Bohrung der Hölzer.
Drücke mit dem Finger oben auf den Draht. Beschreibe deine Beobachtung.

Hänge an die Spitze jedes Drahtes ein Gewicht von ungefähr 50 g.
Um das Gewicht mit einem Faden am Draht befestigen zu können, mußt du das Drahtende zu einem kleinen Haken umbiegen.

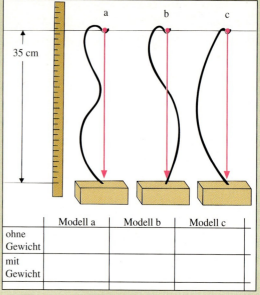

	Modell a	Modell b	Modell c
ohne Gewicht			
mit Gewicht			

– Wie verändert sich das Wirbelsäulenmodell?
– Welches Modell entspricht am ehesten der menschlichen Wirbelsäule?

2 Wie werden die Bandscheiben belastet?

Benötigt werden: 4 Holzscheiben mit Durchmesser von ca. 10 cm, 3 Schaumgummischeiben mit demselben Durchmesser, verschiedene Gewichte.

Durchführung:
Schichte Holz- und Schaumgummischeiben abwechselnd zu einem Turm auf. Belaste die oberste Scheibe zunächst mit verschiedenen Gewichten.
Belaste nun verschiedene Stellen (Mitte, Ränder).

– Beschreibe deine Beobachtungen und werte sie aus.
– Ziehe nun Schlußfolgerungen: Worauf sollte man beim Sitzen und Stehen unbedingt achten?

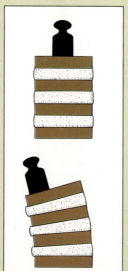

3 Ändert sich die Körpergröße im Tagesverlauf?

Benötigt werden: ein dickes Buch oder ein großes Winkeldreieck, Bleistift, Zentimetermaß,

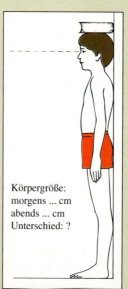

Körpergröße:
morgens ... cm
abends ... cm
Unterschied: ?

Durchführung:
Stelle dich barfuß in einem Türrahmen so auf, daß Kopf und Rücken den Rahmen berühren. Fixiere nun einen Punkt in Augenhöhe. Ein Helfer markiert deine Körpergröße am Türrahmen.
Mit dem Zentimetermaß kannst du messen, wie groß du bist. Führe die erste Messung sofort nach dem Aufstehen, die zweite vor dem Schlafengehen durch.

– Notiere das Ergebnis und werte es aus.
– Vergleiche mit den Ergebnissen in der Klasse.

Gesundheit: Haltungsschäden müssen nicht sein

Haltungsschäden. Haltungsschwächen wie Rundrücken oder Hohlkreuz machen sich meist schon im Kindes- oder Jugendalter bemerkbar. Aus ihnen können dauerhafte Haltungsschäden werden, die nicht mehr rückgängig zu machen sind. Wenn man die Wirbelsäule falsch oder zu stark belastet, lange sitzt und sich wenig bewegt, treten auch Rücken- und Kopfschmerzen auf.

Beim Sitzen, Stehen und Laufen werden die Bandscheiben im Laufe des Tages wie Polster zusammengedrückt. Nachts entspannen sie sich beim Liegen. Wer auf einer ausgelegenen, nicht körpergerechten Matratze schläft, kann seine Wirbelsäule nicht gut entspannen. Er schädigt damit vor allem die Bandscheiben.

Durch dein Verhalten kannst du dazu beitragen, daß ein Haltungsschaden gar nicht erst entsteht.

Schädigung der Füße. Falsche oder zu starke Belastung kann die Füße dauerhaft schädigen.

Hochhackige Schuhe verlagern einen großen Teil des Körpergewichts auf den Vorderfuß. Der Fuß verformt sich, und das Fußgewölbe sinkt ein. Verformungen entstehen aber auch durch zu spitze und zu enge Schuhe. Auch Turnschuhe sind nur dann geeignet, wenn sie ein festes Fußbett haben.

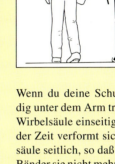

Wenn du deine Schultasche ständig unter dem Arm trägst, wird die Wirbelsäule einseitig belastet. Mit der Zeit verformt sich die Wirbelsäule seitlich, so daß Muskeln und Bänder sie nicht mehr aufrecht halten können. Damit das nicht passiert, solltest du die Schultasche auf dem Rücken tragen oder einen Rucksack nehmen, den du mit verstellbaren Tragegurten an deine Körpergröße anpassen kannst.

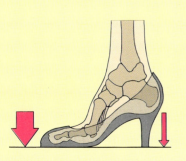

Meikes Sitzhaltung ist falsch. Ihr Rücken ist stark gekrümmt. Die Bandscheiben werden einseitig zusammengedrückt. Mit der Zeit kann sich die Wirbelsäule dadurch krankhaft verändern. Wer viel am Schreibtisch arbeitet, sollte aufrecht sitzen und sich zur Entlastung der Wirbelsäule anlehnen. Die Füße sollen auf dem Boden stehen. Arbeitstisch und Stuhl müssen zur Körpergröße passen.

Bewegung durch die Muskeln

Die Muskeln bilden das „Fleisch" unseres Körpers, formen das Aussehen und bewegen die Knochen. Daran sind mehr als 600 Muskeln beteiligt. Alle Muskeln, die das Skelett bewegen, arbeiten auf Befehl. Du hast dir vorgenommen, einen Korb anzuheben oder eine Treppe hinaufzusteigen. Die Befehle dazu kommen vom Gehirn.

Beuger. Hast du schon einmal bemerkt, welcher Muskel an deinem Arm dick wird, wenn du eine Last zu heben versuchst? Es ist der Muskel vorne am Oberarm. Er wird immer dick und hart, wenn du den Unterarm an den Oberarm heranbeugst. Man nennt diesen Muskel *Unterarmbeuger* oder auch *Bizeps*.

Strecker. Sobald du den Unterarm streckst, wird ein anderer Muskel am Oberarm dick. Es ist der *Unterarmstrecker*.

Gegenspieler. Zieht sich der Unterarmbeuger zusammen, wird der Unterarmstrecker gedehnt. Kein Muskel kann sich aus eigener Kraft strecken. Das muß immer ein anderer Muskel besorgen. Man nennt ihn *Gegenspieler*. Auch Unterarmbeuger und Unterarmstrecker sind Gegenspieler. An einer Bewegung sind also immer mindestens zwei Muskeln beteiligt: der eine „arbeitet" und zieht sich zusammen, der andere wird gleichzeitig gestreckt.

> Muskeln können sich nur zusammenziehen. Zur Bewegung von Gliedmaßen sind mindestens zwei Gegenspieler nötig, ein Beuger und ein Strecker.

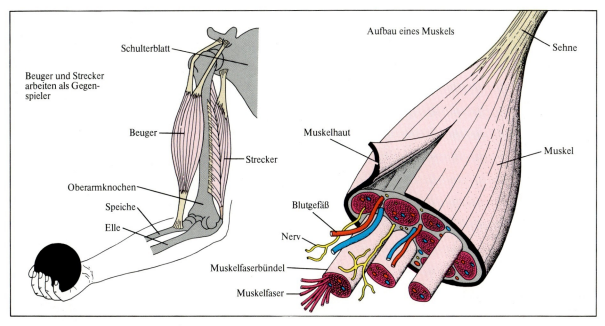

Der Aufbau eines Muskels. Im dicken *Muskelbauch* liegen die Muskelfasern, die sich zusammenziehen können. Die *Muskelhaut* umhüllt den ganzen Muskel. Mit den langen, seilartigen *Sehnen* ist der Muskel an den Knochen festgewachsen, die er gegeneinander bewegen soll. Eine der beiden Sehnen führt immer über das Gelenk hinweg zum benachbarten Knochen. Dort ist sie festgewachsen. Nur so ist eine Bewegung möglich.

Oft liegen die Muskeln ziemlich entfernt vom Knochen, der bewegt wird: So sind die Muskeln für die Bewegung des Unterarms im Oberarm zu finden. Die Muskeln für die Bewegung des Oberarms liegen ebenfalls „einen Stock höher", im Rumpf. Wenn du einen Arm hochreißt, kannst du mit der anderen Hand fühlen, wie der Schultermuskel dick wird.

1 Taste an deinem Oberarm den Unterarmbeuger (vorne) und den Unterarmstrecker (hinten). Beuge mit einer schweren Last in der Hand den Unterarm. Strecke ihn dann wieder. Was fällt dir auf?

2 Lege ein Pauspapier über die Zeichnung auf der linken Seite (oben). Zeichne ein, bei welchem Männchen sich der Oberschenkelbeuger und bei welchem sich der Oberschenkelstrecker zusammenzieht.

3 Wo in den Beinen liegt der Fußheber und wo der Fußsenker?

Auch die Bewegungen der Tiere sind nur dadurch möglich, daß Muskeln als Gegenspieler arbeiten.

Sport und Gesundheit

Leistungssport. Läufer werden immer schneller, Hochspringer springen höher und Weitspringer immer weiter. Hast du dich auch schon gefragt, wie die Sportler diese Leistungssteigerungen erreichen? Voraussetzung ist sicher ein intensives Training, das meist schon im Kindesalter beginnt. Wie die zunehmenden Verletzungen und Sportschäden mancher Leistungssportler zeigen, ist so intensiv betriebener Sport jedoch nicht unbedenklich. Die Schäden machen deutlich, daß der Körper stärker belastet wurde, als er aushalten konnte. Dies ist besonders gefährlich, solange sich der Körper noch in Aufbau und Wachstum befindet. Beim Leistungssport sollte ein Trainingsprogramm nur unter Mithilfe erfahrener Trainer durchgeführt werden. Der Gesundheitszustand muß vom Arzt überwacht werden, damit die körperliche Belastbarkeit im Laufe des Trainings langsam wächst, der Körper aber nie überlastet wird.

Leistungssportlerin am Schwebebalken

Überall bietet sich die Möglichkeit, sich sportlich zu betätigen: Das Tauziehen, ein Breitensport, macht Spaß und trainiert Muskeln und Haltung zugleich.

Schwimmen kräftigt Herz und Lunge und schont die Gelenke.

Breitensport. Regelmäßiges Training fördert die Leistungsfähigkeit des Körpers. Durch Ballspiele, Waldlauf, Schwimmen oder Gymnastik werden Gelenke und Muskeln gestärkt. Ebenso werden Herz und Lungen gekräftigt. Der Körper bleibt durch vielseitiges Training beweglich und fit. Bewegungen werden somit nicht zur Qual, sondern machen Spaß und Freude.

Für sportliche Betätigungen gibt es viele Möglichkeiten. Dazu gehört das Sporttreiben im Verein ebenso wie Ballspiel oder Laufen mit Freunden und Kameraden. Sicher nutzt auch du die Möglichkeiten, die sich für dich bieten. Sport, den man zusammen mit anderen betreibt, nützt nicht nur dem Körper, sondern fördert die Kameradschaft in der Gruppe und trägt zu einem besseren Verständnis untereinander bei.

> Bewegung bei Sport und Spiel macht Spaß und hält den Körper gesund.

Gesundheit: Haltungstraining

Muskelkater. Sind die Muskeln beim Sport ermüdet, so verspürt man am nächsten Tag den schmerzhaften Muskelkater, besonders wenn man untrainiert ist. Wenn du regelmäßig trainierst und die Muskeln dabei warm hältst, kannst du Muskelkater vermeiden.

Verstauchung. Bei einer heftigen Bewegung werden im Gelenk Blutgefäße verletzt, so daß ein Bluterguß entsteht. Das Gelenk schwillt an und schmerzt. Es muß gekühlt und ruhig gestellt werden.

Verrenkung. Verrenkungen betreffen meistens Kugelgelenke. Der Gelenkkopf springt aus der Gelenkpfanne. Zum Beispiel kann man sich das Schultergelenk auskugeln. Der Arzt renkt das Gelenk wieder ein.

Knochenbruch. Durch Fehlbelastung oder einen Unfall kann es zum Knochenbruch kommen. Der Knochen kann aber wieder zusammenwachsen. Die Bruchenden werden vom Arzt aneinandergefügt und zur Ruhigstellung meist mit einem Gipsverband versehen. Auch operatives Zusammenfügen mit Metallplatten und Stahlnägeln ist möglich. Foto: unten rechts

Röntgenbilder eines Knochenbruchs

Dehnungsübungen oder „Stretching" zum Warmmachen der Muskeln. Sportliche Aktivitäten wollen vorbereitet sein. Beim „Stretching" dehnt man die Muskeln langsam vor und wärmt sie auf. Auch warme Sportkleidung beugt Muskelrissen und -zerrungen vor. Die folgenden Übungen werden langsam und konzentriert ausgeführt. Die Spannung der jeweils trainierten Muskeln wird immer einige Sekunden lang gehalten.

Haltungstraining. Die häufigsten Haltungsschäden sind Rundrücken und Hohlkreuz. Mit den ersten 3 Übungen kann der Neigung zum Rundrücken begegnet werden. Sie fördern die aufrechte Haltung. Die Übungen 4 bis 6 dienen zum Ausgleich des Hohlkreuzes. Sie machen die Wirbelsäule im Lendenbereich beweglicher. Bei den Bodenübungen solltest du eine Decke unterlegen, bei Übung 5, falls es anfangs etwas wehtut, auch 2 Decken.

Wir werden erwachsen

Die Pubertät

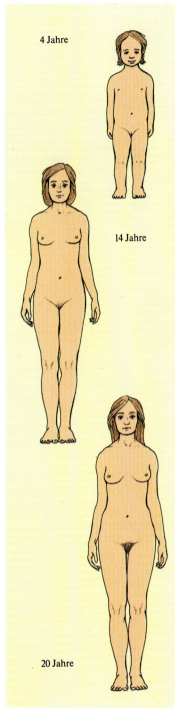

Im Verlauf der Entwicklung wachsen die einzelnen Körperteile unterschiedlich. Während der Pubertät runden sich die Körperformen der Frau.

Zwischen dem 10. und dem 13. Lebensjahr beginnt die Pubertät. Das ist die *Reifezeit,* in der aus einem Mädchen eine Frau und aus einem Jungen ein Mann wird. Der kindliche Körper nimmt allmählich die *Gestalt des Erwachsenen* an. Unter den Achseln und an den Geschlechtsorganen wachsen Haare. Die Schweißdrüsen arbeiten stärker. Einige Jugendliche bekommen Pickel im Gesicht, die später wieder verschwinden.

Die Rolle der Hormone. Die körperlichen Veränderungen werden durch *Hormone* ausgelöst. Das sind *Wirkstoffe,* die in besonderen Drüsen hergestellt werden. Sie kreisen mit dem Blut durch den ganzen Körper und bewirken an bestimmten Stellen Veränderungen. So gibt es zum Beispiel Drüsen für *Wachstumshormone* und Drüsen für *Geschlechtshormone.*

Die Geschlechtshormone sorgen dafür, daß die Geschlechtsorgane heranreifen. Sobald sie herangereift sind, können Mädchen und Jungen selbst Kinder haben, auch wenn sie noch nicht erwachsen sind.

In der Pubertät fühlen sich Mädchen und Jungen oft nicht wohl in ihrer Haut. Ihre Stimmung wechselt häufig. Viele sind unzufrieden mit den Erwachsenen. Sie wollen ein eigenes, selbständiges Leben führen. Für die Jugendlichen wie für die Erwachsenen, mit denen sie zusammenleben, ist die Zeit der Pubertät oft schwierig.

1 Welches sind die Geschlechtsunterschiede zwischen Mann und Frau?

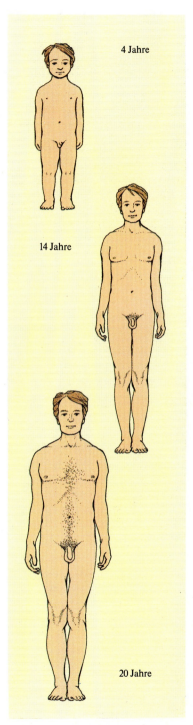

Während der Pubertät bilden sich die wesentlichen Kennzeichen des erwachsenen Mannes aus.

Die weiblichen Geschlechtsorgane

Die *Geschlechtsorgane der Frau* befinden sich zum größten Teil im *Körperinneren*. Außen liegen die *Schamlippen*. Sie umgeben die *Schamspalte*. In ihr endet die *Scheide*. Darüber mündet getrennt davon der *Harnleiter*. Zwischen den Schamlippen liegt der *Kitzler,* den man auch *Klitoris* nennt. Der Kitzler und die Schamlippen enthalten Schwellkörper, die sich bei geschlechtlicher Erregung durch Blutstau vergrößern.

Beim Mädchen werden die meisten Geschlechtshormone in den *Eierstöcken* gebildet. Diese Hormone sorgen dafür, daß die weiblichen Körpermerkmale sich immer mehr ausprägen. Die *Brüste* wachsen, und die Geschlechtsorgane vergrößern sich.

Die beiden Eierstöcke liegen geschützt in der Bauchhöhle. Von Geburt an ruhen in ihnen schon Hunderttausende kleiner *Eizellen*. Während der *Pubertät* wird immer regelmäßiger eine von diesen Eizellen reif, abwechselnd einmal im linken, einmal im rechten Eierstock. Die erste *Eireifung* erfolgt zwischen dem 11. und 15. Lebensjahr. Sie zeigt an, daß das Mädchen *geschlechtsreif* ist. Zwischen dem 45. und dem 50. Lebensjahr hört die Eizellenbildung normalerweise auf.

Vom Eierstock führt ein dünner Schlauch fort: der *Eileiter*. Durch ihn wird die reife Eizelle in die *Gebärmutter* geleitet. Das ist eine große Muskeltasche, die innen mit einer sehr zarten Schleimhaut ausgekleidet ist.

Immer, wenn eine Eizelle den Eierstock verläßt, wächst die Schleimhaut in der Gebärmutter und wird stärker durchblutet. In ihr könnte sich das Ei wie in einem Nest „einnisten". So sind in der Gebärmutter alle Vorbedingungen geschaffen, damit sich in ihr ein Kind entwickeln könnte.

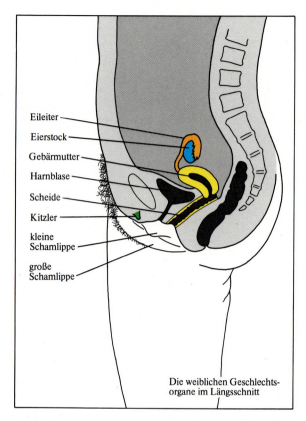

Die weiblichen Geschlechtsorgane im Längsschnitt

> Schamlippen, Klitoris, Scheide, Gebärmutter, Eileiter und Eierstöcke sind die weiblichen Geschlechtsorgane.

Die Menstruation

Damit sich ein Kind entwickeln kann, muß die Eizelle, wie du weißt, befruchtet sein. Wird sie nicht befruchtet, stirbt sie ab. Das Nest in der Gebärmutter wird überflüssig. Die bluterfüllte *Schleimhaut löst sich ab*. Es kommt zu einer *Blutung,* die etwa 4 bis 5 Tage dauert. Mit dem Blut verläßt auch die abgelöste Schleimhaut den Körper durch die Scheide. Inzwischen wird aber schon das nächste Ei reif. Es wächst eine neue Schleimhaut, und die nächste Blutung erfolgt. Weil sich das ungefähr jeden Monat regelmäßig wiederholt, nennt man das „die Regel". Sie heißt auch *Menstruation* oder *Periode*. Die Mädchen und Frauen sagen auch: „Ich habe meine Tage." Sie tragen dann Binden oder Tampons, die das Blut auffangen. Besonders jetzt sollte jedes Mädchen darauf achten, täglich den Scheidenausgang zu waschen. Manche Mädchen müssen sich in dieser Zeit beim Sport oder Schwimmen schonen. Aber die Regel ist ein ganz natürlicher Vorgang und keine Krankheit.

> Bei der Frau tritt alle 26 bis 31 Tage eine Menstruation auf. Dabei löst sich die Schleimhaut von der Gebärmutter ab. Es kommt zu einer Blutung.

Die männlichen Geschlechtsorgane

Die äußeren Geschlechtsorgane des Mannes sind das *Glied* und der *Hodensack*. Das Glied wird auch *Penis* genannt. Vorn am Penis sitzt die *Eichel*, die von der zurückschiebbaren *Vorhaut* bedeckt ist. Bei manchen Jungen ist die Vorhaut verengt. Der Arzt kann dies leicht beheben. Unter der Vorhaut sammelt sich eine talgige Masse aus abgestorbenen Zellen und Flüssigkeiten an. Sie sollte täglich abgewaschen werden. Beim Jungen werden verschiedene *Geschlechtshormone* in den *Hoden* gebildet. Sie sorgen dafür, daß der Junge immer mehr männliche Körpermerkmale bekommt: Der Bart beginnt zu wachsen. Die Stimme wird tiefer, wenn sich der Kehlkopf, man nennt ihn auch Adamsapfel, vergrößert hat. Auch die Geschlechtsorgane vergrößern sich. Der Junge hat zum ersten Mal einen *Samenerguß*. Daran kann man erkennen, daß nun *Spermazellen* in seinem Körper heranreifen. Das bedeutet, daß er *geschlechtsreif* ist und Kinder zeugen kann. Die Spermazellen werden in den Hoden gebildet. Sie reifen zu Millionen immer neu heran und werden zunächst in den *Nebenhoden* gespeichert. Von dort können sie in den *Samenleiter* gelangen, der durch den Hodensack nach oben führt. In den Samenleiter hinein liefern verschiedene Drüsen eine Flüssigkeit, in der sich die Spermazellen bewegen.

Der *Harnleiter*, der aus der *Harnblase* herausführt, vereinigt sich mit dem Samenleiter und verläuft als Harnsamenleiter zur Eichel. Im männlichen Glied liegen *Schwellkörper*. Sie sind von dehnbaren Blutadern durchzogen. Wenn sich das Blut in diesen Adern staut, wird das Glied steif. Das geschieht bei geschlechtlicher Erregung, aber auch bei gefüllter Harnblase. Die Spermazellen werden auf dem Höhepunkt der geschlechtlichen Erregung ausgeschleudert. Von Zeit zu Zeit geschieht dies auch im Schlaf.

Glied, Hodensack mit Hoden und Nebenhoden, Samenleiter, verschiedene Drüsen und der Harnsamenleiter sind die männlichen Geschlechtsorgane.

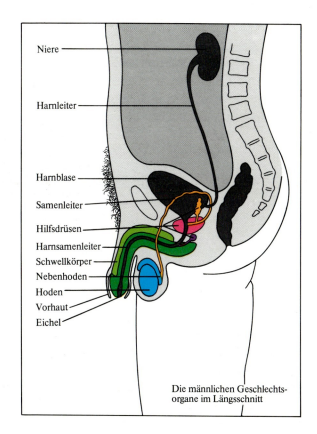

Die männlichen Geschlechtsorgane im Längsschnitt

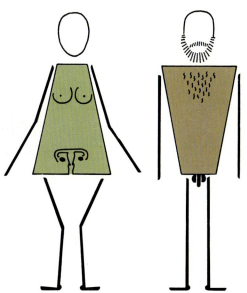

Die Geschlechtsorgane bezeichnet man auch als die primären Geschlechtsmerkmale. Das äußere Erscheinungsbild von Mann und Frau wird jedoch mehr durch die sekundären Geschlechtsmerkmale bestimmt: Bartwuchs und breite Schultern beim Mann, Brüste und breites Becken bei der Frau.

Ein Kind entsteht

Heute kommt Sonja aufgeregt aus der Schule. „Mutti, ich habe gewonnen!" Die Mutter ist überrascht. „Wieso, hattet ihr Sportfest?" „Nein, vor elf Jahren war ich Sieger!" lacht Sonja, und die Mutter versteht erst einmal gar nichts. Sonja erzählt ihr, was sie heute in der Schule erfahren hat: wie ein Kind entsteht. Das wußten die meisten in der Klasse noch: Wenn eine Eizelle von der Mutter und eine Spermazelle vom Vater zu einer Zelle werden, entsteht ein Kind. Aber was für eine abenteuerliche Reise so eine Spermazelle hinter sich hat, bis sie bei der Eizelle ankommt, das haben sie erst heute im Unterricht durchgenommen.

Eizelle und Spermazelle. Im Körper der Frau wird alle vier Wochen eine *Eizelle* reif zur *Befruchtung*, abwechselnd eine im linken und eine im rechten *Eierstock*. Die Eizelle ist so winzig, daß sie auf diesen Punkt . passen würde. Sie hat einen Durchmesser von nur 0,2 Millimeter. Aus dem Körper des Mannes stammen viele Millionen *Spermazellen*. Sie sind noch viel winziger als die Eizellen.

Befruchtung. Wenn die Spermazellen in den Körper der Frau gelangen, beginnt ein „Wettschwimmen" zur Eizelle.
Viele Millionen *Spermazellen* erreichen ihr Ziel nicht: Etliche finden den Eingang zur *Gebärmutter* nicht. Andere verirren sich in den *Eileiter*, in dem gerade keine reife Eizelle ist. Viele sind zu schwach und gehen bald zugrunde. Die schnellsten sind nach etwa einer Stunde im Eilei-

Zeichen für weiblich

Zeichen für männlich

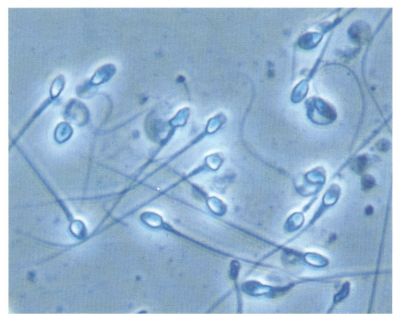

Spermazellen des Mannes

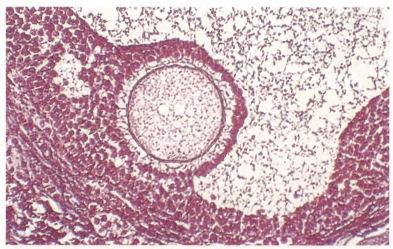

Eizelle der Frau

ter. Dort müssen sie gegen eine Strömung schwimmen, die die Eizelle zur Gebärmutter trägt. Nur die kräftigsten erreichen die Eizelle, und nur eine von ihnen kann in die Eizelle eindringen. Sie *befruchtet* die Eizelle. Danach bildet die Eizelle sofort eine Art *Schutzhülle* gegen die übrigen Spermazellen. Aus der befruchteten Eizelle entwickelt sich ein neuer Mensch. Wir alle entstanden aus einer Eizelle und aus einer Spermazelle, die bei diesem Wettschwimmen die erste war.

Der Keim nistet sich ein. Mit dem Strom der Körperflüssigkeit wird die befruchtete Eizelle zur *Gebärmutter* getragen. Das dauert ungefähr 3 bis 6 Tage. In dieser Zeit teilt sich die Eizelle wieder und wieder. Erst sind es zwei, dann vier, dann acht und zuletzt mehrere Dutzend Zellen. Dieser *Zellhaufen* sieht aus wie eine winzige Himbeere. Er nistet sich in die Gebärmutter wie mit feinen Wurzeln ein. Jetzt nennt man ihn *Keim*.

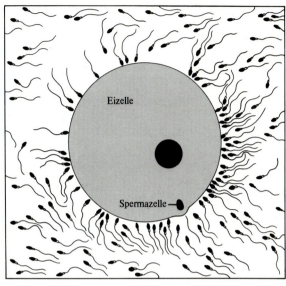

Eine Spermazelle ist in die Eizelle eingedrungen. Sofort bildet die Eizelle eine Schutzhülle, die verhindert, daß noch andere Spermazellen eindringen.

Die befruchtete Eizelle wandert in die Gebärmutter. Dort entwickelt sich der Keim.

Auf dem Weg in die Gebärmutter teilt sich die befruchtete Eizelle viele Male.

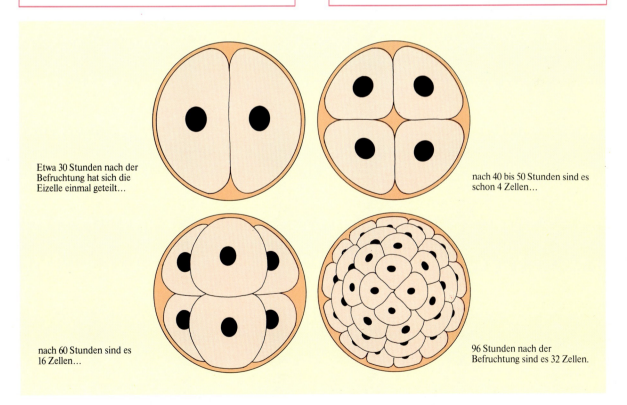

Etwa 30 Stunden nach der Befruchtung hat sich die Eizelle einmal geteilt...

nach 40 bis 50 Stunden sind es schon 4 Zellen...

nach 60 Stunden sind es 16 Zellen...

96 Stunden nach der Befruchtung sind es 32 Zellen.

So wächst das Kind im Mutterleib

Der Keim entwickelt sich. Wie schnell der Embryo wächst, erkennst du, wenn du dir das Bild des *Embryos* acht Wochen nach dem Einnisten ansiehst. Aus dem Zellhaufen ist erkennbar ein *Mensch* geworden. Er wiegt nicht viel mehr als 11 Gramm und ist so klein, daß er auf einem 10-Pfennigstück liegen könnte. Obwohl er noch ganz zart ist, klopft in ihm schon das Herz. Alle inneren Organe sind ausgebildet. Die Augen sind noch geschlossen, die Ohrmuscheln noch nicht ausgebildet. Der Embryo hat Arme, so klein wie dieses Ausrufungszeichen „!". Daran sind Hände und sogar schon winzige Finger. Er hat bereits ein menschliches Gesicht.

In der Gebärmutter liegt der Embryo in einer *Fruchtblase*, die mit *Fruchtwasser* gefüllt ist. Hier ist er vor Stößen geschützt. Am Ende des vierten Schwangerschaftsmonats spürt die Mutter erste Bewegungen des Kindes. Sie werden immer heftiger. Das Fruchtwasser erleichtert die Bewegungen des Kindes.

Ernährung des Kindes im Mutterleib. Um zu wachsen, braucht der Keim *Nährstoffe* und *Sauerstoff*. Er bekommt sie aus dem Blut der Mutter. Seine Blutgefäße führen durch die *Nabelschnur* bis dicht an die *Blutgefäße* der Mutter. Durch die dünnen Wände der Blutgefäße hindurch nimmt der Keim Nährstoffe und Sauerstoff auf. Abfallstoffe des Keims werden auf dem gleichen Weg an das Blut der Mutter abgegeben.

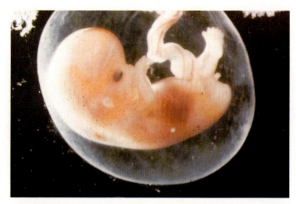

Acht Wochen alter Embryo. Er hat bereits kleine Finger und Zehen.

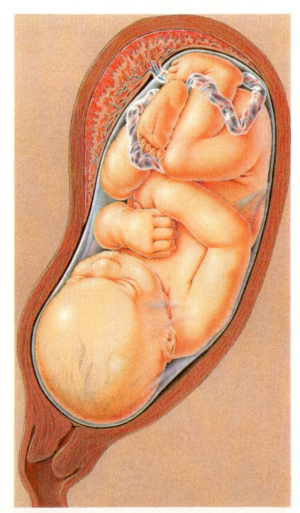

> Geschützt durch die Fruchtblase und das Fruchtwasser, entwickelt sich der Keim.

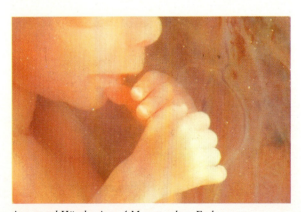

Arme und Hände eines 4 Monate alten Embryos

Das Kind ist voll entwickelt, die Geburt steht unmittelbar bevor.

Wenn das ungeborene Kind *5 Monate* alt ist, mißt es 25 Zentimeter und wiegt fast 500 Gramm. Es schläft oft, aber es bewegt sich auch sehr lebhaft. Es strampelt, macht Purzelbäume, schwimmt kopfüber, lutscht am Daumen, macht eine Faust. Kräftige Bewegungen kann die Mutter spüren.

Das Kind nimmt Geräusche wahr. Den Herzschlag der Mutter und ihre Stimme, Musik oder Autolärm von „draußen". Ein lauter Knall kann es erschrecken. Obwohl es im Fruchtwasser nicht atmen kann, macht es schon Atembewegungen.

Ob es ein Junge oder ein Mädchen wird, steht schon im Augenblick der Befruchtung fest. Im fünften Monat ist das Geschlecht auch äußerlich erkennbar.

Die Schwangerschaft. Etwa *9 Monate* dauert es, bis aus der winzigen Eizelle ein *allein lebensfähiges Baby* wird. Für die Mutter ist dies die nicht einfache Zeit der *Schwangerschaft*. Das wachsende Kind braucht immer mehr Platz und wird immer schwerer. Es drängt Magen und Darm der Mutter nach oben, so daß sie oft Magendrücken und Atembeschwerden hat. Sie darf nicht schwer tragen und heben. Wir sollten ihr so rücksichtsvoll wie möglich begegnen.

Gefahr droht dem heranwachsenden Kind, wenn es aus dem mütterlichen Blut *Giftstoffe* übernimmt. Raucht die Muttter, gelangen die Giftstoffe aus der Zigarette auch in den Embryo. Schon etwa eine Minute, nachdem die Mutter den ersten Zug an der Zigarette getan hat, beginnt das Herz des Embryos hastiger zu schlagen. Auch *Alkohol* und *Drogen* können den *Embryo schädigen*. Während der Schwangerschaft muß die Muttter deshalb versuchen, sich so gesund wie möglich zu ernähren.

> Schwangere Frauen brauchen viel Verständnis und Rücksichtnahme.

1 Wie wirkt sich die Größenzunahme der Gebärmutter auf den Körper der Mutter aus?

2 Wie kann eine Schwangere das Ungeborene und sich selbst schützen? Wie können ihr andere dabei helfen?

3 Warum kann Alkohol für das ungeborene Kind gefährlich sein?

Das Kind wird geboren

Viele Mütter bereiten sich auf die Geburt durch Gymnastik und besondere Übungen vor. So kann die Geburt fast schmerzlos ablaufen.

Die Geburt setzt mit den Wehen ein. Nach 9 Monaten Schwangerschaft kündigt sich die *Geburt* mit *Wehen* an. Die Mutter spürt sie, wenn sich die Muskeln der Gebärmutter krampfartig zusammenziehen. Die *Fruchtblase* platzt, das *Fruchtwasser* läuft aus, und die Wehen kommen immer häufiger. Das Kind wird dabei durch die Scheide nach außen gedrückt. Die Mutter muß kräftig mitpressen. Meistens schiebt sich der Kopf des Kindes zuerst heraus. Hebamme und Arzt helfen bei der Geburt. Oft darf auch der Vater dabei sein.

Der erste Atemzug. Es ist wichtig, daß das Kind gleich nach der Geburt schreit. Beim Schreien *entfalten sich* die *Lungen* und füllen sich mit Luft. Das Baby muß jetzt das regelmäßige Atmen lernen.

Die *Nabelschnur* wird *abgebunden* und abgetrennt. Danach wird das Baby gewogen und gemessen. Endlich darf die Mutter es in den Arm nehmen. Dann aber brauchen beide Ruhe, denn die Geburt ist für Mutter und Kind anstrengend!

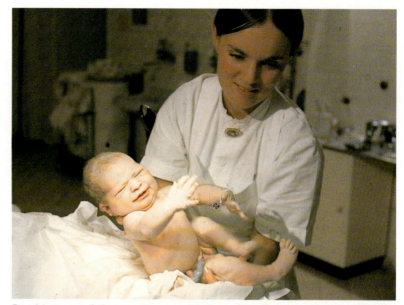
Der Mutter wird ihr neugeborenes Kind gezeigt.

Das Neugeborene wird gewogen ...

Die Familie: Vater, Mutter und Kind

1 Laß dir erzählen, wie groß und schwer du bei deiner Geburt warst. Schreibe es auf und vergleiche deine Werte mit denen deiner Klassenkameraden.

Zwillinge

Zweieiige Zwillinge. Es kommt vor, daß *zwei Eizellen* zur gleichen Zeit *reif* sind und jede dieser Eizellen von einer Spermazelle befruchtet wird. Aus jeder befruchteten Eizelle entwickelt sich dann ein Kind. Es entstehen *zweieiige Zwillinge*. Sie sehen sich so ähnlich wie andere Geschwister auch. Sie können gleiches oder unterschiedliches Geschlecht haben.

Eineiige Zwillinge. Es kann aber auch einmal geschehen, daß sich nach der ersten Teilung der befruchteten Eizelle aus *jedem Teil* ein Kind entwickelt. Da sie aus einer *einzigen Eizelle* entstanden sind, nennt man diese Kinder *eineiige Zwillinge*. Sie sind sich zum Verwechseln ähnlich oder gleichen sich „wie ein Ei dem anderen". Sie haben immer dasselbe Geschlecht.

In der Gebärmutter hat jeder Zwilling eine eigene Fruchtblase und eine eigene Nabelschnur.

Eineiige Zwillinge

Eineiige Zwillinge entstehen aus einer einzigen Eizelle. Zweieiige Zwillinge entstehen aus zwei getrennten Eizellen.

1 Überlege, wie Drillinge entstehen.

2 Unter deinen Freunden befinden sich Zwillinge. Es sind ein Junge und ein Mädchen. Sind es eineiige oder zweieiige Zwillinge?

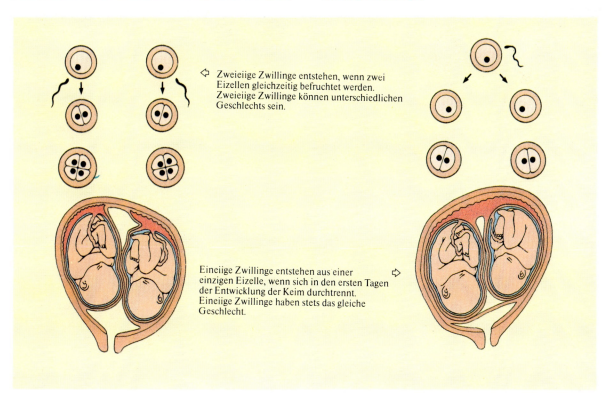

◁ Zweieiige Zwillinge entstehen, wenn zwei Eizellen gleichzeitig befruchtet werden. Zweieiige Zwillinge können unterschiedlichen Geschlechts sein.

Eineiige Zwillinge entstehen aus einer einzigen Eizelle, wenn sich in den ersten Tagen der Entwicklung der Keim durchtrennt. Eineiige Zwillinge haben stets das gleiche Geschlecht. ▷

Zärtlich sein

Wenn man sagt, daß man jemanden liebt, so meint man damit nicht immer die geschlechtliche Vereinigung von Mann und Frau. Man drückt damit vielmehr aus, daß man für jemanden *Zuneigung und Zärtlichkeit* empfindet. Die meisten Menschen haben ein Bedürfnis danach, andere Menschen, die sie mögen, zu umarmen oder zärtlich zu streicheln und selbst umarmt oder gestreichelt zu werden.

Jeder Mensch hat aber auch *intime Körperbereiche*, die eine ganz *persönliche Bedeutung* für ihn haben. Werden diese intimen Körperstellen berührt, kann es sehr angenehm und lustvoll sein. Deshalb ist es aber auch wichtig, diese *Intimsphäre* zu schützen, indem wir sie nicht von jedem berühren lassen, sondern nur dann, wenn wir selbst es wirklich möchten.

1 Sieh dir die Bilder an und erzähle, was dir zu ihnen zum Thema „zärtlich sein" einfällt.

Vom „Nein-Sagen"

Elis Onkel. Eli geht gern zu ihrem Lieblingsonkel Klaus. Im Kindergarten erzählt sie immer vorher schon ganz aufgeregt, daß die Familie am Wochenende wieder zu Onkel Klaus fahren will.
Am Montag fällt der Erzieherin Marion auf, daß Eli heute gar nicht wie sonst von dem Besuch erzählt. Sie sitzt still in einer Ecke und tobt auch nicht wie gewohnt mit den anderen herum. Marion geht zu ihr, und Eli kuschelt sich sofort in ihre Arme. Nach und nach erfährt Marion, warum Eli so durcheinander ist. Sie nennt ihren Lieblingsonkel jetzt einen „doofen Onkel" und will nie mehr zu ihm hin. Der Onkel Klaus hat sie plötzlich so komisch geküßt, „ganz naß und sabbelig", es war ihr eklig, und als Eli weglaufen wollte, hat er sie festgehalten, so daß es ihr richtig weh tat. Eli war ganz still vor Schreck und wußte nicht, was sie tun sollte ...

Falsche Kinderfreunde. Liebe, Zärtlichkeit und Geschlechtlichkeit sind etwas Schönes. Es gibt aber Erwachsene, die Jungen oder Mädchen gegen deren Willen an intimen Köperstellen anfassen oder sich von ihnen anfassen lassen. Man sagt dann, sie *mißbrauchen* die Kinder. Andere erzwingen sogar Geschlechtsverkehr. Das ist schlimm für die betroffenen Mädchen oder Jungen. Sie fordern die Kinder auf, alles geheimzuhalten und sagen vielleicht, es würde etwas Schlimmes passieren, wenn jemand davon erfährt. Manche Kinder wagen dann nicht einmal, ihrer Mutter oder einer anderen Person, der sie vertrauen, etwas davon zu erzählen. Aber solche Geheimnisse, die mit Angst und Lügen verbunden sind, muß ein Kind nicht bei sich behalten, die darf es auf jeden Fall immer weitererzählen.
Ein Kind hat niemals die Schuld, wenn ein Erwachsener es gegen seinen Willen zu diesen Handlungen zwingt. Fast alle Kinder werden gewarnt, sie sollen nicht mit Fremden mitgehen. Leider sind die Täter viel häufiger gut bekannte Personen aus der Nachbarschaft oder sogar aus der eigenen Familie.
Nein-Sagen. Achte auf deine Gefühle! Wenn deine innere Stimme ja sagt zu einer Berührung, wenn du das Gefühl hast, daß du sie gerne magst, dann ist es in Ordnung, was geschieht. Wenn aber deine innere Stimme nein sagt, wenn es dir unangenehm ist, wie du berührt wirst, dann mußt du es dir nicht gefallen lassen. Dann darfst du „Nein!" sagen und deine Ablehnung deutlich zeigen.
Wenn du etwas erlebt hast, was dich beunruhigt, solltest du mit jemandem, zu dem du Vertrauen hast, *darüber sprechen*.

Es ist ganz wichtig, sich *Hilfe* zu holen und nicht allein mit dem Problem zu bleiben. An wen kannst du dich wenden?
1. Sprich mit jemand dem du vertraust: deinen Eltern, deinem Klassenlehrer oder einer anderen Vertrauensperson.
2. Nutze das kostenlose Info-Telefon für Kinder und Jugendliche des Deutschen Kinderschutzbundes: 01308/11103
3. Wende dich an spezielle Beratungsstellen in deiner Nähe, die extra für *dich* da sind:
– „Pfiffigunde e.V." in Heilbronn 07131/166178
– „Aufschrei" in Offenburg 0781/31000
– „Allerleirauh" in Karlsruhe 0721/1335381
– „Wildwasser" e.V. in Freiburg 0761/33642

„Pfiffigunde" weiß ganz genau, was sie will und was nicht.

Aufbau und Verwandtschaft der Blütenpflanzen

Aufbau einer Blütenpflanze

Trotz aller Unterschiede im Aussehen zeigen Blütenpflanzen meistens den gleichen Grundaufbau. Sie bestehen aus *Wurzel, Stengel* und *Laubblättern*. Stengel und Blätter werden zusammen auch als *Sproß* bezeichnet. *Blüten* sind nur während der Blütezeit vorhanden.

Blüte. Im Bau der Blüte lassen sich verschiedene Blütenteile unterscheiden. Häufig wird sie von grünen *Kelchblättern* umgeben. Diese umhüllen die *Blütenknospe* und schützen sie. Die *Blütenkronblätter* sind meist groß und auffällig farbig. In der Blüte stehen *Staubblätter* und *Stengel*. Ein Staubblatt besteht aus *Staubfaden* und *Staubbeutel*. In ihm wird der *Blütenstaub,* der Pollen, gebildet. Der Stempel, auch *Fruchtblatt* genannt, besteht aus *Narbe, Griffel* und *Fruchtknoten*. Dieser enthält eine oder mehrere *Samenanlagen* mit den *Eizellen*.

Stengel. Der Stengel bringt die Blätter zum Licht und führt ihnen Wasser und die darin gelösten *Mineralstoffe* zu. Die Leitung erfolgt in röhrenartigen Zellen, die in den *Leitbündeln* liegen. Diese *Leitungsbahnen* stützen und festigen gleichzeitig den Stengel. Bei holzigen Pflanzen, vor allem bei Sträuchern und Bäumen, wird in die Zellwände *Holzstoff* eingelagert. Dadurch wird die Festigkeit erhöht.

Laubblätter. Sie sind von Pflanze zu Pflanze sehr unterschiedlich gestaltet. Meist sind sie grün. Beim Aufbau der Laubblätter lassen sich *Blattstiel, Blattfläche* und *Blattgrund* unterscheiden. Die Blattfläche wird von *Blattadern* durchzogen. In ihnen werden das Wasser, die Mineralstoffe und der Zucker geleitet.

Wurzel. Die Wurzel verankert die Pflanze im Boden. Sie gibt der Pflanze mit ihrem meist stark verzweigten Wurzelwerk Halt. Manche Pflanzen, wie beispielsweise die Kiefern, bilden tiefreichende *Pfahlwurzeln* aus. Andere, wie die Sonnenblumen, haben flaches Wurzelwerk.

Die Wurzeln haben noch eine andere wichtige Aufgabe: Mit den feinen Wurzelhaaren nehmen sie Wasser und darin gelöste Mineralstoffe aus dem Boden auf.

> Blütenpflanzen bestehen aus Wurzel, Stengel, Laubblättern und Blüten.

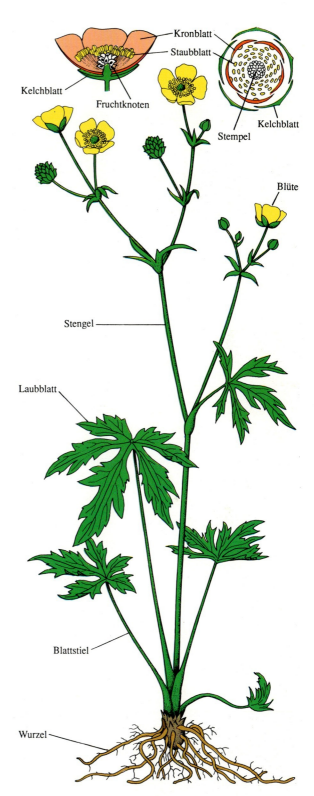

Auch der scharfe Hahnenfuß zeigt den Grundaufbau der Blütenpflanzen: Wurzel, Stengel, Laubblätter, Blüte.

Von der Blüte zur Frucht am Beispiel der Kirsche

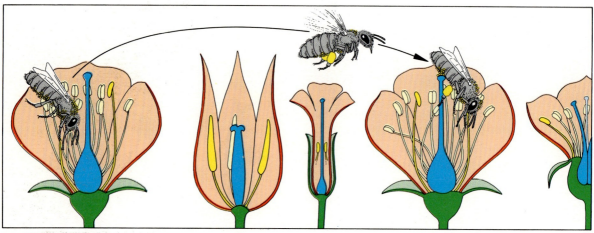

Die Biene überträgt den Pollen von Blüte zu Blüte und bestäubt sie so.

Die Blüten einer Pflanze stehen im Dienst ihrer Fortpflanzung. Aus einer Blüte können sich *Früchte* entwickeln. Diese Früchte enthalten einen oder mehrere *Samen*. Die Samen gelangen in die Erde und wachsen dort zu einer neuen Pflanze.

Bestäubung. Besucht die Biene eine Blüte, dann bleibt Pollen in ihren Haaren hängen. Mit den Hinterbeinen kämmt sie zwar den größten Teil davon heraus und knetet Pollenklümpchen, die sie zum Bienenstock trägt. Trotzdem bleiben viele Pollenkörner in ihren Haaren hängen. Beim Besuch der nächsten Blüte bleiben einige davon an der Narbe der Blüte hängen. Die Blüte wird *bestäubt*.

Welch große Bedeutung diese Übertragung des Pollens von Blüte zu Blüte für die Pflanze hat, zeigt der Vergleich von Kirschenerträgen in drei verschiedenen Jahren an der Bergstraße:

- **Im Frühling des ersten Jahres** war es zwar tagsüber so warm, daß die Bienen ausfliegen konnten. In einer sehr kalten Nacht erfroren aber viele Blüten. Es gab weniger Kirschen als üblich.
- **Im Frühling des zweiten Jahres** war es zwar nicht kalt, aber windig und regnerisch. Die Bienen flogen kaum aus. In diesem Jahr gab es wiederum nur wenige Kirschen.
- **Im Frühling des dritten Jahres** jedoch war es warm und windstill. Die Bienen konnten ungehindert ausfliegen. Viele Kirschblüten wurden bestäubt. Es gab eine reiche Ernte.

Mit Hilfe eines Versuches läßt sich zeigen, daß ein Zusammenhang zwischen Bestäubung und Fruchtbildung besteht: Umhüllt man einige Blüten eines Kirschbaums mit einem feinmaschigen Netz, das Licht und Luft durchläßt, die Bienen aber zurückhält, dann bilden diese Blüten keine Kirschen.

So wie beim Kirschbaum ist es auch bei vielen anderen Blütenpflanzen: Damit sich *Früchte* bilden können, muß eine *Bestäubung* stattfinden.

Die Bergstraße verläuft am Westrand des Odenwaldes von Darmstadt bis Heidelberg in einer der mildesten Gegenden Deutschlands.
In der Tabelle sind die Erträge angegeben, die an den Großmarkt in Heidelberg geliefert wurden.

Kirschenerträge an der Bergstraße in Süddeutschland					
	Wärme	Frost	Regen	Wind	Ernte
Frühjahr 1970	bis 25 °C	bis −7 °C	210 mm	mittel	250 000 kg
Frühjahr 1972	bis 24 °C	bis −2,5 °C	260 mm	stark	80 000 kg
Frühjahr 1973	bis 29 °C	bis −2 °C	170 mm	schwach	400 000 kg

Nur dann, wenn die Blüten bestäubt werden, entwickeln sich Früchte.

1 Nimm 5 Kirschblüten und stelle für jede Blüte die Anzahl der Kelchblätter, Kronblätter, Staubblätter und Stempel fest. Vergleiche mit den Ergebnissen deiner Mitschüler.

Kirschblüten stehen in Büscheln zusammen. Ende März wurde ein Zweig des Kirschbaumes mit Gaze umhüllt, um Bienen von den Blüten fernzuhalten.

Anfang Juni hingen überall reife Kirschen am Baum, nur an dem umhüllten Zweig nicht.

Zeichnet man die einzelnen Teile der Kirschblüte so auf, wie man sie in einer Blüte von oben sieht, entsteht ein Legebild.

Aus dem Legebild kann eine Schemazeichnung werden. Man nennt eine solche Zeichnung einen Blütengrundriß. Die einzelnen Blütenteile kennzeichnet man durch bestimmte Farben.

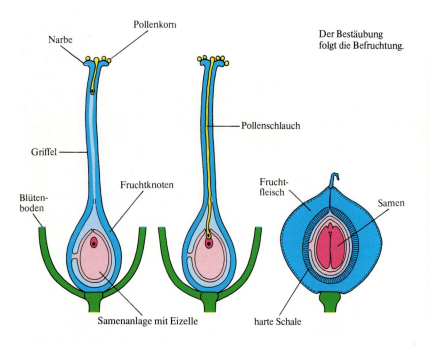

Der Bestäubung folgt die Befruchtung.

Befruchtung. Aus einem *Pollenkorn,* das auf der Narbe liegt, wächst ein dünner Schlauch heraus. Dieser *Pollenschlauch* dringt in die *Narbe* ein und wächst durch den Griffel bis in den *Fruchtknoten.*
Bei der Kirsche liegt im Inneren des Fruchtknotens eine *Samenanlage.* Die Samenanlage enthält eine *Eizelle.* Auf diese wächst der Pollenschlauch zu. Sobald er sie erreicht hat, dringt aus dem Pollenschlauch eine *Spermazelle* in die *Eizelle* der Samenanlage ein und *verschmilzt* mit ihr. Damit ist sie befruchtet.
Bildung der Frucht. Aus der befruchteten Eizelle und der Samenanlage entsteht der Samen. Die innere Schicht des Fruchtknotens bildet den harten Kirschkern, die äußere das süße Fruchtfleisch.

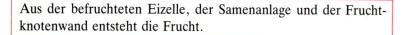

Aus der befruchteten Eizelle, der Samenanlage und der Fruchtknotenwand entsteht die Frucht.

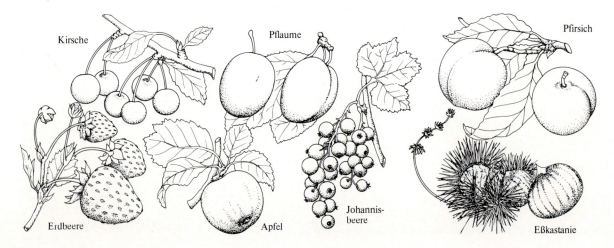

Praktikum: Die Kirsche

1 Beobachtungen am Kirschzweig
Benötigt werden:
Kirschzweig, Wassergefäß.

Durchführung:
Stelle einen blühenden Kirschzweig in einer Vase auf das Fensterbrett.
Beobachte über einige Wochen hinweg und schreibe auf:
– Wie lange dauert es vom Aufblühen bis zum Verblühen einer Blüte?
– Welche Blütenteile fallen ab, welche bleiben erhalten?
– Verändert sich der Fruchtknoten im Laufe der Zeit?

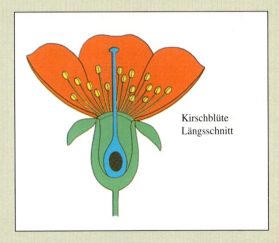

Kirschblüte Längsschnitt

2 Untersuchung der Kirschblüte
Benötigt werden:
Kirschblüten, Papier, Klebstoff, Lupe.

Durchführung:
– Betrachte mit der Lupe den Bau der Staubblätter und des Stempels. Streife mit dem Finger über den Staubbeutel. Was kannst du beobachten? Welche Eigenschaften hat der Pollen?
– Fertige ein Legebild von der Kirschblüte an.
– Zeichne ein Blütendiagramm
– Stelle mit der Rasierklinge *(Vorsicht!)* einen Längsschnitt durch die Blüte her. Vergleiche mit der Schemazeichnung.

Verwandtschaft bei Pflanzen – die Familie der Rosengewächse

Die Heckenrose

Sicher hast du selbst schon erlebt, wie undurchdringlich eine Rosenhecke sein kann. Vor allem die jungen Triebe und die dicken Adern der Blätter sind mit gebogenen Stacheln besetzt, die sich überall festhaken. Fälschlicherweise sagen viele Menschen „Dornen" zu diesen Stacheln. Im Frühjahr brechen aus den älteren Zweigen der Heckenrose, ja selbst aus den Wurzeln, neue Triebe hervor. Diese *Schößlinge* neigen sich über die alte Hecke. Wo sie den Boden berühren, schlagen sie manchmal Wurzeln. Die zarteren Triebe, die aus den Schößlingen des Vorjahres nach oben wachsen, blühen im Sommer und tragen im Herbst Früchte, die *Hagebutten*.

Familie, Gattung, Art. Mit dem richtigen Namen heißt unsere Heckenrose eigentlich *Hundsrose*. Sie ist eine von 18 Rosenarten, die es in Deutschland gibt. Die *Essigrose* ist eine der anderen Arten. Sie kommt in warmen Laubwäldern und auf trockenen Wiesen vor. Die *Weinrose* duftet nach Obst. Sie ist an steinigen, trockenen Hängen zu finden. Die *Feldrose* wächst vor allem in feuchten Wäldern.

– Die *Arten* Hundsrose, Essigrose, Weinrose und Feldrose sind sich in vielem ähnlich, weil sie nahe miteinander verwandt sind. Deshalb auch heißen sie alle mit dem Sammelnamen Rose. Alle Rosenarten gehören also zur Gattung Rose.

– Die *Gattung* Rose gehört mit vielen anderen Gattungen, zum Beispiel der Gattung Brombeere und der Gattung Kirsche, zur *Familie* der Rosengewächse.

> Arten, die nahe miteinander verwandt sind, ordnet man der gleichen Gattung zu. Gattungen mit Arten, die weitläufiger miteinander verwandt sind, stellt man zur gleichen Familie.

1 Besorge dir die Blüte einer Heckenrose oder eines Kirschbaums. Zerlege sie und klebe die Kelch- und Kronblätter in der richtigen Anordnung in dein Heft.

2 Schneide einen Apfel längs durch, einen anderen quer. Zeichne, was du siehst. Beschrifte die einzelnen Teile. Aus welchen Teilen der Blüte sind sie jeweils hervorgegangen?

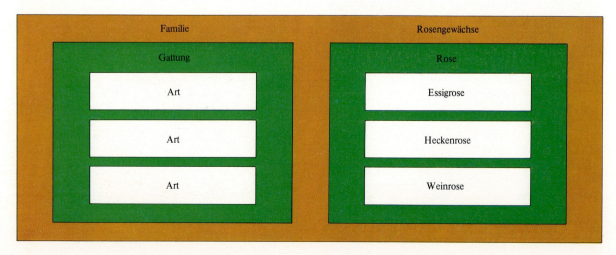

 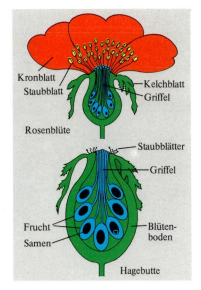 

Kennzeichen der Gattung Rose. Fast alle Rosen haben *Stacheln*. Die Rosenblätter sind *gefiedert*. Sie stehen mit zwei Nebenblättern am Sproß. Alle Rosenblüten haben denselben Blütenaufbau. Sie haben 5 *Kelchblätter,* 5 *Kronblätter,* dazu zahlreiche *Staubblätter* und *Stempel*. Die Fruchtknoten sitzen, jeder für sich, in einem tiefen Becher. Dieser wird vom Blütenboden gebildet. Im krugförmigen, fleischigen Blütenboden entwickeln sich die einzelnen Fruchtknoten zu Früchten. Da diese bei der Reife nicht aufplatzen, nennt man sie *Schließfrüchte*. Die Schließfrüchte der Rosen haben um die Samen herum eine harte Schale. Solche Früchte nennt man *Nüßchen*. Die Früchte der Rosen sind Schließfrüchte und Nüßchen zugleich. Jede Hagebutte der Heckenrose enthält eine große Zahl solcher Nüßchen.

Nutzpflanzen unter den Rosengewächsen. Neben den zahlreichen Rosenarten, aus denen der Mensch die Zierrosen gezüchtet hat, gehören noch viele andere Pflanzen zur Familie der Rosengewächse: Da ist das *Steinobst*, von dem du Kirsche, Pflaume und Pfirsich kennst. Auch das *Kernobst*, wie Apfel und Birne, gehört dazu. Brombeere, Himbeere und Erdbeere sind ebenfalls Rosengewächse. Sie alle bereichern unsere Ernährung. Sie wurden durch Züchtung süßer, saftiger und ertragreicher. Eine Tafel mit den bekanntesten Obstsorten der Familie Rosengewächse findest du auf der nächsten Seite.

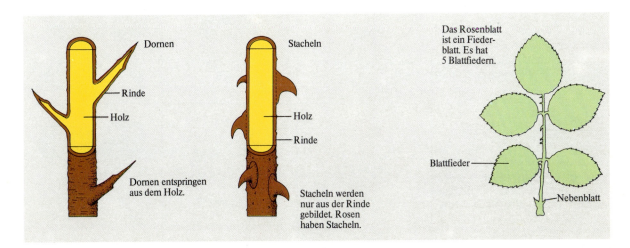

Obstsorten aus der Familie der Rosengewächse

Süßkirsche
Blüte: 5zählig, weiß, 1 Stempel.
Frucht: Fruchtknoten bildet fleischige Frucht. Samen von harter Schale umgeben. Steinfrucht.
Blatt: eiförmig, gezähnt.

Pflaume
Blüte: 5zählig, weiß, 1 Stempel.
Frucht: Fruchtknoten bildet fleischige Frucht. Samen von harter Schale umgeben. Steinfrucht.
Blatt: eiförmig, gezähnt.

Apfel
Blüte: 5zählig, rötlich, 5teiliger Fruchtknoten.
Frucht: Kernhaus mit Samen. Blütenboden bildet Fruchtfleisch. Kernobst.
Blatt: breit eiförmig, gezähnt.

Birne
Blüte: 5zählig, weiß, 5teiliger Fruchtknoten.
Frucht: Kernhaus mit Samen. Blütenboden bildet Fruchtfleisch. Kernobst.
Blatt: eiförmig, wenig gesägt.

Brombeere
Blüte: 5zählig, weiß, viele Stempel.
Frucht: Fruchtknoten bilden dicht beieinanderstehende Steinfrüchte. Sammelfrucht.
Blatt dreigeteilt, gezähnt, mit Stacheln.

Erdbeere
Blüte: 5zählig, weiß, viele Stempel.
Frucht: Fruchknoten bilden Nüßchen. Blütenboden wird zum Fruchtfleisch. Sammelfrucht. Blatt: dreigeteilt, stark gezähnt.

Obstbäume werden veredelt

Im Garten von Inge und Rolf steht ein Apfelbaum. Leider schmecken seine Früchte nicht sehr gut. Auch sind die Äpfel sehr klein. Die Familie berät, ob es nicht besser wäre, den Baum zu fällen. Dann könnte man einen neuen Baum pflanzen, der größere und schmackhaftere Früchte trägt.

Doch würde es sicher Jahre dauern, bis der kleine neue Baum herangewachsen wäre. Auf Früchte müßte man also lange warten. Aber es gibt eine andere Lösung: Der Baum muß nicht gefällt werden, er wird „veredelt". Obstbäume kann man auf verschiedene Weise veredeln.

Dieser Baum wurde veredelt. Auf seine alten Äste wurden Zweige eines anderen Baumes gepfropft.

Okulieren. Bei dieser Methode werden dem Baum Knospen der neuen Sorte eingepflanzt. „Augen" nennt man sie. Dazu wird von der „Edelsorte" eine Knospe mit einem kleinen, schildförmigen Stück Rinde und etwas Holz darum herum abgeschnitten. Dann schneidet man die Rinde des Baumes, den man veredeln will, T-förmig ein. Die Rinde wird etwas gelöst und das Auge darunter geschoben. Auch hier dichtet man die Wundstelle sorgfältig mit Baumwachs ab und umwickelt sie mit Bast.

Diese Methode wird nicht nur bei der Veredelung von Obstbäumen angewendet. Vor allem Rosen werden auf diese Weise veredelt.

Kopulieren. Diese Art der Veredelung wendet man an, wenn der Baum noch jung ist. Die Zweige, die man veredeln will, und die Edelreiser müssen die gleiche Stärke haben. Beide werden mit einem Messer schräg durchgeschnitten. Dann preßt man die Schnittflächen der beiden Zweige fest aufeinander und überstreicht die Wundstelle mit Baumwachs. Damit die Zweige beisammen bleiben, werden sie mit Bast umwickelt.

Diese Veredelungsart wird auch häufig bei jungen Nadelbäumen verwendet, die wir als Zierpflanzen kennen. Meist haben sie empfindliche Wurzeln. Man veredelt sie deshalb auf Nadelbäume mit robusten Wurzeln.

Pfropfen. Die Äste des Baumes, den man veredeln will, werden stark zurückgeschnitten. An den Schnittflächen wird jeweils an einer Stelle die Rinde gespalten und abgelöst. In diesen Schlitz wird ein zugeschnittener Zweig der neuen Sorte gesteckt. Die Schnittfläche wird mit Baumwachs abgedichtet. Dann umwickelt man die Pfropfstelle fest mit Bast, damit keine Krankheitserreger in die Wunde eindringen können.

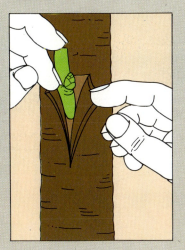 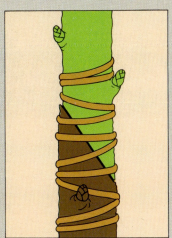 

Die Familie der Kreuzblütler

Der Raps

Im Frühsommer leuchten die gelben Rapsfelder: Der Raps blüht.

Blüte. Jede Blüte hat 4 *Kelchblätter*, 4 *Kronblätter* und 2 + 4 *Staubblätter*. Die beiden äußeren Staubblätter sind kürzer als die 4 inneren. Der *Stempel* wird von 2 *Fruchtblättern* gebildet, die miteinander verwachsen sind. Dir fällt sicher auf, daß die Blütenteile *kreuzförmig* angeordnet sind. Der Raps gehört zur Pflanzenfamilie der *Kreuzblütler*.

Frucht. Die Frucht geht aus dem Stempel der Kreuzblüte hervor. Man nennt sie *Schote*. Reißt man eine Schote auf oder schneidet sie quer, so erkennt man die beiden *Fruchtblätter*, aus denen sie entstanden ist. Die Fruchtblätter sind an ihren Rändern miteinander verwachsen. Eine *Scheidewand* teilt den Innenraum der Schote in 2 Fächer. Die *Samen* hängen in 4 Reihen an den Rändern der Fruchtblätter, zwei Reihen in der linken und zwei Reihen in der rechten Fruchthälfte.

> Alle Kreuzblütler haben als Früchte Schoten.

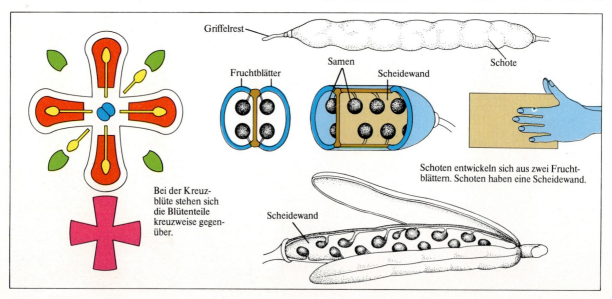

Radieschen

Wirsingkohl

Rosenkohl

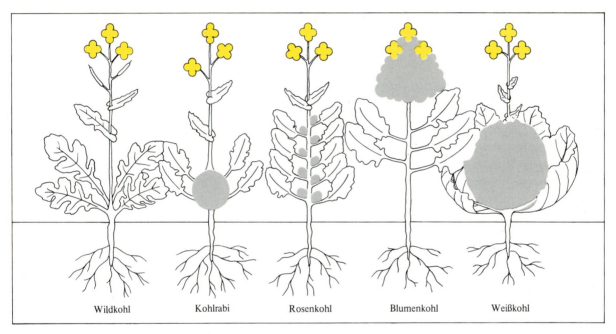

Wildkohl — Kohlrabi — Rosenkohl — Blumenkohl — Weißkohl

Der Kohl

Zur Familie der Kreuzblütler zählt eine ganze Reihe bekannter Nutzpflanzen. Zu ihnen gehören auch unsere *Kohlsorten*. Man sieht es ihnen aber kaum noch an, daß sie alle von demselben Wildkohl abstammen.

Über Jahrhunderte hinweg hat der Mensch immer diejenigen Pflanzen ausgewählt und weitergezüchtet, deren Eigenschaften ihm besonders zusagten. Beim *Wirsingkohl* legte er Wert auf Pflanzen mit besonders zarten und wohlschmeckenden Blättern. Beim *Rotkohl* war ihm die Farbe wichtig. Beim *Rosenkohl* schmeckten ihm die dicken Seitenknospen, beim *Blumenkohl* die dickfleischigen Blütenstände. Beim *Kohlrabi* ißt der Mensch die schmackhafte Knolle.

1 Kennst du noch andere Gemüsepflanzen, die zur Familie der Kreuzblütler gehören?

2 Nimm eine Blüte vom Raps und suche Stempel, Staubblätter, Kronblätter und Kelchblätter. In welcher Anzahl kommen die Blütenteile vor?

Die Familie der Schmetterlingsblütler

Bohnen-, Linsen- und Erbsenpflanzen gehören zur Familie der *Schmetterlingsblütler*. Man nennt sie so, weil ihre Blüten an einen Schmetterling erinnern.

Blüte. Die Schmetterlingsblüte hat 5 *Kelchblätter*. Diese sind miteinander verwachsen und bilden eine Röhre mit 5 Zipfeln. Das große, nach oben gerichtete Kronblatt ist die *Fahne*. Wie die Flügel eines Schmetterlings stehen links und rechts davon 2 kleinere Kronblätter, die *Flügel*, ab. Die beiden unteren Kronblätter sind verwachsen. Sie bilden das *Schiffchen*. Wenn du mit der Spitze eines Bleistifts das Schiffchen vorsichtig nach unten drückst, kommen 10 *Staubblätter* und der *Stempel* zum Vorschein. 9 Staubblätter sind mit ihren Fäden zu einer Röhre verwachsen. Das 10. Staubblatt steht frei in der Blüte.

Frucht. Der *Fruchtknoten* besteht aus *einem* einzigen langen *Fruchtblatt*. Dieses ist so gefaltet, daß seine Ränder zusammenstoßen und verwachsen. Entlang dieser Naht sitzen die Samen in 2 Reihen. Eine Scheidewand wie bei einer Schote fehlt. Man nennt diese Frucht eine *Hülse*. Die Schmetterlingsblütler werden deshalb als *Hülsenfrüchtler* bezeichnet.

Bestäubung. Fast alle Schmetterlingsblütler werden von Insekten, vor allem *Hummeln*, bestäubt. Durch das Gewicht der Hummel werden die Flügel und das Schiffchen gesenkt. Der Griffel tritt hervor und berührt mit der Narbe die Bauchseite des Insekts. Ist diese mit Pollen beladen, so bleibt er an der Narbe kleben und bestäubt die Blüte.

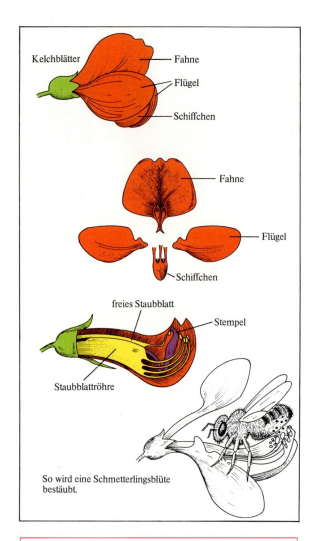

So wird eine Schmetterlingsblüte bestäubt.

Schmetterlingsblüten bestehen aus Fahne, 2 Flügeln und einem Schiffchen.

Weiße und Rote Bohnen

Linsen

Kichererbsen (oben) und Erbsen

Die Familie der Lippenblütler

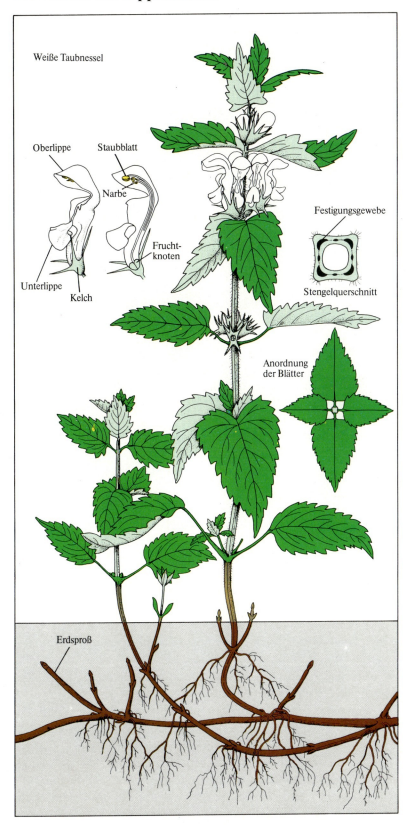

Blüte. Die Familie der *Lippenblütler* hat wie die der Kreuzblütler und Schmetterlingsblütler ihren Namen vom Bau der Blüten: Die Kronblätter bestehen aus einer *Oberlippe* und einer *Unterlippe*. Beide Lippen sind am unteren Ende zu einer Röhre miteinander verwachsen. Meistens haben die Lippenblütler 2 lange und 2 kurze *Staubblätter*. Einige wenige Lippenblütler haben nur 2 Staubblätter. Alle Lippenblütler werden von Insekten bestäubt.

Frucht. Nach der Befruchtung entwickelt sich der Fruchtknoten zu einer vierteiligen Frucht. Ist diese reif, zerfällt sie in 4 Teilfrüchte.

Bestimmung von Lippenblütlern. Etwa 100 verschiedene Arten von Lippenblütlern sind bei uns heimisch. Wie soll man sie alle auseinanderhalten? Wie geht man vor, wenn man den Namen einer unbekannten Art wissen will?

Zu diesem Zweck gibt es *Bestimmungsbücher*. Mit Hilfe ihrer *Bestimmungsschlüssel* lassen sich die Namen der einzelnen Arten feststellen. Wie ein solcher Schlüssel benutzt wird, kannst du leicht herausfinden: Suche eine Taubnessel und bestimme sie! Beginne dazu rechts oben bei der Zeichnung der Lippenblüte. Suche dann Schritt für Schritt den Weg zur richtigen Pflanze. Anhand des Fotos kannst du prüfen, ob dein Ergebnis stimmt. Auch die Schlüssel in Bestimmungsbüchern gehen so vor. Allerdings enthalten sie meist keine Fotos zur Überprüfung des Ergebnisses.

Besondere Lebensbedingungen – Pflanzen am Bachrand

Die Pestwurz gedeiht nur an feuchten, schattigen Plätzen.

Die dicken Erdsprosse der Pestwurz durchwurzeln flach den nassen Boden.

Sumpfdotterblume

In den Sommerferien wandern Rolf und Inge mit ihren Eltern an einem schattigen Waldbach. Plötzlich stehen sie vor einem Meer von riesigen Pflanzenblättern. Die Blätter sind so groß wie Kuchenbleche, die Stengel dicker als der Daumen.

Es sind die Blätter der *Pestwurz*. Keine andere einheimische Pflanze hat so große Blätter. Die Pestwurz wächst nur an feuchten und schattigen Orten. Sie ist eine *Feuchtpflanze*.

Feuchtpflanzen sind immer gut mit Wasser versorgt. Ihre Wurzeln stecken in feuchtem, ja sogar nassem Boden. Auch die Blätter sind meist von feuchter Luft umgeben. Daher können sie nur wenig Wasser verdunsten. Um aber genügend Mineralstoffe aufnehmen zu können, müssen Pflanzen viel Wasser verdunsten. Wie werden die Feuchtpflanzen mit diesen Schwierigkeiten fertig?

Feuchtpflanzen sind an den feuchten Standort angepaßt:
– Sie haben oft großflächige Blätter, mit denen sie viel Wasser verdunsten können.
– Ihre Blatthaut ist sehr dünn und hat, anders als bei anderen Pflanzen, keine Wachsschicht. Sie ist daher besonders gut wasserdurchlässig.
– Bei vielen Feuchtpflanzen wachsen auf den Blättern Haare, die zusätzlich Wasser abgeben.

Die Pestwurz ist ein besonders eindrucksvolles Beispiel für die Anpassung einer Pflanze an einen feuchten Standort. Aber auch andere Pflanzen, die entlang dem Bach wachsen, sind als Feuchtpflanzen gut an ihren Standort angepaßt. Zu ihnen zählt die häufig vorkommende *Sumpfdotterblume*. Im Frühjahr leuchten ihre dottergelben Blüten weit über die feuchten Wiesen und Bachufer. Auch ihre runden Laubblätter sind groß, weich und dünn.

Pflanzen am trockenen Wiesenhang

Silberdisteln sind vorzüglich an das Leben auf einer trockenen Wiese angepaßt.

An einem trockenen, sonnigen Wiesenhang herrschen ganz andere Lebensbedingungen als am feuchten Bachufer. Die Sonnenstrahlen treffen hier ungehindert auf den Boden. Die Bodentemperatur kann daher an einem heißen Sommertag bis auf 50 °C ansteigen. Regen versickert rasch, da der Boden das Wasser nicht speichern kann.
Nur Pflanzen, die wenig Wasser benötigen, können hier leben. Sie sind auf vielerlei Art an diese Lebensbedingungen angepaßt. Man nennt solche Pflanzen deshalb auch *Trockenpflanzen*.
Häufig findet man am trockenen Wiesenhang den *Scharfen Mauerpfeffer*. Er hat kleine, fleischige Blätter, in denen er Regenwasser speichern kann. Auch der blaublühende *Salbei* und die *Silberdistel* kommen hier vor. Sie haben lange Wurzeln. Mit ihnen können sie Wasser noch in größerer Tiefe aufnehmen.
Thymian und *Sonnenröschen*, die auch am trockenen Wiesenhang wachsen, bilden dichte Polster. In ihnen hält sich die Feuchtigkeit länger. Ihre Blättchen verdunsten wenig Wasser, da sie klein und lederartig sind.
Die *Küchenschelle* hat einen dichten Haarpelz, der sie vor Verdunstung schützt.

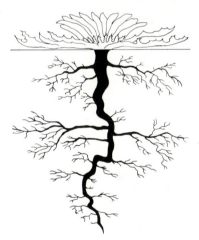

Die kräftige Pfahlwurzel der Silberdistel reicht tief in den Boden hinein.

> Pflanzen sind gut an ihre Standorte angepaßt:
> Feuchtpflanzen sind so gebaut, daß sie trotz feuchter Luft viel Wasser verdunsten können.
> Trockenpflanzen dagegen sind so gebaut, daß sie wenig Wasser verdunsten. Manche können Wasser speichern.

1 Vergleiche das Aussehen von Pflanzen trockener und feuchter Standorte. Welche wichtigen Unterschiede stellst du fest?

Scharfer Mauerpfeffer

Tiere und Pflanzen in unserer Kulturlandschaft

Das Rind – unser wichtigstes Nutztier

Abstammung und Lebensraum. Rinder gehören zu unseren wichtigsten Nutztieren. Allein in der Bundesrepublik Deutschland zählt man derzeit etwa 15 Millionen Rinder.

Es gibt etwa hundert Rinderrassen. Bei uns am bekanntesten sind das Schwarzbunte Niederungsvieh, das Braunvieh und das Rotbunte Höhenvieh. Alle Rinderrassen stammen vom *Ur* oder *Auerochsen* ab, der früher lichte Wälder, Täler mit kleinen Waldstücken und weite Graslandschaften bewohnte. Wahrscheinlich wurden schon vor etwa 8000 Jahren die ersten Auerochsen eingefangen und zur Fleischversorgung gehalten. Die Auerochsen wurden vor mehr als 300 Jahren vom Menschen ausgerottet. Der letzte Auerochse starb 1627 in einem Wildgehege in Polen.

Fortpflanzung. Nach 9 Monaten *Tragzeit* bringt die Kuh ihr *Kalb* zu Welt. Kälber sind *Nestflüchter*, denn sie stehen schon kurz nach der Geburt auf und laufen umher. Sie haben ein Fell, können sehen, riechen und hören. Sobald sie stehen können, suchen sie das *Euter* der Mutter, um dort Milch zu saugen.

> Das Rind ist ein Säugetier.

Bulle, Farre = männliches Rind, Stier
Ochse = kastrierter Stier

Kalbe, Färse = Kuh, die noch nicht gekalbt hat

Rotbunte Kuh mit ihrem Kälbchen auf der Weide

Schwarzbuntes Niederungsvieh

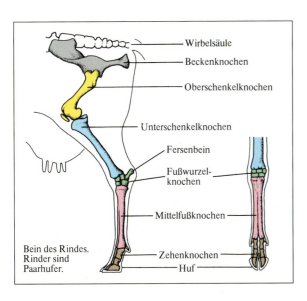

Bein des Rindes. Rinder sind Paarhufer.

- Wirbelsäule
- Beckenknochen
- Oberschenkelknochen
- Unterschenkelknochen
- Fersenbein
- Fußwurzelknochen
- Mittelfußknochen
- Zehenknochen
- Huf

Körperbau. Hast du schon einmal Rinder auf der Weide beobachtet? Auffällig an ihnen ist der mächtige *Rumpf*. Mehr als 600 Kilogramm schwer kann ein Rind werden. Vier stämmige Beine tragen den Körper. Zwei Zehen sind an jedem Fuß besonders kräftig entwickelt. Jede trägt einen Huf. Deshalb bezeichnet man die Rinder als *Paarhufer*. Mit den Hufen tritt das Tier auf dem Boden auf. Dabei spreizen sich die Hufe etwas auseinander. Dies verhindert, daß das Rind auf weichem Untergrund einsinkt. Außerdem wird der Stand sicherer.

> Rinder haben an jedem Bein zwei Hufe. Sie zählen deshalb zu den Paarhufern.

Der Kopf des Rindes ist im Verhältnis zum großen Körper recht klein. Die beiden seitlich abstehenden spitzen *Hörner* sitzen auf knöchernen Zapfen des Schädels. Das Gehörn spielt eine wichtige Rolle, wenn die Rinder um einen möglichst hohen Rang in der Herde kämpfen.

Der *Geruchssinn* ist beim Rind gut ausgebildet. Es kann auch *sehr gut hören*. Die großen *Augen* stehen seitlich, so daß das Rind ein großes Umfeld überblickt. Farben sieht es nicht.

> Geruchssinn und Hörsinn sind beim Rind gut ausgebildet. Sehen kann es nicht so gut.

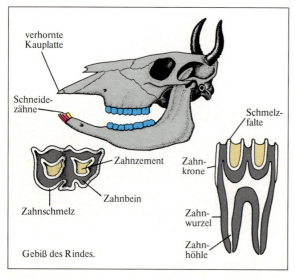

Gebiß des Rindes.

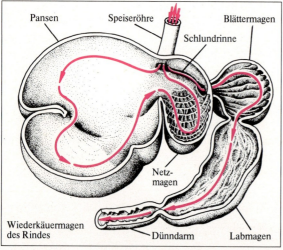

Wiederkäuermagen des Rindes

Ernährung und Gebiß. Unentwegt grasen die Rinder auf der Weide. Sie sind *Pflanzenfresser*. Mit ihrem guten *Geruchssinn* können sie genießbare von ungenießbaren Kräutern unterscheiden. Kurze Gräser und Kräuter werden mit den *Schneidezähnen* des Unterkiefers gegen die zahnlose, harte und *verhornte Kauplatte* des Oberkiefers gepreßt. Zähne und Kauplatte wirken zusammen wie eine Zange. Mit einem kurzen Ruck des Kopfes wird das Gras dann abgerupft. Lange Gräser und Kräuter werden mit der rauhen, muskulösen Zunge umfaßt und abgerissen.

Die *Backenzähne* des Rindes haben harte *Schmelzfalten*. Diese bilden rauhe Oberflächen, mit denen die Nahrung wie zwischen Mühlsteinen zermahlen wird.

Verdauung. Die aufgenommene Nahrung wird zunächst mit viel *Speichel* vermengt und dann fast unzerkaut geschluckt. Daher kann das Rind in kurzer Zeit viel Nahrung aufnehmen. Bis zu 70 Kilogramm Futter frißt es am Tag. Zunächst gelangt die Nahrung durch die *Speiseröhre* in eine große Magenkammer, den *Pansen*. Dieser kann bis zu 200 Liter aufnehmen. Im Pansen leben viele Milliarden winzig kleiner Lebewesen, unter anderem Bakterien. Sie helfen mit, die Nahrung zu zersetzen.

Nach einiger Zeit gelangt der Speisebrei in den *Netzmagen*. Dort wird er zu kleinen Ballen geformt und dann durch die Speiseröhre wieder ins Maul zurückbefördert. Jetzt wird die Nahrung nochmals kräftig mit Speichel vermengt und ausgiebig gekaut. *Wiederkäuen* nennt man diesen Vorgang. Dazu legt sich das Rind meist nieder. Beim Schlucken gelangt der Speisebrei über die *Schlundrinne* in den *Blättermagen*. Hier wird ihm vor allem Wasser entzogen. Erst im letzten Magenabschnitt, dem *Labmagen*, erfolgt schließlich die Verdauung.

> Das Rind ist ein Pflanzenfresser. Es kaut seine Nahrung wieder. Die Backenzähne besitzen raspelartige Kauflächen.

1 Beobachte ein Rind auf der Weide beim Fressen und Wiederkäuen. Berichte.

2 Vergleiche das Pflanzenfressergebiß des Rindes mit dem Raubtiergebiß der Katze. Erstelle dazu eine Tabelle.

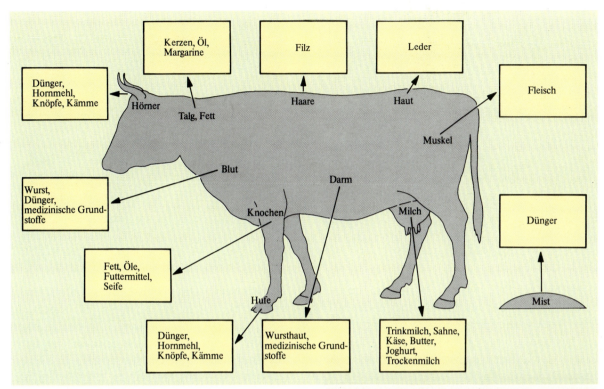

Nutzung. Rinder liefern uns vor allem *Milch* und *Fleisch*. Es gibt *Rinderrassen,* die vorwiegend für die Milcherzeugung gezüchtet wurden. Solche Hochleistungsrinder können bis zu 10 000 Liter Milch im Jahr geben. Das sind über 30 Liter am Tag. Aus Milch gewinnt man Butter, Käse, Joghurt, Sahne und andere Milchprodukte. Bei uns hält man meist *Zweinutzungsrinder,* die sowohl viel Milch als auch viel Fleisch liefern. Das Schwarzbunte Niederungsvieh ist ein Zweinutzungsrind.

Rinderhaltung. Heute werden viele Rinder nicht mehr auf der Weide, sondern das ganze Jahr über in Ställen gehalten. Solche Ställe sehen oft aus wie Fabrikhallen. Das Melken erfolgt mit der Melkmaschine. Der Kot fällt durch Gitterroste und wird maschinell entfernt. Auch die Füllung des Futtertrogs erfolgt automatisch. Die Zusammensetzung des hochwertigen Kraftfutters wird vom Computer bestimmt. Oft werden die Hörner entfernt, damit die Tiere nicht mehr miteinander kämpfen und sich dabei verletzen können. Schon kurz nach der Geburt werden die Kälber von der Mutter getrennt, so daß der Mensch die Milch für sich allein verwenden kann.

Diese Art der Haltung in dunklen Ställen und engen Boxen entspricht nicht den natürlichen Bedürfnissen von Kälbern.

Vom Wildschwein zum Hausschwein

Wildschwein. Die wilden Vorfahren unserer Hausschweine leben auch heute noch in den Wäldern. Vom Spaziergänger werden sie aber nur selten gesehen. Tagsüber sind sie meist versteckt. Erst in der Dämmerung verlassen sie das schützende Dickicht.

Ihre Nahrung wühlen sie mit der rüsselartig verlängerten Schnauze aus dem Boden. Eicheln, Pilze, Schnecken, Würmer und Aas gehören dazu. Mit lautem Schmatzen werden sie verzehrt.

Das Gebiß der Schweine zeigt sowohl Merkmale eines Raubtiergebisses als auch die eines Pflanzenfressergebisses. Man nennt es *Allesfressergebiß*, weil es tierische und pflanzliche Nahrung gleichermaßen zerkleinern kann.

Das männliche Wildschwein ist der *Keiler*. Er hat kräftig entwickelte Eckzähne, *Hauer* genannt. Das weibliche Wildschwein, die *Bache,* bringt im Frühjahr meist 6 braun-gelb-gestreifte Junge zur Welt. Man nennt sie *Frischlinge*. Sie sind so gut getarnt, daß sie im Wald kaum zu sehen sind. Fast 4 Monate lang werden sie von der Bache gesäugt. Schweine suhlen sich gerne im morastigen Untergrund. Dabei wird der Körper von lästigen Insekten befreit und anschließend durch Reiben gereinigt. Wie das Rind tritt auch das Schwein nur mit 2 Zehen auf. Jede der beiden Zehen trägt einen *Huf*.

> Schweine sind Allesfresser. Sie gehören zu den Paarhufern und sind Zehenspitzengänger.

Hausschwein. Das Hausschwein unterscheidet sich deutlich vom Wildschwein: Es besitzt nur noch spärliche *Borstenhaare*. Die rosige Haut bestimmt seine Farbe. Eine Speckschicht unter der Haut macht seine Gestalt rundlich. Das Hausschwein wächst rascher als das Wildschwein. Bei gutem Futter erreicht es schon in weniger als 10 Monaten sein Schlachtgewicht von 100 Kilogramm. Hausschweine sind sehr fruchtbar. Oft werden 10 bis 12 Ferkel bei einem Wurf geboren.

> Die Unterschiede zwischen Hausschwein und Wildschwein sind das Ergebnis der Züchtung.

Zur Diskussion: Haltung unserer Nutztiere

„Niemand darf einem Tier ohne vernünftigen Grund Schmerzen, Leiden oder Schäden zufügen. Wer ein Tier hält, darf das artgemäße Bewegungsbedürfnis des Tieres nicht dauernd und nicht so einschränken, daß dem Tier vermeidbare Schmerzen, Leiden oder Schäden zugefügt werden."

Auszug aus dem deutschen Tierschutzgesetz

Nutztiere werden von uns Menschen aus wirtschaftlichem Interesse gehalten. Rinder sollen viel Milch geben, Schweine viel Fleisch liefern, Hühner viele Eier legen. Aber auch diese Nutztiere müssen artgerecht gehalten werden. Im Tierschutzgesetz ist der Umgang des Menschen mit Haustieren geregelt.
- Diskutiert, ob die jeweils auf den Fotos gezeigte Haltung der Nutztiere artgerecht ist. Berücksichtigt dabei das Tierschutzgesetz.

Muttersauen auf der Weide. Hier fressen sie, wühlen im Boden und suhlen sich. Anschließend legen sie sich in den Schatten der Bäume, und ruhen sich aus. Die Nacht verbringen sie gemeinsam im Stall.

Schweinemaststall. Die Tiere können sich kaum in ihren engen und dunklen Boxen bewegen. Das Ausmisten und die Fütterung werden automatisch geregelt. Die Tiere nehmen rasch an Gewicht zu.

Hühner auf dem Bauernhof. Während der Nahrungssuche schreiten sie umher, bleiben stehen, scharren mit dem Fuß und picken. Zur Eiablage sucht die Henne ein Nest auf.

Käfighaltung von Hühnern. Im Käfig können sie weder umherlaufen noch scharren. Durch gegenseitiges Picken und durch das Anstoßen am Gitter wird ihr Federkleid zerstört.

Getreide – unsere wichtigste Nutzpflanze

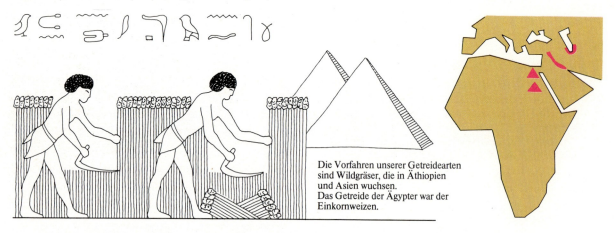

Die Vorfahren unserer Getreidearten sind Wildgräser, die in Äthiopien und Asien wuchsen.
Das Getreide der Ägypter war der Einkornweizen.

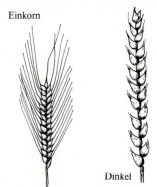

Vorfahren unseres Weizens

Beim Weizen gibt es Formen mit und ohne Grannen.

Der Weizen

Jahr für Jahr wird auf der Erde eine Fläche mit *Weizen* bestellt, die etwa zehnmal so groß ist wie die Bundesrepublik Deutschland. Die harten, trockenen Weizenkörner liefern das *Weißmehl*. Der Weizen ist unsere wichtigste Getreideart.

Weizen wird meist im Herbst gesät. Nach wenigen Tagen keimt das Korn, bildet Wurzeln und treibt einen Sproß nach oben. Noch im Herbst bilden sich dicht unter der Erdoberfläche Seitentriebe an der Pflanze. Der Landwirt sagt: „Der Weizen bestockt sich." Der Weizen ist ein *Gras*.

Halm. Im Frühjahr entwickeln sich aus den Seitentrieben *Halme*. In regelmäßigen Abständen sind sie *knotig verdickt*. Über jedem *Knoten* entspringt ein Blatt, dessen unterer Teil den Halm umschließt.

Ende Mai schießt der Halm rasch in die Höhe. Er wächst an der Spitze und über jedem Knoten. Obwohl der Halm schließlich 400mal länger als dick ist, knickt er nur selten um. Das bewirkt vor allem sein röhrenartiger Bau. Die Knoten machen ihn besonders stabil. Legt doch einmal ein Sturm den grünen Weizen um, so kann er sich durch einseitiges Wachsen an den Knoten wieder aufrichten.

Ähre. Im Juni blüht der Weizen. Die ganze *Weizenähre* ist ein Blütenstand. Ähnliche Blütenstände haben auch viele unserer *Wildgräser*. Die einzelnen Blüten sind sehr unscheinbar. Immer drei sitzen beieinander. Sie sind von trockenen Blättchen, den *Spelzen,* umschlossen. Mit den Spelzen zusammen bilden die drei Blüten ein *Ährchen*. Aus vielen solcher Ährchen setzt sich die Weizenähre zusammen.

Die Weizenblüten werden vom Wind bestäubt. Nach der Befruchtung färbt sich die Pflanze allmählich gelb, das Korn beginnt zu reifen. Im August wird mit dem Mähdrescher geerntet.

Der Weizen ist unsere wichtigste Getreideart. Aus seinen Körnern gewinnt man Weißmehl. Weizen und alle anderen Getreidearten gehören zur Familie der Gräser.

Bau des Weizenkorns. Das Korn ist die *Frucht* des Weizens. Doch wenn du ein Korn der Länge nach durchschneidest, stellst du wahrscheinlich wenig Ähnlichkeit mit den Früchten von Kirsche oder Hasel fest. Die *Fruchtschale* und die *Samenschale* sind *miteinander verwachsen*. Das Innere des Korns wird von einem *Nährgewebe* ausgefüllt. Es enthält viel Stärke. Beim Mahlen des Korns gewinnt man daraus das Mehl. In einer dünnen Schicht dicht unter der Schale wird außerdem Eiweiß gespeichert. Diese Schicht nennt man *Kleberschicht*. Das übrige Nährgewebe heißt *Mehlkörper*.

Der *Keimling* nimmt im Weizenkorn nur einen geringen Raum ein. Seine Lage läßt sich schon von außen an einer Ausbuchtung erkennen. Aus dem Embryo geht die neue Weizenpflanze hervor, wenn das Korn keimt. Dabei verbraucht der heranwachsende Keimling die Nährstoffe aus dem Nährgewebe.

Herkunft des Weizens. Der Weizen ist eine alte Kulturpflanze. Zu seinen Vorfahren gehören verschiedene Wildgräser aus Vorderasien.

In der Bundesrepublik Deutschland wurde 1993 an Getreide geerntet:

Weizen	15 766 000 Tonnen
Roggen	2 983 000 Tonnen
Gerste	11 005 000 Tonnen
Hafer	1 730 000 Tonnen
Mais	2 656 000 Tonnen

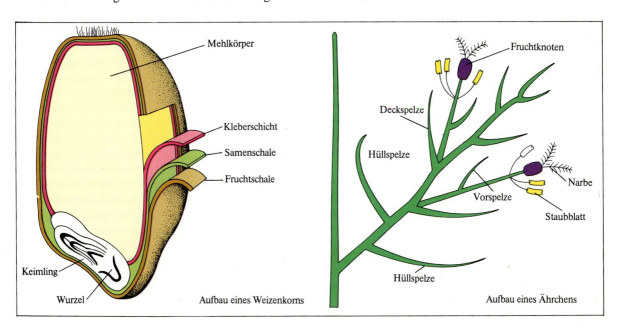

Aufbau eines Weizenkorns — Aufbau eines Ährchens

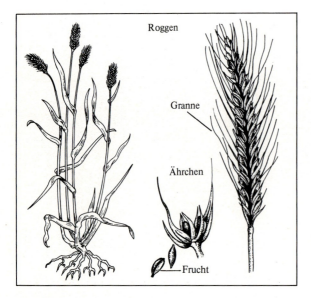

Der Roggen

Der *Wildroggen* kam wahrscheinlich als „Unkraut" mit dem Weizen aus Vorderasien nach Europa. Vor 3000 Jahren begann man, ihn als eigene Getreideart anzubauen. Anders als der Weizen begnügt sich der Roggen auch mit den schlechten Sandböden. Zudem benötigt er weniger Wärme, erträgt Kälte besser und reift schneller. Er wird vor allem in Norddeutschland, Polen und in der UdSSR angebaut. Sein Mehl ist dunkler als das von Weizen. Man bäckt daraus Grau- und Schwarzbrot. Im Aussehen ähnelt der Roggen dem Weizen sehr. Am besten lassen sie sich noch an den Blütenständen unterscheiden. Beim Roggen besitzt die Ähre lange Borsten, die *Grannen*. Viele Weizensorten sind dagegen grannenlos.

Die Gerste

Wie der Roggen hat auch die Gerste *Grannen*. Sie sind bei ihr sogar besonders lang. Sicherer als an den Grannen erkennt man die Gerste aber an ihren Ährchen. Sie enthalten immer nur eine einzige Blüte. Auch stehen sie jeweils zu dritt an der Ährenachse, während die Ährchen von Weizen und Roggen einzeln an der Achse stehen.

Die Heimat der *Wildgerste* ist Vorderasien. Dort wurde sie schon vor 7000 Jahren angebaut. Ursprünglich diente die Gerste als Brotgetreide, obwohl sie zum Backen eigentlich nicht sehr geeignet ist. Früher zerrieb man die Körner und aß sie als Graupen in der Suppe. Große Bedeutung hat die Gerste als Futtergetreide für Schweine und Geflügel. Außerdem braucht man sie, um Bier und Malzkaffee herzustellen.

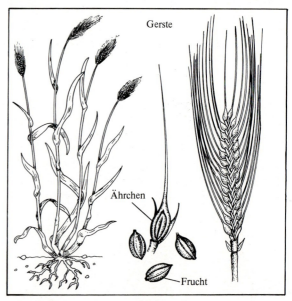

Der Hafer

Der Blütenstand des Hafers ist eine Rispe. Die Wildform unseres Hafers ist wahrscheinlich der *Flughafer*. Ihn kannst du noch heute als „Unkraut" in Getreidefeldern finden. Auch er stammt aus Vorderasien. Hafer dient vor allem als Geflügel- und Pferdefutter. Ein kleiner Teil der Ernte wird zu leicht verdaulichen Haferflocken verarbeitet.

> Der Hafer ist ein Rispengras. Weizen, Roggen und Gerste sind Ährengräser.

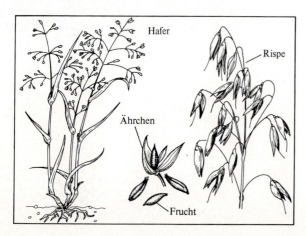

Reisfelder in Sri Lanka

Mais wird bei uns immer häufiger angepflanzt.

Der Reis
Der Reis ist das wichtigste Getreide der Erde. Über die Hälfte aller Menschen ernährt sich davon. Vor allem in Indien, China und Japan ist Reis das Hauptnahrungsmittel. In Europa wird in Italien Reis angebaut.

Der Reis gedeiht auf nassen Böden. Während des Wachstums muß die Temperatur über 20 °C liegen. Reispflanzen werden bis zu 1,5 Meter hoch. Bei günstigen Bedingungen vergehen von der Aussaat bis zur Ernte nur drei Monate.

Der Mais
Diese Pflanze wird bis zu 2,5 Meter hoch, ihr Stengel bis zu 5 Zentimeter dick. An der Spitze des Stengels befindet sich eine Rispe mit Staubblüten. Die Stempelblüten sind von vielen Blättern umhüllt. Aus ihnen entwickeln sich die Maiskolben. Um das Jahr 1500 kam der Mais von Amerika nach Europa. Heute wird er überall angebaut. Bei uns dient er vor allem als Viehfutter. In Südamerika ist er für die Ernährung der Menschen wichtig.

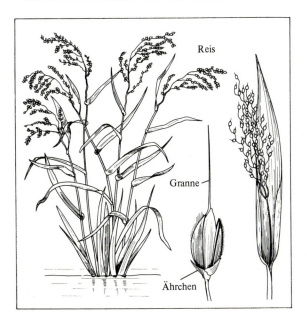

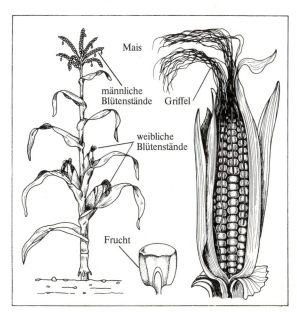

Die Kartoffel

Spanische Seefahrer brachten die Kartoffel vor etwa 400 Jahren von Südamerika nach Europa.

Kartoffelblüten (oben) und Früchte

Herkunft. Die Kartoffel ist unsere jüngste Nutzpflanze. Sie stammt aus *Südamerika*. Dort wachsen in den Gebirgen auch heute noch viele wilde Kartoffelarten. Den *Indianern* ist die Kartoffel als wertvolle Nutzpflanze schon seit Jahrtausenden bekannt. Aber erst vor 400 Jahren brachten spanische Seefahrer die ersten Kartoffeln nach Europa. 1621 wurden erstmals in Deutschland Kartoffeln angepflanzt. Aber sie wuchs nicht auf Feldern, sondern als *Zierpflanze* in Gärten. Erst im 18. Jahrhundert wurde die Kartoffel bei uns zur Nutzpflanze.

Nährstoffe. Die Kartoffelknolle enthält alle Nährstoffe, die wir zum Leben brauchen: Eiweißstoffe, Fett, Vitamine, Mineralstoffe und, als wichtigsten Bestandteil, Stärke. Sie ist deshalb zu einem unserer wichtigsten Grundnahrungsmittel geworden.

Entwicklung. Im Frühjahr legt der Landwirt die Kartoffelknollen in flache Ackerfurchen und bedeckt sie mit Erde. Bald beginnen ihre Knospen auszutreiben. In der Erde sind die Triebe dünn und bleich. Sobald sie ans Licht kommen, werden sie grün und entwickeln sich zu kräftigen Pflanzen.

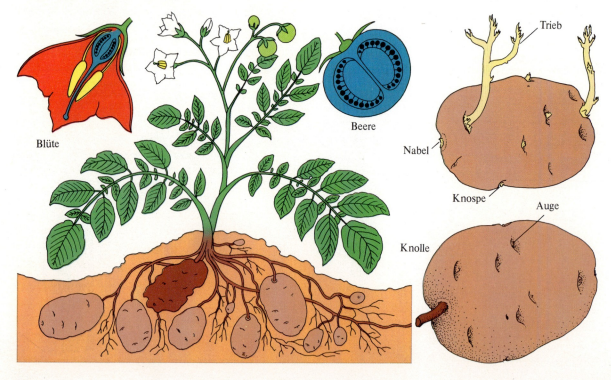

Südamerika ist das Ursprungsland der Kartoffel. Hier sortieren Indios in Peru Kartoffeln aus.

Die Kartoffel ist eine unserer wichtigsten Nutzpflanzen. Ihre Knollen sind Vorratsspeicher. Sie enthalten alle wichtigen Nährstoffe, vor allem aber Stärke. Gebildet werden die Knollen im Boden am Ende von Ausläufern. Diese entwickeln sich an den unterirdischen Teilen der Triebe.

1 Besorge dir eine Kartoffelknolle. Markiere die Augen der Knolle mit einem Filzstift. Kannst du an der Knolle erkennen, wo vorne und wo hinten ist?

2 Pflanze eine Kartoffelknolle in einen großen Blumentopf oder in einen Plastikeimer, der in seinem Boden ein Loch hat. Mache Aufzeichnungen über die Entwicklung der Pflanze.

Blüten und Früchte. Ende Juli blüht die Kartoffel mit weißen oder violetten Blüten. Nach der Befruchtung entwickeln sich kirschgroße, giftige Früchte.

Ausläufer und Knollen. Doch was geschieht unter der Erde? Die bleichen Teile der Triebe im Boden bilden *Ausläufer*. Diese wachsen jedoch nur bis zum Frühsommer. Dann schwellen sie an ihren Enden an und bilden dort *Knollen*. In ihnen speichert die Kartoffelpflanze vor allem *Stärke*. Diese wurde in den grünen Blättern gebildet. Die Knollen sind also die *Vorratsspeicher* der Kartoffelpflanze.

Daß die Kartoffelknollen nicht von den Wurzeln, sondern vom Sproß gebildet werden, ist leicht zu erkennen: Kartoffelknollen haben Knospen, sogenannte *Augen*. Knospen gibt es bei Pflanzen nur am Sproß.

Die Tomate
Die Tomate ist mit der Kartoffel verwandt. Ihre Heimat ist ebenfalls Südamerika. Bei der Tomate können nur die reifen Früchte gegessen werden. Alle anderen Teile der Pflanze enthalten ein Gift. Auch unreife, grüne Tomatenfrüchte sind noch giftig. Man sollte deshalb nur reife Tomaten essen. Tomatenpflanzen brauchen zum Gedeihen einen fruchtbaren Boden und viel Wärme.

Praktikum: Gemüseanbau im Schulgarten

Einen Gemüsegarten anzulegen und zu pflegen, kostet viel Zeit und Arbeit. Von Januar bis November sind unterschiedliche Arbeiten zu verrichten.

1 Zunächst erstellt ihr einen Anbauplan:
Fertigt im Heft eine Zeichnung an, in der alle Beete, die ihr bepflanzen wollt, eingetragen sind. Daneben werden sämtliche Gemüsesorten aufgelistet, die gepflanzt werden könnten. Besorgt im Gartengeschäft Samentütchen der Gemüsesorten, die ihr anbauen wollt. Schreibt von den Tütchen die Zeiten ab, zu denen gesät, ausgepflanzt und geerntet wird.
Tragt nun in den Plan in jedes Beet das Gemüse ein, das dort wachsen soll.

2 Entsprechend der Jahreszeit muß jetzt der Boden für die Aussaat oder Pflanzung vorbereitet werden.
Lockert den Boden mit der Grabgabel. Ebnet den Boden mit einem Rechen oder einer Hacke und arbeitet eventuell Kompost, Hornspäne und Gesteinsmehl ein.

3 Geht nun nach dem Pflanzplan vor und sät oder pflanzt die vorgezogenen Pflänzchen aus.

4 Verfolgt jetzt die Entwicklung der Pflanzen.
In einem Gartentagebuch, wie ihr es unten seht, könnt ihr eure Beobachtungen eintragen.

5 Fertigt eine Liste der Pflanzen und Tiere an, die ihr während der Arbeit in den Gemüsebeeten findet.

Gartentagebuch				
Monat: Mai, 1. Woche				
Datum	30.4.96	1.5.96	2.5.96	3.5.96
Temperatur	20 °C	...		
Wetter	schwül	...		
Arbeiten	gießen	...		
Besonderheiten	...	Feiertag		

Praktikum: Kartoffelanbau im Schulgarten

Auf einem fruchtbaren, unbelasteten Boden angebaut, ist die Kartoffel ein sehr gesundes, nahrhaftes Nahrungsmittel. Die Kartoffel enthält nahezu alle Nährstoffe, die für unsere Ernährung wichtig sind. Darüber hinaus ist die „tolle Knolle" vielseitig verwendbar: Pommes frites, Kartoffelchips, Kartoffelbrei oder Kartoffelpuffer kennt jeder.

Falls ihr einen Schulgarten in eurer Schule habt und dort Kartoffeln anbauen wollt, könnt ihr aus den Bildern und Texten unten sehen, wie man dabei vorgeht und was ihr zu beachten habt.

Für den Kartoffelanbau benötigt ihr: 1 Hacke oder Schaufel, 1 Eimer Saatkartoffeln. Nach den Eisheiligen (10.–15. Mai) hebt ihr mit der Hacke etwa 15 Zentimeter tiefe Mulden im Erdboden aus. Macht dabei die Abstände zwischen den Mulden nicht zu eng!

In jede Mulde legt ihr nun eine Kartoffel hinein. Anschließend werden die Kartoffeln mit Erde zugedeckt. Etwa 3 Wochen werden vergehen, bis die ersten Laubaustriebe aus der Erde kommen.

Jetzt müßt ihr euren Kartoffelacker hacken. Zum einen wird dadurch der Boden durchlüftet, zum anderen beseitigt ihr dabei alle Wildkräuter, die den Kartoffelpflanzen zuviel Licht, Wasser und Platz wegnehmen. Vielleicht könnt ihr einige Wildkräuter bestimmen?

Damit eure Kartoffeln unterirdische Ausläufer bilden, an deren Ende ja die Knollen gebildet werden, müßt ihr jetzt die Pflanzen anhäufeln. Dazu wird um die Pflanze immer wieder Erde mit der Hacke aufgeworfen. Auch die jungen Knollen müssen mit Erde bedeckt sein. Sonst besteht die Gefahr, daß sie grün und damit giftig werden.

Bis zur Ernte vergeht jetzt einige Zeit. Ab und zu müßt ihr nach dem Rechten sehen und Wildkräuter jäten. Möglicherweise stellen sich Kartoffelschädlinge wie Kartoffelkäfer und ihre Larven ein. Die solltet ihr dann absammeln. Zur Durchlüftung sollte der Boden oberflächlich immer wieder leicht aufgehackt werden.

Wenn im Herbst die krautigen Teile der Kartoffelpflanze verwelkt sind, beginnt die Ernte. Mit der Grabgabel werden die Kartoffeln vorsichtig aus der Erde geholt, damit man keine der Früchte aufspießt. Mit den geernteten Kartoffeln könntet ihr dann zu einem Klassenfest mit den verschiedensten Kartoffelgerichten einladen.

Kreislauf der Stoffe

Leben im Komposthaufen

In vielen Gärten ist eine Ecke für den *Komposthaufen* reserviert. *Kompost* verbessert den Boden und ist ein guter *Dünger*. Man erhält ihn aus organischen Garten- und Küchenabfällen. In einer flachen Grube oder einem Kompostsilo werden die Abfälle aufgeschichtet. Auf jede neue Schicht kommt eine dünne Lage Gartenerde zusammen mit etwas Hornmehl und Kalk. Etwa 1 Jahr vergeht, bis daraus gute Komposterde geworden ist.

Im Innern des Komposthaufens herrscht reges Leben. Schon mit bloßem Auge kann man Asseln, Würmer, Tausendfüßer und Insektenlarven erkennen. Gerade noch sichtbar sind Milben und Springschwänze. Unsichtbar ist für uns dagegen der Hauptanteil der Lebewesen, die Bakterien und Pilze. All diese Lebewesen sind am Entstehen der Komposterde beteiligt:

- Die *Bakterien* erwärmen die Abfälle auf 70 °C und leiten die Zersetzung der organischen Stoffe ein. Zugleich sterben durch die Wärme Krankheitserreger und Samen ab.
- *Pilze* setzen im abkühlenden Kompost das Werk fort.
- *Asseln, Würmer, Tausendfüßer, Milben* und *Springschwänze* zerkleinern und verdauen das Material weiter.
- Die letzte Stufe des Abbaus vollbringen die *Regenwürmer*.

Am Ende dieser Abbauvorgänge ist Kompost entstanden, der reich an *Humus* und *Mineralstoffen* ist. Gibt man den Kompost auf die Beete, schließt sich ein *Kreislauf:* Die Pflanzen haben aus dem Boden Mineralstoffe aufgenommen. Mit deren Hilfe haben sie alle Stoffe gebildet, die sie zum Wachsen, Blühen und Fruchtbringen brauchen. Die verwelkten Blumen, die Reste des geernteten Gemüses und alle abgestorbenen Pflanzen kamen auf den Komposthaufen. Aus ihnen entstand der Kompost, dessen Mineralstoffe den Gartenpflanzen nun wieder zur Verfügung stehen.

> Im Komposthaufen bauen verschiedene Kleinlebewesen die Gartenabfälle zu humus- und mineralstoffreichem Kompost ab. Er dient anschließend den Gartenpflanzen wieder als Dünger.

Arbeit am Komposthaufen

Was wir kompostieren können

Geeignet sind: Alle pflanzlichen Abfälle aus Haus und Garten, von zerkleinerten Zweigen und Rasenschnitt bis zu Gemüseabfällen und Kaffeesatz. Auch zerkleinerte Eierschalen können verwendet werden. Zugaben: Erde, Hornmehl oder Hornspäne, Kalk oder „Kompoststarter". Für stetige, nicht zu große Feuchtigkeit muß gesorgt werden. Abfälle nicht in zu dicken Schichten aufsetzen und darauf achten, daß sich grobes Material, wie zerkleinerte Zweige, und feines Material abwechseln!

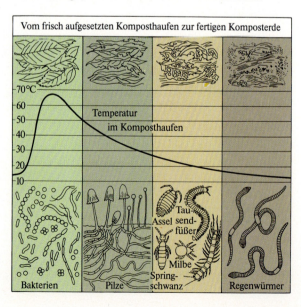

Kennübung: Sonderkulturen in Baden-Württemberg

Kohl
Rotkohl und Weißkohl werden heute vielfach industriell verarbeitet und deshalb auf großen Flächen angebaut. Besonders bekannt ist das Filderkraut aus dem Raum Stuttgart.

Zuckerrübe
Die Zuckerrübe ist die Kulturform der Gemeinen Runkelrübe. In Raffinerien wird aus ihr der Rübenzucker gewonnen. Die Rübenschnitzel finden noch als Viehfutter Verwendung.

Spargel
Der Spargel zählt zu den edelsten Gemüsesorten. Im Mai und Juni werden die jungen Triebe geerntet. Bekannt sind die Spargelreihen auf den Sandböden bei Schwetzingen.

Tabak
Im 16. Jahrhundert wurde die Tabakpflanze aus Mittel- und Südamerika bei uns eingeführt. Zur Gewinnung des eigentlichen Tabaks werden die Blätter bis zu 2 Jahren gelagert.

Erdbeere
Seit dem 15. Jahrhundert ist die Walderdbeere bei uns in Kultur genommen. Die Gartenerdbeere, die heute auf Erbeerplantagen angebaut wird, stammt aus Nord- und Südamerika.

Wein
Die Pflanze nennt man Rebe, die Frucht Traube. Als Weinlese wird die Ernte bezeichnet. Weinstöcke werden meist auf sonnigen S/SW-Hängen angebaut wie z. B. am Kaiserstuhl.

Raps
Aus dem Samen des Rapses gewinnt man Rapsöl, das zur Herstellung von Margarine und Öl dient, Weithin ist die leuchtend gelbe Farbe der blühenden Rapsfelder erkennbar.

Zuckermais
Immer größerer Beliebtheit auf unserem Speisezettel erfreut sich diese Sonderzüchtung des ursprünglichen Futtermaises. Er ist vor allem zarter und aromatischer im Geschmack.

Obst
Äpfel, Birnen und Pfirsiche brauchen viel Wärme zum Ausreifen der Früchte. Ausgedehnte Obstplantagen findet man daher auf der Wärmeinsel Mainau und in der Obstregion Neckar.

Wildkräuter beleben unsere Kulturlandschaft

Klatschmohn und Kornblumen im Gerstenfeld

Bauer Lehnert trägt heute bewußt zur Artenvielfalt bei.

Bauer Lehnert und der „Kampf gegen das Unkraut". Schon seit jeher sieht Bauer Lehnert in den Ackerwildkräutern *Konkurrenten* seines angebauten Getreides. Zu ihnen gehören die bekannten Arten *Klatschmohn, Kornblume, Feldrittersporn*, aber auch *Kornrade, Frauenspiegel* und *Ackerdistel*. Alle Bekämpfungsaktionen wie Pflügen, Hacken und Reinigen des Saatgutes von Wildkrautsamen waren sehr arbeitsaufwendig, aber nur mäßig erfolgreich. Dann wendete der Landwirt chemische Mittel zur Unkrautbekämpfung an. Diese Mittel nennt man *Herbizide*, sie sind hochwirksam. Auch die Saatgutreinigung wurde durch chemische Methoden erheblich verbessert. Verstärkte *Mineraldüngung* läßt das Getreide so dicht stehen, daß die lichtbedürftigen Wildkräuter höchstens noch am Ackerrand wachsen können. All dies zusammen hat dazu geführt, daß viele Ackerwildkräuter heute sogar in der *Roten Liste der gefährdeten Pflanzen* stehen.

Bedeutung. Ackerwildkräuter halten den Boden *locker*. Dadurch bleibt er länger feucht. Viele Kleinstlebewesen leben in dieser Bodenschicht und machen die Ackerkrume *fruchtbarer*. An Hängen *halten* Wildkräuter bei Regen *den Boden fest*, so daß kein fruchtbarer Ackerboden weggeschwemmt werden kann. Nicht zuletzt dienen die Wildkräuter und deren Samen als Nahrung für viele Wildtiere, und sie bereichern mit ihrer Farbenpracht der Blüten unsere Kulturlandschaft.

Gefährdung und Schutz. Viele Ackerwildkräuter sind bei uns *selten geworden*, weil sie von den Bauern mit hochwirksamen *Pflanzenschutzmitteln* bekämpft werden, um den *landwirtschaftlichen Ertrag* zu erhöhen. Aber auch die *großflächige Anbauweise*, die den Einsatz hochtechnischer Maschinen voraussetzt, trägt zu ihrem Rückgang bei. Wildkräuter sollten im Kulturland daher nur bekämpft werden, wenn sie sich zu stark vermehren. Aber Hände weg von Ackerrändern, Hecken und Wegrändern! Sie sollten immer in natürlichem Zustand bleiben, weil sie wichtige *Rückzugsgebiete* für Wildkräuter und Tiere sind. Auch Bauer Lehnert hat dies erkannt und akzeptiert heute die „Unkräuter" als Teil einer intakten und gesunden Kulturlandschaft.

> Auch Ackerwildkräuter haben in unserer Kulturlandschaft ihre Bedeutung. Durch die moderne Landwirtschaft sind viele Wildkräuter jedoch gefährdet und brauchen unseren Schutz.

1 Welche Ackerwildkräuter hast du selbst schon gesehen?

2 Seltene und gefährdete Pflanzen stellt man oft unter Naturschutz, um sie zu erhalten. Würde das auch gefährdeten Ackerwildkräutern helfen?

Umwelt aktuell: Viele Ackerwildkräuter sind gefährdet

Ackerwildkräuter sind Wildpflanzen, die zusammen mit den angebauten Kulturpflanzen auf dem Acker wachsen. Dort werden sie als „Unkräuter" bekämpft. So sind viele Arten bei uns selten geworden. Ackerwildkräuter sind nicht nur schön, sie sind Teil einer intakten Lebensgemeinschaft.

Kornrade
Die zwischen Getreide wachsende Pflanze benötigt zwar nährstoffreichen Boden, aber der verstärkte Einsatz der Mineraldünger wirkt sich auf die Pflanze eher schädlich aus. Die Samen der Kornrade werden als Wildpflanzenrarität inzwischen im Handel angeboten.

Kornblume
Die vor allem auf Kalkböden wachsende Pflanze ist vielerorts kaum mehr anzutreffen. Sie kann jedoch wieder zu einer Symbolpflanze für den naturnahen Ackerbau werden, wenn zumindest Ackerränder frei von Spritzmitteln und Mineraldüngern bleiben.

Frauenspiegel
Wo lückenhafte und helle Getreideäcker zu finden sind, kann auch der Frauenspiegel vorkommen. Die Blüten sind leuchtend blauviolett. Die Pflanze kommt ursprünglich aus Nord-Amerika und steht bei uns bereits als „stark gefährdet" in der Roten Liste.

Ackerwachtelweizen
Die Pflanze stammt aus den heißen und trockenen Steppengebieten Osteuropas. Sie lebt mit ihren Wurzeln schmarotzend auf Getreidepflanzen und entzieht diesen wichtige Nährstoffe. Bei massenhaftem Auftreten kann diese Pflanze großen Schaden anrichten.

Feld-Rittersporn
Der Feld-Rittersporn wächst auf Getreidefeldern, aber auch an Wegrändern. Er gilt als Zeigerpflanze für kalkhaltige Böden, da er nur auf solchen wächst. Auch der Feld-Rittersporn ist zur Rarität geworden. Früher wurde die Pflanze zu Heilzwecken verwendet.

Sommer-Adonisröschen
Die Pflanze bevorzugt lehmigen Ackerboden. Die Blüten sind scharlachrot und eine bedeutende Bienenweide. Das Adonisröschen ist giftig. Nach der griechischen Sage erschuf Aphrodite die wunderschöne Pflanze aus den Blutstropfen ihres getöteten Geliebten.

Lebensraum Wiese

Das leuchtende Gelb der Löwenzahnblüten gibt jetzt der Wiese ihre Farbe. In solchen Mengen tritt Löwenzahn allerdings nur auf, wenn die Wiesen stark gedüngt sind.

Wie mit einem weißen Schleier überzieht der Wiesenkerbel die Wiese mit seinen Blütendolden. Auf überdüngten Wiesen nimmt der Wiesenkerbel, wie hier, stark überhand.

Die Wiese hat ihren 1. Hochstand erreicht. Bald folgt der erste Schnitt.

Das Wiesenjahr

Frühjahr. Mehr braun als grün kommt die Wiese im März unter dem letzten Schnee des Winters hervor. Bald schon finden sich *Frühblüher* wie *Gänseblümchen*, *Veilchen* und *Schlüsselblume* ein. Winzige Inseln frischen Grüns entstehen.

Ende April, wenn die Temperatur 10 °C erreicht hat und alle Wiesengräser neu treiben, wird die ganze Wiese grün. Von da an wechselt sie von Woche zu Woche ihre Farbe:
- Zuerst geben ihr die Blüten des *Wiesenschaumkrauts* einen blauvioletten Schimmer.
- Dann folgen die goldenen Blütenköpfe des *Löwenzahns*.
- Bald werden diese vom Weiß des *Wiesenkerbels* und vom Gelb zahlloser *Hahnenfußblüten* überdeckt.
- Wenn schließlich Anfang Juni *Lichtnelken*, *Glockenblumen*, *Wiesensalbei*, *Bocksbart*, *Wucherblumen* und die *Gräser* zusammen erblühen, ist die Wiese das reinste Farbenspiel. Jetzt hat sie ihren ersten *Hochstand* erreicht.

Sommer. Doch dann streckt die Mähmaschine die ganze Pracht nieder. Aus den Wiesenpflanzen wird Viehfutter, meist *Heu*. Kaum ist das Heu geerntet, schieben die Wiesenpflanzen schon neue Sprosse nach. Viele Arten blühen im Hochsommer ein zweites Mal. Wenn im August das Gras wieder hoch steht, wird noch einmal geschnitten, man nennt dieses zweite Heu *Öhmd* oder *Grummet*.

Wo das Klima mild und feucht ist, kann man Futterwiesen sogar ein drittes Mal mähen.

Herbst und Winter. Im Herbst sterben alle hohen Pflanzenteile ab. Mit den bodennahen Teilen überstehen die Wiesenpflanzen den Winter.

> Das Leben der Wiesenpflanzen wird entscheidend durch den Schnitt bestimmt.

Nur Pflanzen, die dem ständigen Abmähen standhalten, wachsen auf der Wiese. Gräser, Wiesenklee und Hahnenfuß bilden *Ersatzsprosse* aus tief gelegenen Seitenknospen. Eng an den Boden geschmiegt entgehen die *kriechenden Sprosse* des Weißklees und die *Blattrosetten* von Löwenzahn und Gänseblümchen dem Schnitt. Die *Frühblüher*, aber auch Löwenzahn, Margerite und Sauerampfer bilden noch vor der Heuernte *Früchte*.

> Mit Ersatzsprossen, bodennahen Blättern und durch frühes Fruchten überstehen Wiesenpflanzen das ständige Abmähen.

1 Worin unterscheidet sich die Wiese vor dem ersten und vor dem zweiten Schnitt?

2 Auf welche Weise überstehen Pflanzen den Schnitt?

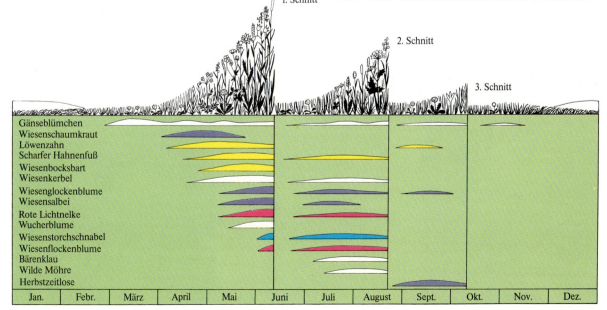

Wildpflanzen der Wiese

Weißklee
Familie Schmetterlingsblütler.
In häufig gemähten Wiesen.
Kriechender Stengel, der an jedem Knoten Wurzeln, aufrechte Blattstiele und Blütenköpfchen bildet; Blütenköpfchen von Bienen stark besucht. Schmetterlingsblüten. Hülsenfrüchte.
Verwandte: Roter Wiesenklee, Luzerne, Hornklee.

Glatthafer
Familie Süßgräser. Häufig, auf gut gedüngten Wiesen.
Halme 60 bis 140 cm hoch; Blütenstand eine große, vielblütige Rispe. Grasblüten mit unscheinbaren, grünen Spelzen als Blütenhülle; Bestäubung durch den Wind.
Einsamige Grasfrucht.
Verwandte: Wiesenfuchsschwanz, Rispengras, Zittergras.

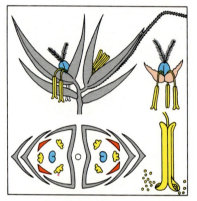

Löwenzahn
Familie Korbblütler.
Tiefreichende Pfahlwurzel; Blattrosette mit grobgezähnten Blättern, weißer Milchsaft; „korbförmiger" Blütenstand mit Zungenblüten.
Früchte mit schirmförmigem Haarkranz.
Verwandte: Habichtskraut, Wegwarte, Wucherblume, Gänseblümchen.

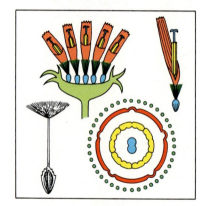

Wiesenkerbel
Familie Doldenblütler. Auf gut gedüngten Wiesen.
Feingefiederte Blätter an meterhohen Stengeln; kleine, weiße Blüten in Dolden und Döldchen.
Spaltfrüchte mit duftendem Öl.
Verwandte: Kümmel, Bibernelle, Geißfuß, Bärenklau.

Praktikum: Anlegen eines Herbars

Eine Sammlung gepreßter und getrockneter Pflanzen nennt man Herbarium oder Herbar. Beim Sammeln, Pressen und Ordnen lernt man Pflanzen besonders gut kennen. Ein Herbar ermöglicht einen schnellen Überblick über die Pflanzen eines bestimmten Gebietes.

Sammeln. Sammle die Pflanzen nicht wahllos. Sammle besser alle Arten von einem Wuchsort als einzelne Pflanzen von überallher.
Je kleiner der Wuchsort ist, um so vollständiger wird dein Herbar.
Zum Sammeln eignen sich große Plastiktüten. In ihnen bleiben die Pflanzen länger frisch als in der Hand.

Beachte:
Sammle keine geschützen Arten! Sammle entlang von Wegen. Zertrample beim Sammeln bestimmter Pflanzen nicht alle anderen. Hochgewachsene Wiesen darfst du nicht betreten!

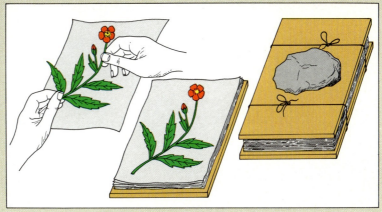

Pressen. Lege die gesammelten Pflanzen zwischen einige Lagen Zeitungspapier.
Presse sie in einer Pflanzenpresse oder zwischen zwei Brettchen, die du mit Steinen oder Büchern beschwerst.
Nach zwei bis drei Tagen solltest du das feuchtgewordene Papier durch neues ersetzen. Nach 7 – 10 Tagen sind die Pflanzen genug gepreßt und getrocknet.

Aufkleben. Klebe die gepreßten Pflanzen mit Klebestreifen auf Papier oder Pappe. Verwende für jede Pflanze ein eigenes Blatt.
Beschrifte die Herbarblätter mit
– Pflanzennamen,
– Fundort,
– Funddatum.

Wildtiere in Wiese und Feld

Acker und Wiese sind Lebensraum vieler Pflanzen- und Tierarten.

Dort, wo nicht mit Spritzmitteln gegen Wildkräuter vorgegangen wird und die Insekten nicht durch Gift vernichtet werden, stellt sich eine artenreiche Lebensgemeinschaft von Pflanzen und Tieren ein.

Auf dem Bild finden sich: Kornblume, Klatschmohn, Windhalm, Wiesensalbei, Zittergras, Esparsette, Ackerwinde, Echtes Labkraut und Klappertopf.

1 Heufalter	5 Laubheuschrecke	9 Feldgrille
2 Rebhuhn	6 Feldlerche	10 Feldhamster
3 Widderchen	7 Feldmaus	11 Zwergmaus
4 Feldheuschrecke	8 Maulwurfsgrille	

Lebensbeziehungen zwischen den Wiesenbewohnern

Auf einer Wiese blüht der *Rote Wiesenklee*. Ein *Bussard* gleitet über die Wiese. *Hummeln* fliegen von Blüte zu Blüte. *Feldmäuse* huschen durch ihre Laufgänge. Diese Auswahl von Pflanzen und Tieren der Wiese scheint ganz zufällig, und doch bestehen zwischen ihnen enge Beziehungen:

Der Rote Wiesenklee wird von Hummeln bestäubt. Ihr Rüssel ist lang genug, um an den Grund der röhrenförmigen Kleeblüte zu gelangen.

Einige Hummelarten bauen in der Wiese ihr Nest. Sie benutzen dazu oft einen verlassenen Mäusebau. Mäusehaare verwenden die Hummeln als Nistmaterial.

Zwischen Feldmäusen und Hummeln gibt es aber noch eine andere Beziehung: Mäuse stellen der Hummelbrut in deren Nestern nach. Dabei zerstören sie oft das ganze Nest und vernichten das Hummelvolk.

Mäusebussard, Turmfalke und Wiesel. Wo diese Tiere hinter den Feldmäusen her sind, bringen die Hummeln ihre Brut leichter hoch. Auf Umwegen besteht also selbst zwischen dem Wiesenklee und dem Mäusebussard eine Beziehung.

So wie hier sind viele Lebewesen der Wiese miteinander auf verschiedene Weise verknüpft. Sie bilden eine *Lebensgemeinschaft*.

Blüten und Blütenbesucher. Unzählige Bienen, Hummeln, Schmetterlinge und Fliegen werden von den Blüten der Wiesenkräuter angelockt. In ihnen finden sie *Nektar* und *Blütenstaub* als Nahrung. Die Besucher wiederum bestäuben die Blüten. Ohne ihre *Bestäuber* könnten sich viele Wiesenblumen nicht fortpflanzen. Ohne Blumen müßten aber auch manche Insekten verhungern.

Pflanzen und Pflanzenfresser. Für Tiere, die von Pflanzennahrung leben, ist die Wiese ein reich gedeckter Tisch. Feldmäuse fressen junge Grastriebe. Feldheuschrecken und Grillen bevorzugen junge Grasblätter. Die Larven der Kohlschnaken benagen Graswurzeln. Schnecken fressen die Blätter verschiedener Wiesenkräuter. Der Feldhase findet auf der Wiese die abwechslungsreiche Pflanzenkost, auf die er angewiesen ist.

Der Mäusebussard

Mit weit ausgebreiteten Schwingen segelt ein *Mäusebussard* am Himmel. Er zieht Kreis um Kreis. Ohne einen einzigen Flügelschlag steigt er, wie von einer Zauberhand emporgehoben, immer höher. Der Mäusebussard ist unser häufigster *Greifvogel*. Sein Gefieder ist braun-, schwarz- und weißgefleckt. Die Färbung kann aber sehr unterschiedlich sein. Es gibt dunkelbraune und fast weiße Bussarde.

Lebensraum. Zwar brütet der Mäusebussard meist am Waldrand auf hohen Bäumen, doch sein Leben spielt sich überwiegend auf Wiesen und Äckern ab. Hier findet er seine Hauptbeute, die *Feldmaus*. Hier kannst du ihn oft beobachten.

Beutefang. Der Mäusebussard *jagt* auf *drei verschiedene Arten:*
- Er sitzt auf Pfählen, Erdhaufen und Stromleitungsmasten und startet von hier zur Jagd.
- Er kann auch im *Rüttelflug* an einer Stelle in der Luft verharren und dann auf die Beute herabstoßen.
- Meist segelt und gleitet der Bussard in großen Kreisen und hält nach Beute Ausschau.

Die *Augen* des Mäusebussards sind denen des Menschen weit überlegen. Er erkennt Beute noch aus einer Entfernung, bei der wir schon ein starkes Fernglas benutzen müssen. Sobald der Mäusebussard eine Maus erspäht hat, stürzt er sich mit angelegten Flügeln auf die Maus hinab. Kurz bevor er den Boden erreicht, breitet er seine Flügel aus und spreizt die Schwanzfedern. So bremst er den Sturzflug ab. Die Beine sind weit vorgestreckt. Mit den dolchartigen *Krallen* seiner Zehen, den *Fängen,* greift er zu. Unentrinnbar halten sie die Beute fest. Die spitzen Krallen dringen in den Körper der Maus ein und töten sie.

Noch an Ort und Stelle wird sie verschlungen. Größere Beutetiere dagegen zerreißt der Mäusebussard mit seinem starken *Hakenschnabel*. Man sagt: Er *kröpft* die Beute. Im Magen werden die unverdaulichen Reste der Beute, wie zum Beispiel Haare und Federn, zusammengepreßt. Als *Gewölle* werden sie später wieder ausgewürgt.

Nahrung. Durch Untersuchungen von solchen Gewöllen kennt man den Speisezettel des Mäusebussards recht genau. Feldmäuse machen etwa die Hälfte seiner Nahrung aus. Aber er frißt auch Ratten, Maulwürfe, Jungvögel und Insekten. Bussarde sind *Kleintierjäger,* sie nehmen außerdem Aas an und suchen daher an Straßenrändern nach überfahrenen Tieren.

> Mäusebussarde greifen ihre Beute mit den Fängen und kröpfen sie mit dem Hakenschnabel.

1 Welche Merkmale eines Greifvogels kannst du am Mäusebussard erkennen?

Mäusebussarde sind sehr unterschiedlich gefärbt.

Bis 120 Zentimeter beträgt seine Flügelspannweite.

Fortpflanzung. In den ersten Märztagen kreisen zwei Mäusebussarde gemeinsam stundenlang am Himmel. Ihre Rufe „hijäh" sind weithin zu hören. Die Bussarde sind in *Brutstimmung*. Hoch in der Luft fliegen sie ihre *Paarungsflüge,* mit denen das Bussardpaar sein *Brutrevier* gegenüber anderen Bussardpaaren abgrenzt. Kein fremdes Bussardpaar dringt dann mehr in dieses Revier ein. Das Bussardpaar bleibt ein Leben lang zusammen. Jetzt im Frühjahr erneuert es das alte Nest im Wipfel eines hohen, großen Baumes. Oft benutzt das Bussardpaar viele Jahre lang das gleiche Nest. Das Nest der Greifvögel nennt man *Horst*.

Ende April *legt* das Weibchen *bis 4 weißliche braungefleckte Eier*. Die meiste Zeit *brütet* das größere Weibchen, doch hin und wieder wird es vom Männchen abgelöst. Nach 4½ Wochen schlüpft der erste junge Mäusebussard. Zwei Tage später ist auch das letzte Junge geschlüpft. Junge Bussarde sind *Nesthocker*. Sie öffnen die Augen jedoch gleich nach dem Schlüpfen. Ein Federkleid aus weißen Daunenfedern schützt sie vor Kälte.

Aufzucht der Jungen. Das Männchen bringt jetzt ständig Beute heran. Das Weibchen zerreißt sie in kleine Stücke und bietet sie den Jungen an. Wer zuerst zupackt, erhascht den Bissen. Ist die Nahrung knapp, kommt das schwächste Junge zu kurz. Es ist bald so schwach, daß es nicht einmal mehr betteln kann. Die Alten füttern es dann nicht mehr und werfen es schließlich aus dem Nest. Das erscheint dir sicher grausam, aber auf diese Weise überleben in schlechten Jahren wenigstens die stärkeren Jungvögel.

3 Wochen nach dem Schlüpfen der Jungen wirft das Männchen eine Maus unzerteilt in den Horst. Die Jungen lernen jetzt, *selbständig* die Beute zu zerteilen und zu kröpfen. Inzwischen haben sie auch das Gefieder erwachsener Vögel bekommen. Nach etwas mehr als *6 Wochen verlassen* die Jungen den Horst. Über einen Monat lang werden sie von den Altvögeln noch mit Nahrung versorgt. Aber sie lernen während dieser Zeit auch selbst Beute zu greifen.

Anfang September verlassen die Jungvögel das Revier und ziehen nach Südwesten, wo der Winter milder ist. Die Altvögel bleiben während des Winters in ihrem Revier.

In ihrem *3. Lebensjahr* werden auch die Jungvögel ein *eigenes Revier* beanspruchen und einen *Horst* bauen. Mäusebussarde werden durchschnittlich 6 Jahre alt.

> Ein Mäusebussardpaar lebt ein Leben lang zusammen. Ende April legt das Weibchen bis zu 4 Eier in den Horst.

Revier eines Mäusebussardpaares

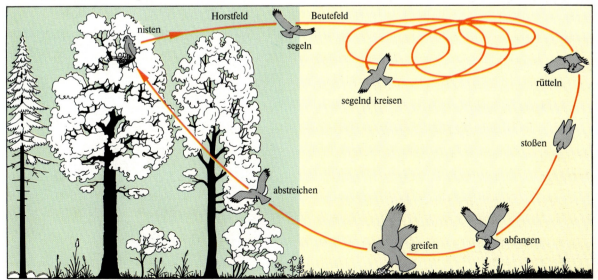

Die Feldmaus

Lebensraum. Im Frühling, kurz nach der Schneeschmelze, kannst du auf den Wiesen oft zahlreiche verschlungene Gänge sehen. *Feldmäuse* haben sich hier unter dem Schnee ein verzweigtes Netz aus tief ausgetretenen Pfaden angelegt. Auf diesen Straßen wandern die Feldmäuse zu ihren Futterplätzen. Feldmäuse haben einen gedrungenen Körper, eine stumpfe Schnauze, einen kurzen Schwanz und sehr kleine Ohren.

Die Feldmaus ist eine Meisterin im Wühlen. Man zählt sie zu der Gruppe der *Wühlmäuse*. Sie legt unterirdische, weit verzweigte *Gangsysteme* an. In 40 bis 60 Zentimeter Tiefe liegen *Nestkammern* und *Vorratskammern*. Ältere Bauten haben mehrere Fluchtausgänge.

Nahrung. Feldmäuse sind *Pflanzenfresser*. Mit ihren scharfen *Nagezähnen* nagen sie die Wurzeln von Gras, Getreide und Obstbäumen ab. Die Backenzähne zerreiben wie eine Raspel die Nahrung.

Im Laufe des Sommers sammelt die Feldmaus *Vorräte*, von denen sie im Winter zehrt. Feldmäuse halten *keinen Winterschlaf*.

> Die Feldmaus ist ein kleines Nagetier. Sie zählt zu den Wühlmäusen.

Fortpflanzung. Das Getreidefeld ist für die Feldmaus ein „Mäuseschlaraffenland". Hier hat sie viel Nahrung und kann sich deshalb rasch vermehren. Beobachtungen im Freiland haben gezeigt, daß ein Feldmauspärchen in einem Jahr 2000 bis 3000 Nachkommen haben kann. Die Jungen werden nackt und blind geboren. Ihre Augen öffnen sich erst 8 bis 10 Tage nach der Geburt. Ein *Wurf* umfaßt 4 bis 7, manchmal sogar 12 Junge. Mäuse werden früh geschlechtsreif: Schon 4 Wochen nach ihrer Geburt können sie selbst wieder Junge bekommen. 5- bis 7mal im Jahr kann ein Weibchen Nachwuchs haben. Dort, wo die natürlichen Feinde der Feldmaus vertrieben sind, kommt es zu einer *explosionsartigen Vermehrung*. Diese Überbevölkerung nimmt jedoch meist ein schnelles Ende. Das große Gedränge, in dem die Feldmäuse nun leben müssen, macht viele schwach und krank. Sie *sterben an Raumnot*. Im nächsten Winter leiden die Mäuse an *Nahrungsmangel*. Frost und Nässe setzen ihnen ebenfalls zu. Nur wenige besonders kräftige Tiere überleben die Katastrophe.

> Gibt es genügend Futter und keine natürlichen Feinde, dann vermehren sich Feldmäuse stark.

Die wichtigsten Feinde der Feldmaus sind (von oben nach unten) Waldkauz, Mäusebussard, Turmfalke, Schleiereule, Storch, Fuchs, Iltis, Wiesel, Kreuzotter und Mauswiesel.

Feldmausgänge auf einer Wiese

Feldmaus

Feldmaus und Mäusebussard

Ein Bussardpärchen nimmt am Tag 300 Gramm Nahrung zu sich. Alle Jungen zusammen verzehren ebenfalls 300 Gramm. Eine Feldmaus wiegt 30 Gramm. Die Bussardfamilie braucht also 20 Mäuse am Tag. Für das ganze Jahr ergibt dies einen Nahrungsbedarf von 5000–7000 Feldmäusen, die der Bussard innerhalb seines etwa 2 Quadratkilometer großen Jagdgebietes erbeutet. Die natürlichen Lebensräume der Feldmaus sind *Heideflächen*, trockene *Grashänge* und *Ödland*. Hier leben auf einer Fläche von 2 Quadratkilometer etwa 20 000 Tiere.

Langjährige Beobachtungen haben gezeigt: In mäusearmen Jahren ist die Zahl der Mäusebussarde gering. In Jahren mit vielen Feldmäusen dagegen ist die Anzahl der Bussarde größer. Sie finden dann reichlich Nahrung für sich und ihre Jungen. Geht die Zahl der Feldmäuse zurück, können die Bussarde ihre Jungen nicht mehr großziehen. Die Jungen müssen verhungern. Oft werden die Eier, die das Weibchen legt, in einem mäusearmen Jahr gar nicht ausgebrütet. Man hat sogar beobachtet, wie Bussarde ihre Eier aus dem Horst warfen. Es gilt also: Je mehr Feldmäuse, desto mehr Mäusebussarde gibt es, je weniger Feldmäuse, desto weniger Bussarde.

Aber auch der umgekehrte Fall gilt: Wenn die Mäusebussarde sich stark vermehren, dann brauchen sie mehr Nahrung. Folglich wird die Zahl der Feldmäuse abnehmen. Bald darauf wird es deshalb wieder weniger Mäusebussarde geben, weil der Mäusebestand zu klein geworden ist. Weniger Mäusebussarde erbeuten weniger Feldmäuse. Die Zahl der Feldmäuse wird zunehmen.

Durch die gegenseitige Abhängigkeit von Beute und Freßfeind pendelt sich ein *Gleichgewicht* ein. Man nennt es ein *biologisches Gleichgewicht*.

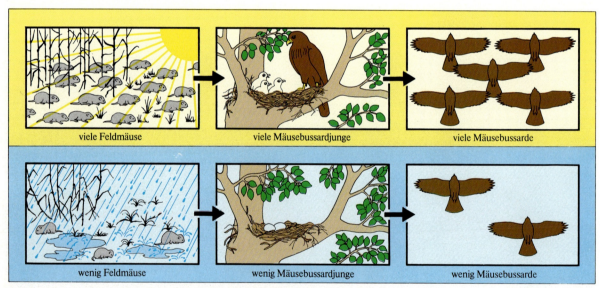

Feldmaus und Mäusebussard beeinflussen sich gegenseitig in ihrer Anzahl.

	Feldmäuse auf dem Acker	Mäusebussarde
1. Jahr	normale Anzahl	normale Anzahl
2. Jahr	Anzahl nimmt zu	normale Anzahl
3. Jahr	viele Mäuse	Anzahl nimmt zu
4. Jahr	nur wenige Feldmäuse	

1 Übertrage die Tabelle in dein Heft. Fülle die Fehlstellen aus. Wann herrscht ein biologisches Gleichgewicht? Warum geht im 4. Jahr die Zahl der Feldmäuse so stark zurück? In welchem Jahr stellt sich wieder ein biologisches Gleichgewicht ein?

Praktikum: Biologisches Gleichgewicht bei Feldmaus und Mäusebussard

Das Räuber-Beute-Spiel
Es zeigt die Beziehungen zwischen dem Jäger Mäusebussard und dem Beutetier Feldmaus.
Für das Spiel brauchst du:
1 Würfel; 4 verschiedenfarbige Figuren von einem Mensch-ärgere-dich-nicht-Spiel (Mäusebussarde); 32 Pfennigstücke (Feldmäuse).
Spielregeln: Die 4 Mäusebussarde werden auf die 4 grauen Felder der Spielfläche gesetzt. Die anderen Felder werden mit Pfennigmäusen bedeckt. Das Spiel wird mit 2 Spielern gespielt. Jeder Spieler hat 2 Mäusebussarde.

Der Mäusebussard jagt
Der 1. Spieler würfelt. Die erwürfelte Zahl gibt an, wie weit sein Bussard ziehen darf. Er kann waagrecht oder senkrecht ziehen, innerhalb eines Zuges auch im rechten Winkel abbiegen.
Der Mäusebussard frißt die Maus. Die Pfennigmaus wird vom Spielfeld genommen. Wenn der Mäusebussard keine Maus erreicht, muß er aus dem Spiel genommen werden: Er ist verhungert.
Jetzt würfelt der 2. Spieler, danach jeder Spieler nochmals für seinen 2. Mäusebussard.

Die Feldmaus pflanzt sich fort
Der 1. Spieler würfelt nun 2mal hintereinander. Die 1. Zahl bestimmt das waagrechte Feld, die 2. Zahl das senkrechte Feld. Würfelt der Spieler beispielsweise erst 2, dann 4, so ist das erwürfelte Spielfeld 2/4. Ergibt sich dabei ein Feld, das leergefressen ist, dann wird auf diesem Feld wieder eine Maus eingesetzt.
Jedes Feld hat bis zu 8 Nachbarfelder. 3 davon dürfen gleichzeitig ebenfalls mit einer Pfennigmaus besetzt werden. Dies gilt auch dann, wenn das erwürfelte Feld mit einem Bussard oder einer Feldmaus besetzt ist. Kommt durch die Vermehrung der Feldmäuse eine ununterbrochene waagrechte oder senkrechte Reihe von 5 Mäusen zustande, darf ein aus dem Spiel entfernter Bussard neu eingesetzt werden. Er kann beliebig auf das Spielfeld gesetzt werden.

Jagd des Mäusebussards und Fortpflanzung der Feldmaus werden abwechselnd gespielt und wiederholt.
Bei dem Spiel werden nur selten alle Bussarde von der Spielfläche verschwinden. In diesem Falle wird das Spiel abgebrochen. Bei dem Spiel gibt es keinen Sieger und keinen Verlierer.

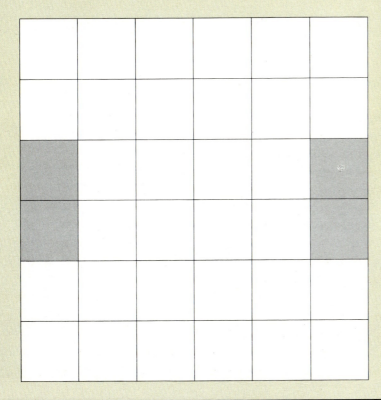

Der Igel – Wildtier in unserem Garten

Eine Igelmutter mit ihren Jungen

Im dunklen Garten faucht und schmatzt es laut. Ein Igel ist auf Nahrungssuche. Der Igel ist ein *Insektenfresser*. Er frißt aber auch gerne Regenwürmer, Schnecken und Obst. Allerdings jagt er nicht richtig, sondern sammelt einfach ein, was ihm in den Weg kommt und was er mit seinen scharfen, spitzen Zähnen bewältigen kann.

Körperbedeckung. Die lauten, auffälligen Geräusche gefährden den Igel kaum, durch sein *Stachelkleid* ist er gut geschützt. Bei Gefahr richtet der Igel die Stacheln auf. Er rollt sich zusammen und wird für den Angreifer zu einer unberührbaren *Stachelkugel*. Nur wenige Tierarten wie beispielsweise Fuchs, Dachs und Uhu können diese Verteidigung überwinden.

Nestplatz. In Erdmulden oder zwischen Baumwurzeln baut der Igel ein *Nest* aus trockenem Laub und Gras. Hier schläft er tagsüber.

Für den Winter legt er in dichtem Gebüsch, in Laub- oder Komposthaufen ein gut isoliertes Nest an. Oft überwintert er auch in einem verlassenen Kaninchenbau außerhalb des Gartens.

Überwinterung. Im Herbst beginnt der Igel so viel zu fressen, daß sich unter seiner Haut eine dicke *Fettschicht* bildet. Ein gut genährter Igel zieht sich in sein *Winterquartier* zurück, wenn die Temperaturen einige Tage in Gefrierpunktnähe liegen. Hier verbringt er die Zeit bis zum Frühjahr im *Winterschlaf*. Seine Körpertemperatur ist dann weit abgesunken. Sein Herz schlägt nur noch sehr langsam, er atmet nur wenig. So spart er Energie. Trotzdem ist sein Herbstspeck bis zum Frühjahr weitgehend aufgebraucht.

Schlecht informierte Tierfreunde sammeln im Herbst Igel ein, um sie im Haus überwintern zu lassen. Untersuchungen haben jedoch ergeben, daß solche Igel selten den nächsten Winter überleben. Nur bei sehr schwachen Tieren unter 350 Gramm ist das Überwintern gerechtfertigt. Im Mai müssen dann die Tiere wieder in die Freiheit entlassen werden.

Eingerollter Igel von unten

Eingerollter Igel von oben

Igelschutz

Der wichtigste Igelschutz besteht in der Schaffung geeigneter Nestplätze. Daher sollte im Garten ein Reisig- oder Komposthaufen nicht fehlen. Das Herbstlaub sollte ebenfalls zu einem Haufen zusammengerecht werden und bis zum Frühjahr liegenbleiben. Im Garten dürfen keine Gifte zur Insektenbekämpfung oder Unkrautvernichtung eingesetzt werden. Das Überwintern der Igel im Haus sollte auf sehr kleine und schwache Igel beschränkt sein. Der beste Igelschutz ist immer eine Verbesserung des Lebensraumes für Igel.

Gefährdung. Auf seinen nächtlichen Wanderungen frißt der Igel auch tote Insekten auf der Straße. Dies kann für ihn zur tödlichen Falle werden. Er flieht vor einem *herannahenden Auto* nicht, sondern rollt sich zu einer Kugel zusammen. Dieses Verhalten rettet den Igel zwar vor seinen natürlichen Feinden, aber nicht vor schweren Autorädern. Weil in den letzten Jahrzehnten so viele Hecken beseitigt wurden, findet der Igel immer weniger geeignete Nistmöglichkeiten für die *Jungenaufzucht*. Der Einsatz von *Schneckenkorn* vergiftet letztlich nicht nur die Schnecken, sondern setzt auch dem Igel stark zu.

> Igel sind Insektenfresser. Ihr Stachelkleid schützt sie vor Angreifern. Bei Gefahr rollt sich der Igel zu einer Kugel zusammen.

1 Warum rollt sich der Igel vor einem herannahenden Auto ein, obwohl dies für ihn lebensgefährlich ist?

2 Hast du eine Erklärung, warum Igel, die in Menschenobhut überwintern, selten das kommende Jahr überleben?

Hier hat Einrollen wenig Sinn

Igel können gut schwimmen

Der Regenwurm – ein nützlicher Erdbewohner

Das Feuchtlufttier. Tagsüber lebt der *Regenwurm* versteckt im Boden. Erst nachts kommt er zur Nahrungssuche aus den selbstgegrabenen Erdröhren. Als *Feuchtlufttier* fühlt er sich nur in der feuchten Nachtluft wohl. In der Sonne würde seine zarte Haut austrocknen und von den Sonnenstrahlen geschädigt werden. Das wäre für den Regenwurm tödlich; er *atmet* nämlich *durch die Haut.* Nur wenn die Haut feucht ist, gelangt genügend Sauerstoff aus der Luft in seinen Körper.

Körperbau. Ein Regenwurm wird bis zu 30 cm lang. Schon mit bloßem Auge siehst du, daß er aus zahlreichen *Ringen* oder *Segmenten* besteht. Bis zu 180 können es sein. Außer dem ersten und dem letzten Körperring sehen alle gleich aus. Aus jedem Körperring ragen seitlich je 2 Paar *Borsten aus Chitin.* Die Haut ist mit den beiden Muskelschichten darunter zu einem *Hautmuskelschlauch* verwachsen. Die Gliederung in Körperringe setzt sich im Inneren des Regenwurms fort: Querwände unterteilen das Körperinnere. Nur der Darm, die Blutgefäße sowie ein kräftiger Nervenstrang, das *Bauchmark,* ziehen ganz durch den Körper hindurch.

> Der Regenwurm ist ein Feuchtlufttier und atmet durch die Haut. Er ist in zahlreiche Körperringe gegliedert.

Der Körper des Regenwurms ist in viele Segmente gegliedert.

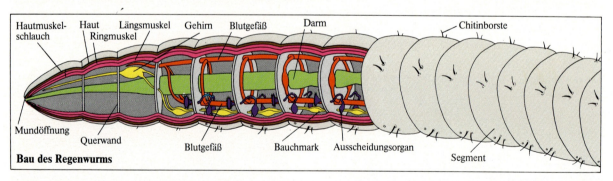

Bau des Regenwurms

Fortpflanzung. Jeder Regenwurm hat sowohl männliche als auch weibliche Geschlechtsorgane. Er ist ein *Zwitter.* Eine Paarung findet trotzdem statt: Regenwürmer begatten sich gegenseitig.
In einem schützenden *Kokon* aus erhärtetem Schleim entwickelt sich aus dem befruchteten Ei ein junger Regenwurm.

> Regenwürmer sind Zwitter.

1 Setze einen Regenwurm in ein Glasgefäß mit feuchter Erde. Betrachte ihn. Erkennst du das Rückenblutgefäß und die Chitinborsten? Benutze eine Lupe! Kannst du Vorder- und Hinterende unterscheiden?
Achtung! Denke daran, daß der Regenwurm ein Lebewesen ist! Stelle das Glasgefäß nicht in helles Licht und laß die Erde nicht austrocknen. Setze den Regenwurm auf lockerer Erde wieder aus.

2 Beobachte, wie der Regenwurm sich eingräbt.

3 Warum fehlen in der Grafik oben Lungen?

Fortbewegung. Der Hautmuskelschlauch enthält zwei Muskelschichten: *Längsmuskeln* durchziehen den Körper der Länge nach. *Ringmuskeln* verlaufen rings um den Körper.

Ziehen sich die Ringmuskeln zusammen, wird der Regenwurm lang und dünn. Weil der Wurm seine Chitinborsten nach hinten stemmt, streckt er sich nur nach vorn. Dann verankert er die Borsten am Vorderende im Boden. Nun ziehen sich die Längsmuskeln zusammen. Der Regenwurm wird kürzer und dicker. Dabei zieht er den hinteren Teil seines Körpers nach.

> Der Regenwurm kriecht, indem sich Ring- und Längsmuskeln abwechselnd zusammenziehen.

Der Bodenverbesserer. Nachts zieht der Regenwurm Blätter und Pflanzenreste in seine Gänge. Sobald sie verfault sind, frißt er sie zusammen mit Erde. Unverdauliches gibt er in Form kleiner Kothäufchen wieder ab. Dadurch wird der Boden aufgelockert und durchmischt. Wurmkot trägt zur Humusbildung bei und erhöht die *Bodenfruchtbarkeit*. Durch die vielen Gänge, die der Regenwurm in die Erde gräbt, kann bei Regen Wasser eindringen, bei Trockenheit Luft. Die Regenwurmgänge erleichtern also die Bewässerung und Durchlüftung des Bodens.

> Regenwürmer sorgen für fruchtbaren Boden: Sie lockern, durchmischen und düngen ihn.

1 Warum kann der Regenwurm auf einer Glasplatte schlecht kriechen?

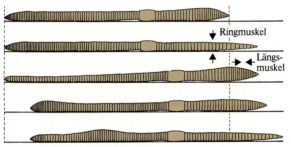

So kriecht der Regenwurm.

Regenwürmer in ihrem Lebensraum

1 Wohnröhre
2 Kothäufchen
3 Eikokon
4 Regenwürmer bei der Paarung
5 schlüpfender junger Regenwurm

Praktikum: **Regenwurmparade**

1 Beschaffe dir zunächst einige Regenwürmer. Hierzu wird im Schulgarten an einem nicht bearbeiteten Gartenstück mit dem Spaten etwas Erde umgegraben und anschließend mit Wasser begossen. Die Regenwürmer kriechen an die Oberfläche und können eingesammelt werden. Du bewahrst die Würmer am besten in einem Schuhkarton auf, der zu einem Viertel mit feuchter, lockerer Erde gefüllt ist. Nach den Versuchen mußt du die Tiere sofort wieder aussetzen.

2 Lasse einen Regenwurm auf einem Blatt Papier kriechen. Berühre den Wurm vorsichtig mit einem Bleistift an verschiedenen Stellen des Körpers. Was beobachtest du? Hast du dafür eine Erklärung?

3 Lege einen Regenwurm auf eine sauber geputzte Glasplatte und beobachte ihn einige Zeit. Lege ihn anschließend auf ein Blatt Papier. Was stellst du fest? Halte den Regenwurm gegen das Licht. Beschreibe, was du siehst! Vergleiche dazu mit der Grafik auf Seite 122. Hat der Zeichner in den Bildern links alles richtig dargestellt?

4 Tränke ein Wattestäbchen mit Essig. Lasse einen Regenwurm auf einem Papier kriechen und nähere langsam und vorsichtig das Wattestäbchen dem Vorderende und anschließend dem Hinterende des Wurmes, berühre ihn aber nicht. Was beobachtest du? Warum verhält sich der Regenwurm so?

5 Schneide aus einer Streichholzschachtel einen Teil der Vorderwand heraus. Lege einen Regenwurm zuerst mit seinem Vorderende, dann mit seinem Hinterende bis zur Hälfte seines Körpers in die Schachtel. Beleuchte die Schachtel mit einer starken Lampe. Beschreibe, was du beobachtest. Wie deutest du deine Beobachtung?

6 Fülle in ein kleines Aquarium jeweils etwa 4 cm hohe Schichten lockere Gartenerde, hellen Sand und dunkle Komposterde. Auf der Komposterde werden noch einige Blätter verteilt, die du im Schulgarten unter Sträuchern gesammelt hast. Die Erde wird gleichmäßig befeuchtet. Jetzt werden etwa 10 Regenwürmer eingesetzt. Was tun die Würmer zuerst? Beobachte das Aquarium über längere Zeit. Was ist mit der Erde und dem Sand nach einer Woche, was nach zwei Wochen geschehen?

Von Glückskäfern und Pflanzensaftsaugern

Marienkäfer und seine Larve fressen bevorzugt Blattläuse.

Flügelloses Blattlausweibchen bringt ein Junges zur Welt.

Der Glückskäfer. Es gibt verschiedene Arten von *Marienkäfern*. Unser häufigster ist der Siebenpunkt. Auf seinen roten Deckflügeln trägt er 7 schwarze Punkte. Die auffällig rote Färbung des Marienkäfers ist eine *Warnfärbung*. Die Tiere sondern bei Bedrohung einen gelblichen Saft ab, der übel riecht und für kleinere Freßfeinde recht giftig ist. Den Winter verbringen die Marienkäfer auf frostfreien Dachböden, in Baumritzen oder unter der Laubdecke. Im Frühjahr legt das Weibchen des Marienkäfers rund 1000 längliche, gelbe Eier in Eipaketen an Pflanzenstengeln ab. Aus den Eiern schlüpfen nach etwa 10 Tagen dunkelgraue *Larven* mit gelblichen Flecken. Die Larve wächst heran und häutet sich 3mal, bevor sie sich verpuppt. Aus der Puppe schlüpft dann nach etwa 2 Wochen der fertige Käfer.

Die Hauptnahrung des Marienkäfers und seiner Larven besteht aus Blattläusen. Ein Marienkäfer frißt täglich etwa 60 Blattläuse. Seine Larve frißt in der Zeit zwischen Schlüpfen und Verpuppung zwischen 400 und 1300 Blattläuse.

Die Pflanzensaftsauger. *Blattläuse* ernähren sich von Pflanzensäften. Mit ihrem Stechsaugrüssel bohren sie Stengel und Blätter an und saugen die Säfte auf. Im Laufe eines Jahres kann man *geflügelte* und *ungeflügelte* Blattläuse antreffen. Den ganzen Sommer über bringen ungeflügelte Blattlausweibchen ohne Befruchtung lebende Junge zur Welt. Aus allen Jungen entwickeln sich wieder nur Weibchen. So bilden sich schnell viele Generationen mit einer riesigen Anzahl neuer Blattläuse. Erst im Herbst treten geflügelte Männchen auf, die sich mit geflügelten Weibchen paaren. Die befruchteten Weibchen legen Eier, die dann überwintern.

Blattläuse, die an Kulturpflanzen in Massen auftreten, können schlimme Schäden anrichten.

> Marienkäfer ernähren sich bevorzugt von Blattläusen. Blattläuse saugen Pflanzensäfte. Sie können Eier legen und lebende Junge zur Welt bringen.

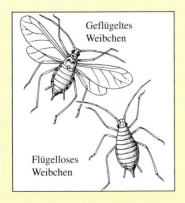

Geflügeltes Weibchen

Flügelloses Weibchen

Beobachtung von Blattläusen

Suche im Garten nach Pflanzenteilen, die von Blattläusen befallen sind. Schneide einen Teil ab und stelle ihn in ein Gefäß mit Wasser.

- An welchen Pflanzenteilen sitzen Blattläuse bevorzugt?
- Findest du unterschiedlich große und verschieden gestaltete Blattläuse?
- Verfolge, wie eine ausgewachsene Blattlaus ein Junges zur Welt bringt.
- Wie lange dauert der Vorgang? Vergleiche das Aussehen von Mutter und Jungtier.
- Kannst du Feinde der Blattläuse antreffen?
- Setze einen Marienkäfer in die Blattlauskolonie und verfolge, was passiert.

Schädlingsbekämpfung

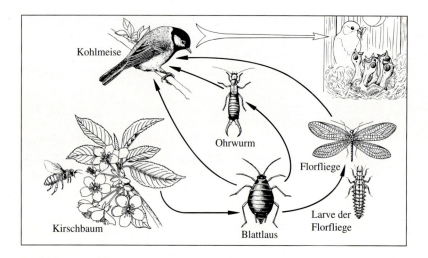

Die Blattlaus mit ihren Feinden

Es ist Frühsommer. Die Streuobstwiese steht in voller Blüte. An den frischen Trieben der Kirschbäume saugen einige wenige Blattläuse. Ein paar Tage später sind es unzählig viele geworden. Auch ohne chemische Spritzmittel kann die Zahl der Blattläuse am Kirschbaum zurückgehen, denn einige Wochen später haben sich deren Feinde ebenfalls stark vermehrt. Alle *Schädlinge* werden die *Nützlinge* allerdings nicht vernichten. Es pendelt sich meist ein Gleichgewicht der verschiedenen Tierarten ein.

Ganz anders sieht es in einer Obstbaumplantage aus. Hier steht Kirschbaum neben Kirschbaum. Alle Bäume sind gleich hoch gewachsen und ähnlich zurechtgeschnitten. Ältere Bäume sieht man hier nicht. Ihr Ertrag wäre zu gering. Die Anzahl unterschiedlicher Tierarten ist hier viel geringer, um so leichter können sich Blattläuse vermehren.

Auf großen Obstplantagen ist die chemische Schädlingsbekämpfung heute kaum wegzudenken.

Chemische Schädlingsbekämpfung. Damit sich Schädlinge in der Obstplantage nicht massenhaft vermehren, muß der Obstgärtner vorbeugen. Mehrmals im Jahr spritzt er seine Obstbäume nach einem genau festgelegten Spritzplan. Die chemischen *Pflanzenschutzmittel* halten die Kirschbäume frei von Blattläusen. Die *chemische Schädlingsbekämpfung* ist sehr wirkungsvoll.

Der Einsatz von Insektengiften, *Insektizide* genannt, hat aber auch große Nachteile:

– Die natürlichen Feinde der Blattläuse wie Marienkäfer, Florfliege und Ohrwurm werden ebenfalls getötet.
– Insektenfressende Vögel wie die Meisen können vergiftet werden.
– Auch blütenbesuchende Insekten wie Hummel und Biene sind von den Giftstoffen bedroht.
– Manche der Insektengifte bleiben lange wirksam. Ihre Menge und der Zeitraum der Anwendung sind genau vorgeschrieben. Trotzdem besteht die Gefahr, daß sie unter Umständen über das Obst oder über das Grundwasser in den Körper des Menschen gelangen können.
– Viele Schädlinge werden mit der Zeit unempfindlich gegen die bisher verwendeten Spritzmittel. Neue, oft noch stärkere Gifte, müssen dann eingesetzt werden.

Im Erwerbsobstbau, wie auch auf anderen großen landwirtschaftlichen Nutzflächen, wird es in Zukunft schwierig sein, auf chemische Schädlingsbekämpfungsmethoden zu verzichten. Beim heimischen Gartenanbau sind sie nicht notwendig.

Physikalische Schädlingsbekämpfung. Mühsamer als die Anwendung der Giftspritze sind Methoden, bei denen gezielt nur die Schädlinge getroffen werden:
- Leimringe um den Stamm verhindern, daß Schmetterlinge wie der Frostspanner ihre Eier in die Baumrinde ablegen.
- Rechtzeitig werden schwache und von Krankheitserregern befallene Äste zurückgeschnitten.
- Abgefallenes Obst sollte beseitigt werden.

Auch beim Gemüseanbau im Garten können physikalische Methoden sehr wirkungsvoll sein:
- Unkräuter lassen sich jäten.
- Kartoffelkäfer können von der Pflanze abgesammelt werden.
- Schutznetze helfen gegen Gemüsefliegen und Vogelfraß.

Bei der *physikalischen Schädlingsbekämpfung* werden die Nützlinge geschont und die Umwelt wird nicht belastet, sie ist aber teuer und zeitaufwendig.

Leimringe verhindern „ungebetenen Insektenbesuch".

Eine Schlupfwespe legt ihr Ei in eine San-Jose-Schildlaus.

Biologische Schädlingsbekämpfung. Hier werden die Nützlinge gezielt gefördert und gegen Schädlinge eingesetzt. Die Forschung ist dabei allerdings erst am Anfang.

Die aus Amerika eingeschleppte *San-Jose-Schildlaus* ist ein gefährlicher Obstbaumschädling. Heute bekämpft man diese Schildlaus mit einer *Schlupfwespe*. Die Schlupfwespe legt ihre Eier in die Schildlaus ab. Bei der Entwicklung der Larven der Schlupfwespe wird die Schildlaus getötet. In großer Zahl hat man solche Schlupfwespen gezüchtet und ins Freiland entlassen. Die Schlupfwespen vermehren sich in Obstplantagen recht gut und bekämpfen dort die San-Jose-Schildlaus. Zur biologischen Schädlingsbekämpfung zählt auch, daß man Raubinsekten und insektenfressende Vögel schützt.

Bei der *biologischen Schädlingsbekämpfung* muß der Bauer sehr gezielt mit viel Zeit und Geld wirksamen Pflanzenschutz betreiben.

> Chemische Schädlingsbekämpfungsmittel treffen nicht nur den Schädling, sondern auch seine Feinde. Die biologische Schädlingsbekämpfung ist umweltfreundlicher, hier werden die natürlichen Feinde der Schädlinge eingesetzt.

1   Ist es gerechtfertigt, Tiere in „Nützlinge" und „Schädlinge" einzuteilen?

2   Begründe mit Hilfe der Abbildung, warum die Blattlaus auf der Streuobstwiese nicht überhand nimmt.

3   Lege eine Tabelle in deinem Heft an. Führe zuerst die Vorteile, dann die Nachteile der verschiedene Methoden der Schädlingsbekämpfung auf.

Integrierte Schädlingsbekämpfung

Hacken ist eine schonende Bodenbearbeitung; hier ist der Einsatz von Unkrautspritzmittel überflüssig.

Eine Karte mit Schlupfwespeneiern wird über ein Maisblatt gezogen.

Wildblumenstreifen werden an Feldrändern erhalten.

Herr Bauer ist Landwirt und baut vorwiegend Mais an. Früher bekämpfte er die Schädlinge mit chemischen Mitteln. Wie gefährlich dies für die gesamte Umwelt ist, wurde ihm bewußt. Er suchte deshalb nach anderen Möglichkeiten, der Schädlinge Herr zu werden. Ein Berater des Pflanzenschutzamtes zeigt ihm neue Wege:

– Der Boden soll nicht umgepflügt, sondern mit Maschinen aufgelockert werden. Dadurch soll er sich wieder mit nützlichen Lebewesen bevölkern, die dem Boden Nahrung zuführen und weniger Dünger erforderlich machen.
– Durch Züchtung versucht man zu unempfindlicheren Pflanzensorten zu kommen, die nicht so schnell von Schädlingen befallen werden.
– Jedes Jahr werden auf derselben Ackerfläche andere Pflanzen angebaut.
– An den Feldrändern werden die Wildblumen erhalten. Nützlinge siedeln sich an, verbreiten sich und bekämpfen auf natürliche Weise Schädlinge.
– Gegen in Massen auftretende Schädlinge versucht man zunächst, biologische Maßnahmen zu ergreifen. Der Landwirt stülpt z.B. kleine Karten, die mit den Eiern von Nützlingen besetzt sind, über die Maisblätter. Die Nützlinge vertilgen dann die Schädlinge.
– Regelmäßige Kontrolle des Schädlingsbefalls. Erst wenn eine bestimmte Menge an Schädlingen vorhanden ist, werden chemische Mittel eingesetzt. Diese müssen möglichst wenig Nebenwirkungen auf die Umwelt haben.

Durch diese Pflanzenschutzmaßnahmen werden die Schädlinge nicht total vernichtet. Wäre dies der Fall, wären ihre Feinde mitbetroffen. Das Zusammenwirken vieler Schutzmaßnahmen hält die Schädlinge in Grenzen. Dies bezeichnet man als integrierten Pflanzenschutz.

> Beim integrierten Pflanzenschutz wird der Boden schonend bearbeitet, die Nützlinge werden gefördert und es werden nur ganz gezielt chemische Bekämpfungsmittel eingesetzt.

1 Welche Möglichkeiten siehst du, im Garten integrierten Pflanzenschutz zu betreiben? Der Text auf dieser Seite hilft dir dabei.

Praktikum: So bekämpft man Blattläuse im Garten

Du solltest mit gutem Beispiel vorangehen und auch zu Hause „Schädlinge" nur biologisch bekämpfen.

1. Schritt

Brennesselzweige kleinschneiden (Handschuhe benutzen).

2. Schritt

Mit Regen- oder Leitungswasser übergießen.

So stellt man die Brennesselbrühe selber her

Werden die natürlichen Feinde nicht mehr mit Blattläusen fertig, darf man nicht gleich die Geduld verlieren und zur Giftspritze greifen. Man kann mit einem hausgemachten Mittel einschreiten und auf „sanfte" Art eingreifen, ohne der Umwelt von Pflanzen, Tieren und Menschen nachhaltig Schaden zuzufügen.

Aus Brennesseln kannst du einen Auszug herstellen, der sehr wirksam gegen Blattläuse ist. Die brennenden Stoffe der Nesseln bleiben nur kurze Zeit wirksam, deshalb sollte die fertige Brühe schnell verbraucht werden.

Zur Herstellung der Brennesselbrühe benötigst du:
Einen größeren Eimer oder einen ähnlichen Behälter, 1 kg frische oder 200 g getrocknete Brennessel, 10 Liter kaltes Wasser.
Die Bilder zeigen dir Schritt für Schritt die Zubereitung.

3. Schritt

Mit einem Besenstiel kräftig umrühren und die Zweige im Wasser untertauchen.

4. Schritt

Die Brühe nach 18–24 Stunden gegen Blattläuse gießen oder spritzen.

Gefährdete Tiere der Feldflur

Das Rebhuhn brütet im Schutz der Hecke.

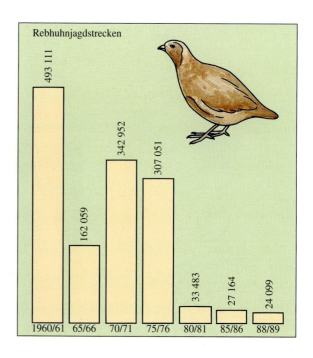

Das Rebhuhn. Ihre Nester bauen die Rebhühner gut versteckt im Getreidefeld, in Wiesen und in dichten Hecken. Im Schutz der Hecke bebrütet das Weibchen bis zu 20 Eier. Die Jungen ernähren sich anfangs von Ameisen, Blattläusen und kleinen Käfern. Bei Gefahr drücken sich die Küken sofort flach und regungslos auf den Boden. Ihre erdbraune Farbe und die Zeichnung des Gefieders macht sie nahezu unsichtbar. Das perfekte *Tarnkleid* ist ein wirksamer Schutz gegen Feinde. Auch das ausgewachsene, etwa taubengroße Rebhuhn erkennen wir meist erst dann, wenn es, aufgeschreckt, niedrig über den Boden davonfliegt. Dabei sind Hahn und Henne am Gefieder kaum zu unterscheiden. Rebhühner verlassen ihr Wohngebiet nicht. Hahn und Henne bleiben ihr ganzes Leben lang zusammen. Sie verteidigen ihr *Revier* gegenüber den Artgenossen.

Rebhühner haben einen vielfältigen Speisezettel mit den unterschiedlichsten Wildkräutern, Getreidekörnern und Kleintieren. Nur die Küken benötigen rein tierische Nahrung.

Gefährdung und Schutz. Werden die Felder im Herbst zu früh umgepflügt und gedüngt, können die Tiere sich nicht genügend Reserven für den Winter zulegen. Auf großen eintönigen Ackerflächen fehlt aber nicht nur die abwechslungsreiche Nahrung, es fehlen auch *Deckung* und *Nistplätze*. Ein bodenbrütender Vogel wie das Rebhuhn hat hier nur geringe Überlebenschancen.

Zusätzlich gefährden ihn *chemische Schädlingsbekämpfungsmittel*, die seine Nahrung vergiften.

Rebhühner sind selten geworden. 1984 wurden sie sogar auf die *Rote Liste* der bedrohten Vogelarten gesetzt. Die bedrohliche Abnahme der Tiere zeigt die oben abgebildete Jagdstrecke. Und obwohl das Rebhuhn *stark gefährdet* ist, wird es in einigen Gegenden immer noch bejagt. Doch immer mehr Jäger verzichten inzwischen auf den Abschuß der seltenen Vögel. Durch *Aufzucht* und *Auswilderung* versucht man den Bestand der Tiere zu verbessern.

Entscheidend aber ist die *Erhaltung des Lebensraumes* des Rebhuhns. Wo Hecken und Feldgehölze noch vorhanden sind, muß man diese erhalten. Dort, wo sie abgeholzt wurden, müssen neue angepflanzt werden. Die Bauern müssen bei der Bewirtschaftung ihrer Felder darauf achten, daß die Brut der Rebhühner nicht zerstört wird. Läßt man die Felder nach der Ernte den Winter über unbearbeitet, bieten die brachliegenden Stoppelfelder den Rebhühnern Deckung und Nahrung. Ungespritzte Ackerrandstreifen bieten eine Fülle von Wildkräutern und Insekten.

Die Wachtel. Schon im Mittelalter war die *Wachtel* eine begehrte Jagdbeute. Mit der Größe eines Stares ist der Vogel deutlich kleiner als das Rebhuhn. Auch bei der Wachtel ist die *Tarnung* überlebenswichtig. Wird das Tier aufgescheucht, läuft es flink und geschickt davon. Nur selten fliegt es auf. Die Wachtel brütet versteckt in der hohen Krautschicht am Boden auf Wiesen und Feldern. Wachteln leben von den Samen der Gräser und Wildkräuter und von Insekten. Meist fehlt es ihnen jedoch, wie auch den Rebhühnern, an einem reichhaltigen Angebot von Wildkrautsamen und Insekten.
Auch die Wachtel kann nur überleben, wenn ihr Lebensraum erhalten wird.

Der Feldhase. Auf Wiesen und Äckern mit Hecken und Gebüsch lebt der *Feldhase* als Einzelgänger. Er ist ein reiner *Pflanzenfresser*. Gras, Wildkräuter, junges Getreide und Gemüse bilden seine Nahrung. Tagsüber ruht der Feldhase meist in einer selbstgescharrten Mulde, der *Sasse*. Kommen Feinde zu nahe, schnellt er los. Hasen haben viele Feinde. Füchse, Habichte und Krähen sind nur einige.
Regenreiche, kühle Sommer erschweren ihm die Aufzucht des Nachwuchses. Tausende von Hasen sterben alljährlich auf den Straßen. So nimmt die Zahl der Hasen bei uns ständig ab. Hauptursache ist jedoch die Veränderung der Landschaft. Große Ackerflächen werden in Monokultur mit nur einer Pflanzensorte bestellt. Wildkräuter werden mit chemischen Mitteln vernichtet und Hecken sind selten geworden. Bereits die Erhaltung von deckungsreichem Gebüsch könnte helfen, die Überlebenschancen des Feldhasen zu verbessern.

Wachteln sind gut an ihre Umgebung angepaßt.

Rebhuhn, Wachtel und Feldhase sind vom Aussterben bedrohte Tierarten unserer Feldflur. Nur wenn ihr Lebensraum genügend Futter und ungestörte Plätze zur Aufzucht der Jungen bietet, können sie überleben.

1 Kommen in deiner Umgebung noch Feldhasen, Rebhühner und Wachteln vor?

Ein Feldhase auf der Flucht

Hier haben Tiere der Feldflur kaum Überlebenschancen.

Abwechslungsreiche Landschaft oder eintönige Nutzfläche?

Das Bild unten zeigt auf der linken Seite ein vielfältiges Nebeneinander: Rüben- und Getreidefelder, Wiesen, Hecken, Gebüsche und Wald. Dazwischen schlängelt sich ein Bach, der einem Weiher entspringt. Sträucher und Weiden säumen sein Ufer. So war es noch vor wenigen Jahren.
Eine *Flurbereinigung* wurde durchgeführt: Die rechte Darstellung im Bild unten zeigt es. Maschinengerecht eingeebnet liegen weite, einförmige Acker- und Grünlandflächen nebeneinander. Der Wald ist einigen Fichten gewichen. Es gibt weniger Bäume und Gebüsche, Hecken fehlen ganz. Auch der Weiher ist verschwunden. Der Bach wurde begradigt.
Daß der *Feldhase* nicht mehr vorkommt, wundert nicht: Wird die Flurbereinigung so rücksichtslos durchgeführt, dann verschwinden Gebüsche, Hecken und viele saftige Kräuter entlang der Feldwege. Dem Hasen fehlen *Verstecke* und *Futterpflanzen*. Hier kann er nicht mehr leben. Jedoch wohin soll er ausweichen?

Aber nicht nur er fehlt. Bisher fand das *Rebhuhn* in den Hecken genügend Pflanzen, um hier seine Jungen großzuziehen. *Schmetterlinge* und *Hummeln* fanden entlang der Feldraine ihre Futterpflanzen. Wie sollen jetzt *Wasser- und Sumpfvögel* am betonierten Bach einen Nistplatz finden? Ein zugeschütteter Weiher bietet keine Rast- und Brutplätze mehr für Wasservögel. Der Lebensraum vieler *Molcharten* ist ebenfalls zerstört.

> Wo die Landschaft abwechslungsreich ist, können viele verschiedene Arten Lebensräume finden. Wo die Landschaft eintönig ist, finden nur wenige Arten einen geeigneten Lebensraum.

1 Die Aufzählung in der Grafik unten gibt nur die Tierarten an. Beschreibe in deinem Heft die Landschaft vor und nach der Flurbereinigung. Welche Pflanzenarten sind deiner Meinung nach verschwunden? Gibt es neue?

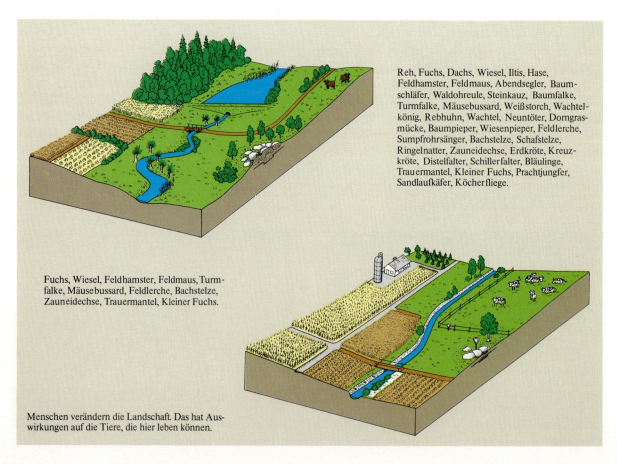

Reh, Fuchs, Dachs, Wiesel, Iltis, Hase, Feldhamster, Feldmaus, Abendsegler, Baumschläfer, Waldohreule, Steinkauz, Baumfalke, Turmfalke, Mäusebussard, Weißstorch, Wachtelkönig, Rebhuhn, Wachtel, Neuntöter, Dorngrasmücke, Baumpieper, Wiesenpieper, Feldlerche, Sumpfrohrsänger, Bachstelze, Schafstelze, Ringelnatter, Zauneidechse, Erdkröte, Kreuzkröte, Distelfalter, Schillerfalter, Bläulinge, Trauermantel, Kleiner Fuchs, Prachtjungfer, Sandlaufkäfer, Köcherfliege.

Fuchs, Wiesel, Feldhamster, Feldmaus, Turmfalke, Mäusebussard, Feldlerche, Bachstelze, Zauneidechse, Trauermantel, Kleiner Fuchs.

Menschen verändern die Landschaft. Das hat Auswirkungen auf die Tiere, die hier leben können.

Landschaft im Wandel

Diese Landschaft wurde vom Menschen stark verändert.

Natürlicher Bachlauf

Begradigter Bach

In der Bundesrepublik gibt es mehr als 32 Millionen Autos. 227 000 Kilometer lang sind alle unsere Straßen zusammen. Sechsmal würden sie um die Erde reichen. Das Schienennetz der Bundesbahn ist 44 000 Kilometer lang. 1500 Kilometer lang sind die schiffbaren Kanäle, die durch unser Land führen. 17 Großflugplätze und 2210 weitere Flugplätze sorgen für ständigen Lärm. Vor allem in den Tälern häufen sich Siedlungen, Straßen, Auto- und Eisenbahnen, Kanäle und Hochspannungsleitungen.

Tag für Tag wird ein Stück der freien Landschaft durch Straßenbau und Siedlungsbau zerstört. So verschwinden immer mehr Lebensräume von Tieren und Pflanzen. Dadurch sind in der Bundesrepublik Deutschland heute schon mehr als die Hälfte der Kriechtiere und Lurche, Vögel und Insekten vom Aussterben bedroht. Viele Arten sind sogar schon verschollen oder ausgerottet. Auch bei den Farnen und Blütenpflanzen ist es so. Die Namen der verschollenen und fast verschwundenen Arten kann man in der „Roten Liste der gefährdeten Tiere und Pflanzen in der Bundesrepublik Deutschland" nachlesen. Doch gibt es noch andere Gründe für den Rückgang von Pflanzen und Tieren:

– Parkplätze, Bergbahnen und Skipisten vernichten die Pflanzendecke ebenso wie der Abbau von Torf, Kies und Sand.
– Maßnahmen der Flurbereinigung zerstören natürliche Lebensräume, wie ungenutztes Grasland, Hecken oder Gebüsch.
– In Erholungsgebieten werden Pflanzen abgerissen und Tiere verjagt.
– durch falsche Wasserwirtschaft werden Bäche eingedohlt und begradigt und Sümpfe trocken gelegt.
– Zunehmender Lärm, schädliche Stoffe in der Luft sowie Schädlingsbekämpfungsstoffe wirken gleichfalls zerstörerisch.

Fische, Lurche und Kriechtiere

Ein Leben im Wasser – Fische

Fortbewegung. So angenehm das Gefühl der Leichtigkeit im Wasser ist, so schwierig ist die schnelle Fortbewegung. Hast du schon einmal versucht, unter Wasser zu laufen?
Selbst wenn man festen Grund unter den Füßen hat und das Wasser knapp bis zur Brust geht, kommt man nur mit Mühe voran: Wasser läßt sich viel schwerer wegschieben als Luft. Diese Erfahrung hast du sicher auch schon gemacht, wenn du beim Sprung ins Wasser auf dem Bauch gelandet bist. Mit dem Kopf voran kommt man dagegen leicht durchs Wasser. Große Flossen an den Füßen können mehr Wasser wegschieben. Deshalb kann man mit Flossen schneller schwimmen.

Sehen. Wer unter Wasser die Augen öffnet, sieht alles nur verschwommen. Unsere Augen sind an das Sehen in der Luft angepaßt. Taucher benutzen eine Taucherbrille, weil sich dann zwischen Auge und Wasser eine Luftschicht befindet.
Mit zunehmender Wassertiefe nimmt die Helligkeit schnell ab. Deshalb benötigen Taucher eine Unterwasserlampe.

> Wasser setzt der Fortbewegung Widerstand entgegen. Im Wasser sehen wir unscharf.

Wenn du Gelegenheit hast, Fische in einem Aquarium zu beobachten, kannst du diese Frage vielleicht selbst beantworten.

Körperform. Viele Fische, vor allem solche, die schnell schwimmen können, haben einen besonders *strömungsgünstigen Körperbau*. Die Schuppen liegen wie Dachziegel übereinander. Die Haut ist von einer glitschigen Schleimschicht überzogen. So gleitet der Fisch gut durchs Wasser.

Schwimmen. Die große *Schwanzflosse* drückt mit jeder Bewegung das Wasser nach hinten weg und treibt den Fisch voran. *Rücken-* und *Afterflosse* verhindern, daß der Fisch umkippt. Die *Brust-* und *Bauchflossen* dienen dem langsamen Antrieb und der Steuerung.
Wenn der Fisch bremst, spreizt er diese Flossen ab. Sie wirken dann wie ein bremsender Schirm. Beim schnellen Schwimmen werden die Flossen dagegen zusammengeklappt und an den Körper angelegt. Die Flossen bestehen aus dünnen Häuten, die durch knöcherne Flossenstrahlen ausgebreitet oder zusammengefaltet werden können.

Schweben. Viele Fische haben in ihrem Bauch eine große *Schwimmblase,* die mit *Gas* gefüllt ist. Durch diese Schwimmblase wird der *Auftrieb* vergrößert. Wenn der Fisch so schwer ist wie das Wasser, das er verdrängt, *schwebt* er im Wasser.

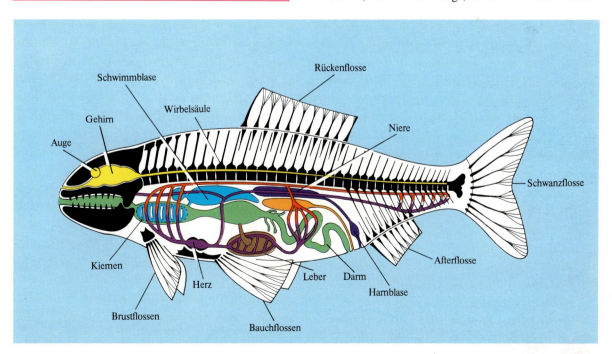

Atmung. Die Atemorgane der Fische sind die *Kiemen*. Mit ihnen können Fische den Sauerstoff aufnehmen, der im Wasser gelöst ist. Die Kiemen liegen in *Kiemenhöhlen,* die von den Kiemendeckeln bedeckt werden, zu beiden Seiten des Kopfes. Da sie stark durchblutet sind, sehen sie rot aus. Mit dem Maul, das sich ständig öffnet und schließt, nimmt der Fisch frisches Wasser auf. Es gelangt durch die Mundhöhle in die Kiemenspalten und umspült dort die Kiemen. Die Kiemen bestehen aus zahlreichen, dünnwandigen *Kiemenblättchen*. Durch ihre dünne Haut nehmen sie Sauerstoff in das Blut auf und geben Kohlenstoffdioxid an das Wasser ab. Das verbrauchte Atemwasser strömt durch die Kiemenöffnungen hinter den Kiemendeckeln wieder aus.

Seitenlinie. Entlang einer Linie an den beiden Seiten des Fisches sind die Schuppen immer wieder von kleinen Löchern durchbrochen. Man bezeichnet diese Linien als *Seitenlinien*. Sie gehören zu einem *Sinnesorgan*, mit dem der Fisch Druckänderungen im Wasser und damit Hindernisse erkennen kann. Selbst in trübem Wasser und im Dunkeln wissen die Fische durch dieses Sinnesorgan, wie ihre Umgebung beschaffen ist.

Augen. Die *Augen* der Fische sind stark gewölbt. Damit können sie im Wasser scharf sehen. Augenlider fehlen.

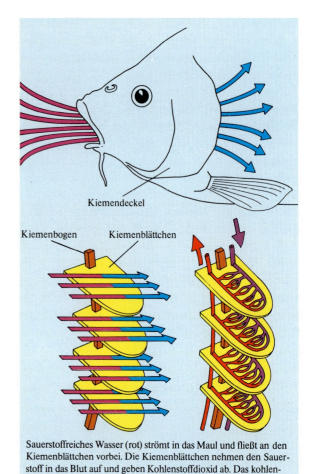

Sauerstoffreiches Wasser (rot) strömt in das Maul und fließt an den Kiemenblättchen vorbei. Die Kiemenblättchen nehmen den Sauerstoff in das Blut auf und geben Kohlenstoffdioxid ab. Das kohlenstoffdioxidreiche Wasser (blau) fließt durch die Kiemenöffnung ab.

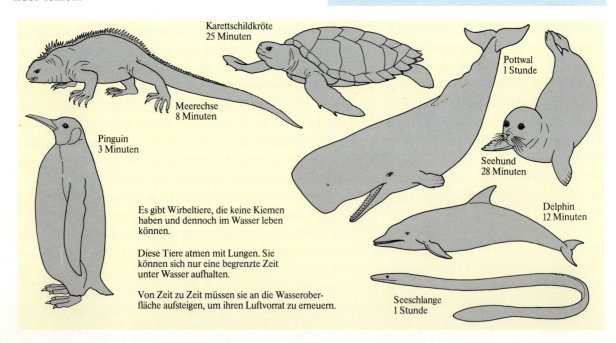

Es gibt Wirbeltiere, die keine Kiemen haben und dennoch im Wasser leben können.

Diese Tiere atmen mit Lungen. Sie können sich nur eine begrenzte Zeit unter Wasser aufhalten.

Von Zeit zu Zeit müssen sie an die Wasseroberfläche aufsteigen, um ihren Luftvorrat zu erneuern.

Wie richte ich ein Aquarium ein?

Hast du jetzt Lust bekommen, dir selbst ein Aquarium einzurichten, um Fische beobachten zu können? Laß dich in einem Zoogeschäft beraten. Zunächst mußt du dich entscheiden, was für ein Aquarium du haben willst. Salzwasseraquarien sind für Fische aus dem Meer. Im Süßwasseraquarium hält man Fische aus Seen und Flüssen. Stammen die Fische aus kalten Gewässern, braucht man ein Kaltwasseraquarium. Beim Warmwasseraquarium muß das Wasser mit einem Heizregler auf etwa 25 °C erwärmt werden. Für Anfänger sind Warmwasseraquarien besser geeignet. Guppys, Neonfische, Skalare oder Schwertträger sind darin einfach zu halten.

Warmwasseraquarium

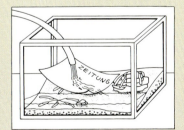

Zunächst füllt man gewaschenen Quarzsand in das Becken. Dabei soll ein Gefälle von hinten nach vorne entstehen, damit sich der Schmutz an der tiefsten Stelle sammelt und leichter entfernt werden kann. Dann bepflanzt man das Aquarium. Gut geeignet ist die Sumpfschraube „Vallisneria".

Über eine Zeitung leitet man langsam Wasser in das Becken. So wird weniger Sand aufgewirbelt. Die Pflanzen wachsen leichter an, wenn das Becken zunächst nicht ganz gefüllt wird. Nach einigen Tagen kann man das Aquarium bis ungefähr 10 Zentimeter unter den oberen Rand auffüllen.

Eine Woche später ist das Wasser klar. Mit einem Heizregler erwärmt man es auf die richtige Temperatur. Gute Hilfe leistet ein Lüfter, der ständig Luft durch das Wasser bläst. Will man kein Kunstlicht verwenden, muß man das Aquarium an einem hellen Platz aufstellen. Nun kann man die Fische einsetzen.

Praktikum: Leben im Wasser

Schwimmen und Tauchen

1 Benötigt werden: 50 Gramm Plastilin, 50 Gramm Kerzenwachs, Fadengummi, Lineal, Schere, Gefäß mit Wasser.
Forme aus dem Plastilin eine Kugel. Knete ein Stückchen das Fadengummis so ein, daß die Kugel daran hängen bleibt. Schneide das freie Ende des Fadengummis auf eine Länge von 20 Zentimetern ab. Halte jetzt die Plastilinkugel so am Fadengummi, daß sie frei hängt und miß die Länge des gespannten Gummis. Tauche die Kugel vollständig ins Wasser, wobei sie den Boden des Wassergefäßes nicht berühren darf. Wie verändert sich die Fadenlänge? Miß die Länge mit dem Lineal.

Führe denselben Versuch mit der Kugel aus Kerzenwachs durch. Was beobachtest du?

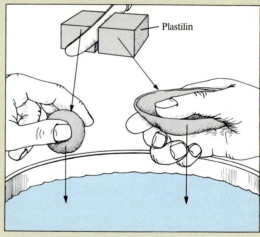

2 Benötigt werden: Zusätzlich zu Versuch 1, ein Filzstift. Markiere zunächst mit dem Stift den Wasserstand im Wassergefäß. Entferne den Fadengummi aus der Plastilinkugel und gib die Plastilinkugel ins Wassergefäß. Was geschieht mit ihr? Markiere wieder den Wasserstand. Nimm die Kugel aus dem Wasser und forme sie zu einem dünnwandigen Schiff um. Setze das Schiff vorsichtig auf die Wasseroberfläche. Was geschieht mit dem Schiff? Markiere den Wasserstand.
Ergänzung:
Nimm das Schiff aus dem Wasser und ersetze es durch die Wachskugel. Wie ist jetzt der Wasserstand? Wovon hängt es ab, ob ein Körper im Wasser untergeht oder schwimmt?

3 Benötigt werden: aufziehbares Schwimmtier („Fisch" oder „Delphin" mit beweglicher Schwanzflosse).
Ziehe den Motor des Schwimmtieres auf und halte es dann so, daß die Schwanzflosse sich abwechselnd im Wasser und in der Luft hin und her bewegt. Was kannst du beobachten?
Wie ist der Unterschied in der Bewegungsgeschwindigkeit zu erklären? Vergleiche deine Beobachtungen mit deinen eigenen Erfahrungen beim Schwimmen im Wasser.

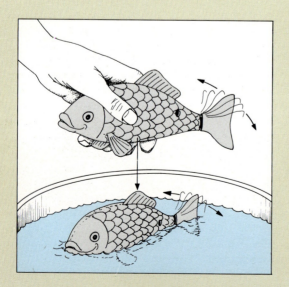

Die Forelle

Lebensraum. Ein reißender Bach hoch in den Bergen. Die Ufer sind mit Erlen und Weiden bestanden. Die Böschungen am Ufer hängen über und bieten den Tieren viele Versteckmöglichkeiten. Diese Gebirgsbäche, mit sauberem, sauerstoffreichem Wasser, sind die Heimat der *Bachforelle*. Hier können sich nur gute Schwimmer halten. Eine Bachforelle, die mit dem Kopf stromaufwärts in der starken Strömung steht, schwimmt in Wirklichkeit genau so schnell, wie das Wasser bachabwärts fließt. Hierzu sind kräftige Schläge mit der Schwanzflosse nötig.

Ernährung. Forellen sind gefräßige *Raubfische*. Insekten, andere Fische und sogar junge Forellen werden erbeutet. Selbst Insekten, die dicht über der Wasseroberfläche fliegen, werden mit einem kräftigen Sprung aus dem Wasser geschnappt.

Fortpflanzung. Der Gebirgsbach im Winter: Schnee säumt jetzt seine Ufer. Die Wassertemperatur liegt nur knapp über dem Gefrierpunkt. In dieser Zeit *wandern* die Forellen bachaufwärts in das *Quellgebiet*, um sich fortzupflanzen. Das Weibchen schlägt mit der Schwanzflosse eine Grube in den Bachgrund. Jetzt stößt das Männchen mit dem Maul gegen das Körperende des Weibchens. Darauf *laicht* das Weibchen, auch *Rogner* genannt, einige hundert erbsengroße Eier ab. Das Männchen, der *Milchner*, stößt eine milchig-weiße Flüssigkeit aus, in der sich Spermazellen befinden. So werden die Eier befruchtet. Nach der Hochzeit trennt sich das Paar. Die Forellen wandern wieder in ihre Sommergebiete.

Entwicklung. Die jungen Forellen bleiben, wenn sie aus den Eiern geschlüpft sind, zunächst in den Lücken des Kiesbodens. In den ersten Wochen ernähren sie sich von Nährstoffen aus dem *Dottersack*, einem blasenförmigen Anhängsel, das sich an der Unterseite der kleinen Fischchen befindet. Wenn die Vorräte verbraucht sind, kommen die Jungfische an die Oberfläche des Bachgrundes. Jetzt ernähren sie sich bereits von Kleintieren.

> Die Forelle ist ein Raubfisch.

Etwa 14 Tage alte Forellenlarven. Von Larven spricht man, wenn sich die Jugendform im Bau deutlich von der Altersform eines Lebewesens unterscheidet.

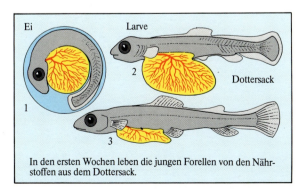

In den ersten Wochen leben die jungen Forellen von den Nährstoffen aus dem Dottersack.

Der Hecht im Karpfenteich

Ein Hecht lauert auf Beute.

Der Hecht. Ruhig im Wasser stehend, lauert der *Hecht* auf Beute. Zwischen den Wasserpflanzen ist er fast nicht zu erkennen. Seine bräunliche oder grünliche Farbe mit den dunklen Streifen und Flecken *tarnt* ihn vorzüglich. Lang und schlank ist der Körper des Hechtes. Rücken- und Afterflosse sind weit nach hinten verschoben. Die lange Schnauze mit dem tief gespaltenen Maul sieht fast wie ein Entenschnabel aus.

Fortpflanzung. Hechte *laichen* in den Frühjahrsmonaten. Flache, pflanzenbewachsene *Uferzonen* und überschwemmte Wiesen sind ihr bevorzugtes Laichgebiet. Zwischen 100 000 und 1 Million Eier werden von einem Weibchen abgelaicht. Schon nach wenigen Tagen schlüpfen die Jungtiere. Ehe sie im Wasser schweben können, müssen sie an die Oberfläche, um ihre *Schwimmblase* mit Luft zu füllen.

Junge Hechte ernähren sich zunächst von kleinen Tierchen. Aber schon wenn sie drei bis vier Zentimeter lang sind, machen sie Jagd auf Fische. Hechte sind *Raubfische*. Auch vor den eigenen Geschwistern machen sie nicht halt. Von den zahlreichen Nachkommen bleiben deshalb nur wenige übrig.

> Hechte leben in Flüssen und Seen. Sie sind Raubfische.

Räuber und Beute. Auf der Suche nach Nahrung nähert sich der junge Karpfen dem dichten Wasserpflanzengestrüpp. Längst hat ihn der Hecht gesehen. Jetzt ist der Karpfen nahe genug. Mit kräftig ausholenden Schlägen der Schwanzflosse stößt der Hecht blitzschnell nach vorne und packt den Karpfen mit seinem großen Maul. *Nadelspitze Zähne* halten die Beute fest. Mit dem Kopf voran wird der Karpfen verschluckt. Neben Fischen und Fröschen erbeutet ein starker Hecht auch Tiere, die auf dem Wasser schwimmen. Wasservögel, Mäuse, selbst Ratten fallen ihm zum Opfer.

1 Worin unterscheiden sich Raubfische und Friedfische?

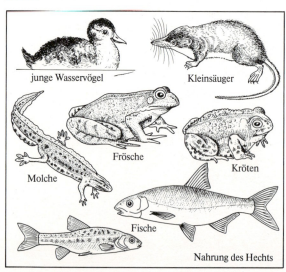

Der Flußkarpfen ist die Stammform der Zuchtkarpfen.

Der Karpfen. Unermüdlich durchpflügt der Karpfen den Boden des Sees. Sein vorstülpbares Maul hinterläßt tiefe Mulden in dem schlammigen Grund. Würmer, Schnecken, Krebse und Insektenlarven, aber auch Wasserpflanzen werden gefressen. Karpfen sind Allesfresser. Das Maul des Karpfens ist *zahnlos*. Karpfen sind *Friedfische*.

Fortpflanzung. Karpfen *laichen* im Sommer. Sie bevorzugen dazu pflanzenbewachsene, *flache Gewässer*. Beim Laichspiel wird das Weibchen vom Männchen durch das Wasser getrieben. Schließlich setzt das Weibchen die Eier ab. Gleichzeitig stößt das Männchen eine Spermaflüssigkeit aus.

Schon nach 5 Tagen schlüpfen die Jungen. Zunächst werden sie noch durch den Dottersack aus dem Ei versorgt. Zum Füllen der Schwimmblase müssen sie an die Wasseroberfläche.

Zucht. Der Flußkarpfen ist die Stammform aller Zuchtkarpfen. Er lebt in Flüssen, Seen und Teichen. Das Ziel der Karpfenzüchter ist es, Karpfen mit möglichst wenig Schuppen zu züchten. Der Spiegelkarpfen hat nur wenige, sehr große Schuppen. Der Lederkarpfen ist fast ganz schuppenlos.

> Karpfen leben in Flüssen und Seen. Sie sind Friedfische.

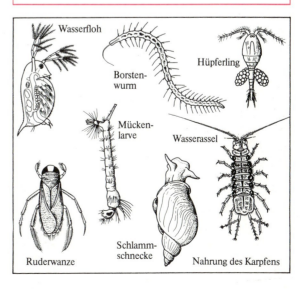

Nahrung des Karpfens

Wandernde Fische

Der Lachs – vom Süßwasser ins Meer und zurück

Lachse schlüpfen in den Oberläufen von *Bächen* und *Flüssen* aus Eiern. Nach ein bis zwei Jahren *wandern* die jungen Lachse mit der Strömung flußabwärts und erreichen schließlich das *Meer*. Zwei bis drei Jahre bleiben die Lachse im Meer. Dann schwimmen sie wieder zurück in die Flüsse. Wie sie aus der Weite des Meeres wieder in ihren Heimatbach zurückfinden, ist bis heute noch nicht völlig geklärt. Wahrscheinlich orientieren sich die Lachse am *Stand der Sonne*. Im Mündungsgebiet und im Fluß selbst spielt der *Geruchssinn* die entscheidende Rolle. Jedes Gewässer hat einen Eigengeruch. Diesen Geruch merken sich die jungen Lachse und erkennen ihn wieder.

Selbst Stromschnellen können Lachse bei ihrer Wanderung in mächtigen Sätzen überwinden. Im *Oberlauf der Flüsse* angelangt, schlägt das Weibchen mit kräftigen Schwanzschlägen Gruben in den kiesigen Untergrund. Dort werden die *Eier abgelegt* und *von einem Männchen besamt*. Nach dem Laichen sind die Lachse abgemagert und völlig erschöpft. Sie lassen sich von der Strömung flußabwärts treiben. Viele Tiere sterben. Einige erreichen wieder das Meer. Sie erholen sich und können ihre Laichwanderung erneut beginnen.

> Zum Laichen kehren die Lachse aus dem Meer in die Heimatgewässer zurück.

Der Aal – Vom Meer in das Süßwasser zurück

Im Gegensatz zu den Lachsen verbringen *Aale* die Jagd- und Freßzeit im *Süßwasser der Flüsse*. Erst zum Laichen suchen sie ein Gebiet im Meer auf, das mehrere tausend Kilometer von ihrer Heimat entfernt ist: die *Sargassosee* im westlichen Teil des Atlantischen Ozeans. Dort *laichen* die Aale in einigen hundert Metern Tiefe.

Aus den Eiern schlüpfen winzige Fischchen, die die Gestalt von Weidenblättchen haben. Der *Golfstrom,* eine warme Meeresströmung, trägt sie an die Küsten Nordafrikas und Europas. Etwa drei Jahre dauert diese Reise. In der Nähe der Küste verwandeln sich die Jungfische zu langgestreckten, farblosen *Glasaalen*. Wenn sie die Flußmündungen erreichen, wandern sie flußaufwärts. Man nennt sie jetzt *Steigaale*.

5 bis 10 Jahre verbringen die Aale in Flüssen, Bächen und Seen. Männchen und Weibchen fressen sich ein dickes Fettpolster an. Das muß für die lange Wanderung zurück zu ihren Laichplätzen reichen. Von der deutschen Nordseeküste aus sind es 6500 Kilometer bis dorthin. Diese Reise dauert fast ein Jahr. In der Sargassosee angekommen, *laichen* die Aale ab. Danach sterben sie.

> Zum Laichen schwimmen die Aale aus den Flüssen zur Sargassosee im Atlantik.

Ein Kodiakbär hat einen Lachs gefangen.

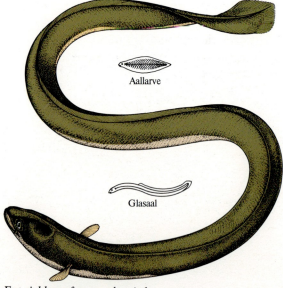

Entwicklungsformen des Aals

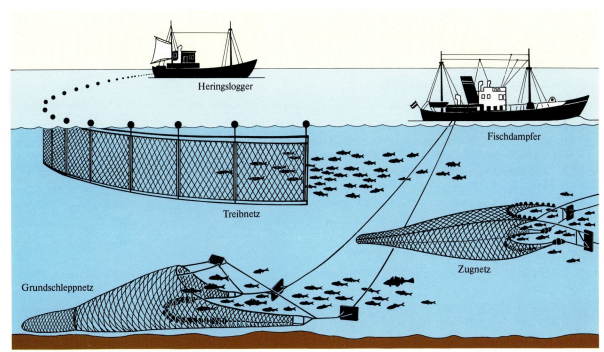

Heringe werden auf verschiedene Arten gefangen.

Der Hering – Wanderer im Meer

Ein riesiger *Schwarm* silbrig glänzender *Heringe* zieht durch das Meer. Unzählbar sind die vielen Fische. Alle Tiere schwimmen stets in die gleiche Richtung. Im Schwarm leben bedeutet Sicherheit. Nur abgesprengte Tiere fallen Feinden wie Kabeljau, Seehund oder Heringshai zum Opfer.
Heringe benutzen unterschiedliche *Wanderwege*. Die *atlantischen Heringe* schwimmen weit ins offene Meer, bis zu den nördlichen Polargebieten. Dort finden sie ein reiches Nahrungsangebot.

Nordseeheringe ziehen nur bis zum nördlichen Rand der Nordsee. Alle Heringe kehren zum Laichen in flache Gewässer in der Nähe der Küste zurück. Die Jungfische bleiben zunächst im Flachwasser. Oft werden sie jedoch mit den Meeresströmungen über weite Strecken fortgetragen. Im Schwarm ziehen sie schließlich zu ihren Freßgebieten.

> Heringe sind Schwarmfische, die im Meer wandern.

Heringsschwarm

Der Grasfrosch ist ein Lurch

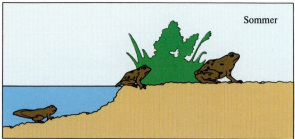

Die Entwicklung vom Ei zum Frosch

Anfang März. Die *Grasfrösche* kommen aus ihren Winterquartieren. Sie waren im Schlamm eines Weihers oder in Erdlöchern im Wald versteckt. Mit langen Sprüngen streben sie einem *Tümpel* zu. Bald herrscht am Wasser ein vielstimmiges Knurren. Das ist der Hochzeitsgesang der Grasfroschmännchen.

Ein Männchen klettert auf den Rücken eines Weibchens und läßt sich von ihm huckepack tragen. Hat das Weibchen seine *Eier ins Wasser abgelegt*, gießt das Männchen die Spermazellen darüber. Wenig später verlassen die Grasfrösche den Tümpel wieder. Den Sommer über leben sie *in feuchten Wäldern und Wiesen*.

Die schwarzen Eier sind von einer durchsichtigen Eiweißhülle umgeben. Sie haben *keine feste Schale*. Man bezeichnet sie als *Laich*.

Ende März. Etwa 3 Wochen nach der Eiablage schlüpfen die Jungtiere. Während der ersten Tage hängen sie fast unbeweglich an den Eiweißhüllen. Sie haben keine Ähnlichkeit mit einem Frosch. Es sind *Larven*. Bei den Fröschen und Kröten nennt man die Larven auch *Kaulquappen*. Anfangs sehen die Kaulquappen eher wie kleine Fische aus. Sie haben einen *Schwanz mit Flossensaum*. Er dient zum Schwimmen. Arme und Beine fehlen noch. Auf jeder Kopfseite hängen hinter den Augen bäumchenartige Gebilde, die *Kiemen*. Mit ihnen atmen die Kaulquappen ähnlich wie Fische. Außerdem können sie aber auch *Sauerstoff durch die Haut aufnehmen*.

Grasfrösche bei der Eiablage

Ein Laichballen enthält bis zu 3000 Eier.

1 Berichte, wie der Grasfrosch im Jahreslauf lebt. Die Grafik oben hilft dir dabei.

Achtung!
Alle Frösche sind geschützt. Deshalb Froschlaich nicht selbst sammeln!

Junge Kaulquappe mit äußeren Kiemen

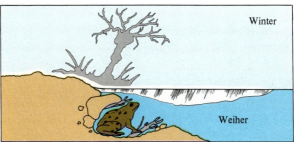

Kaulquappe mit Hinterbeinen und inneren Kiemen

Ältere Kaulquappe mit Hinter- und Vorderbeinen

Der fertig entwickelte Jungfrosch geht an Land.

Um die Mundöffnung herum stehen winzige *Hornzähnchen*. Damit raspeln die Kaulquappen Algen und Teile von abgestorbenen Wasserpflanzen ab. Rasch wachsen sie heran. Ihre Gestalt verändert sich. Über die außen anhängenden Kiemen ist eine *Hautfalte* gewachsen. Die *äußeren Kiemen* sind dadurch zu *inneren Kiemen* geworden. Die *Hinterbeine* bilden sich. Wenig später entwickeln sich auch die *Vorderbeine*.

Anfang Mai. Die Kaulquappen sehen jetzt schon beinahe wie richtige Frösche aus. Die *Lungen* bilden sich. Eine Zeitlang atmen die Kaulquappen mit Kiemen und Lungen zugleich. In den letzten Tagen des Wasserlebens bilden sich die Kiemen und auch der Schwanz zurück.

Ende Mai. Die *Jungfrösche* verlassen den Tümpel und suchen feuchte Wiesen und Wälder auf. Sie sind *keine Pflanzenfresser mehr*, sondern jagen *Insekten und Nacktschnecken*.

Oktober. Grasfrösche sind *wechselwarm*. Die Jungfrösche beziehen jetzt ein *frostsicheres Winterquartier*.

2½ Jahre später. Die Grasfrösche sind erwachsen. Doch nur wenige haben die ersten Lebensjahre überstanden. Im März kehren sie zur Fortpflanzung zu dem Tümpel zurück, in dem sie als Kaulquappen lebten.

1 Im Laufe seiner Entwicklung verwandelt sich das Wassertier Kaulquappe in das Landtier Grasfrosch. Übertrage die Tabelle unten in dein Heft und fülle sie aus. Lies dazu auch die nächste Seite.

	Kaulquappe	Frosch
Lebensraum		
Körperform		
Atmung		
Fortbewegung		
Nahrung		

Grasfrosch in seinem Lebensraum

Die langen Hinterbeine schnellen den Frosch vorwärts.

Der Grasfrosch

Körperbau und Bewegung. Der Grasfrosch wird bis zu 10 Zentimeter lang. An seinem breiten Kopf fallen die *vorstehenden Augen* besonders auf. Sie ermöglichen ihm einen weiten Rundumblick. Hinter den Augen sieht man die *Ohröffnungen* mit den runden Trommelfellen.

Mit seinen *langen, kräftigen Hinterbeinen* bewegt sich der Grasfrosch hüpfend und springend fort. Die *kurzen Vorderbeine* dienen dabei nur als Stütze. Sie haben 4 Zehen. Die 5 Zehen der Hinterbeine sind durch *Schwimmhäute* miteinander verbunden.

Ernährung. Sein gutes Sprungvermögen nützt dem Grasfrosch beim *Beutefang*. Mit den Augen verfolgt er den Flug eines *Insekts*. Ist es nahe genug heran, *springt* er nach ihm. Die *lange Zunge* schnellt heraus. Das Insekt bleibt an ihr *kleben*. Die Zunge wird eingeklappt und die Beute unzerkleinert verschlungen.

Haut und Atmung. Die *Haut* des Grasfrosches fühlt sich *feucht* und *schleimig* an. Sie ist sehr *dünn* und *von feinen Blutgefäßen durchzogen*. Durch die Haut nimmt der Grasfrosch Sauerstoff auf. Diese *Hautatmung* funktioniert aber nur, solange die Haut feucht ist. Darum muß der Frosch feuchte Stellen aufsuchen, wenn er das Wasser verläßt. Der Grasfrosch ist ein *Feuchtlufttier*.

Die *Lungenatmung* ist für den Grasfrosch lange nicht so wichtig wie für uns. In seinem Winterversteck im Schlamm oder in Erdhöhlen atmet er sogar nur über die Haut.

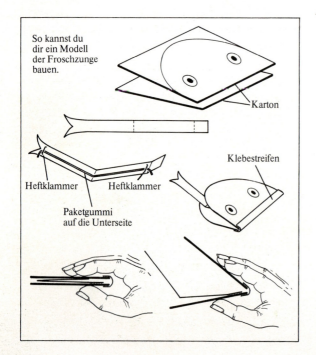

> Der Grasfrosch gehört zu den Lurchen. Er ist wechselwarm und hat eine feuchte, schleimige Haut. Sie dient auch zum Atmen.
> Der Grasfrosch legt seine Eier ins Wasser ab. Aus den Eiern schlüpfen Larven. Nach etwa 2 Monaten wandeln sich die wasserlebenden Larven in landbewohnende Frösche um.

Der Feuersalamander ist ein Lurch

Der Feuersalamander trägt ein auffälliges Warnkleid.

Salamanderweibchen mit den eben geborenen Larven

Lebensraum. Der *Feuersalamander* bewohnt *schattige, feuchte Wälder* im Berg- und Hügelland. Tagsüber trifft man ihn eigentlich nur bei Regen an. Sonst verläßt er erst in der Dämmerung sein Versteck unter Steinen, zwischen Wurzeln oder in moderndem Laub.

Körpertemperatur. Dort, wo der Feuersalamander lebt, ist es meist recht *kühl*. Die *Körpertemperatur* des wechselwarmen Tieres ist daher *niedrig*. So kann der Feuersalamander sich nur langsam bewegen. Zum Jagen seiner Lieblingsbeute, nämlich Nacktschnecken und Regenwürmern, reicht es dennoch.

Körperbau. Der Feuersalamander hat einen plumpen Leib, einen breiten Kopf und einen fast körperlangen Schwanz. Er gehört zu den *Schwanzlurchen*. Der schwanzlose *Grasfrosch* zählt dagegen zu den *Froschlurchen*. Der Feuersalamander hat kaum Feinde, denn er besitzt *Giftdrüsen* hinter dem Auge und zu beiden Seiten längs des Rückens. Packt ein kleines Raubtier wie der Iltis einen Feuersalamander, so verspürt es ein Brennen im Maul. In Zukunft wird es das gelbschwarze Tier meiden. Die auffällige Färbung ist ein *Warnkleid*. Kleine Tiere können an dem Gift des Salamanders sterben. Für den Menschen ist es nicht gefährlich.

Fortpflanzung. Im Frühsommer *paaren sich* die Feuersalamander *an Land*. Anders als beim Grasfrosch werden die *Eier im Mutterleib befruchtet* und entwickeln sich hier weiter. In jedem Ei wächst eine Salamanderlarve heran. Erst im nächsten Frühjahr setzt das Weibchen die Eier in einem flachen, sauberen Waldbach ab. Die *Larven* sind schon so weit entwickelt, daß die *Eihüllen während der Geburt zerreißen*. Meist sind es 20 bis 50 Jungtiere. Die 2,5 Zentimeter langen Larven haben *4 Beine*, einen *Ruderschwanz* und *außen anhängende Kiemen*. In rund vier Monaten entwickeln sie sich zum fertigen Salamander. Sie klettern an Land und atmen nun durch die Haut und die Lungen.

Der Feuersalamander ist ein Schwanzlurch. Seine Eier entwickeln sich im Mutterleib zu Larven.

Der Feuersalamander lebt in der Nähe von Bächen.

Einheimische Lurche

Schwanzlurche haben einen langgestreckten Körper mit langem Schwanz. Am Land bewegen Sie sich kriechend fort. Vorder- und Hinterbeine sind gleich lang. Die Larven fressen tierische Nahrung. Bei ihnen entwickeln sich die Vorderbeine zuerst. Die äußeren Kiemen bleiben bis zum Ende des Larvenlebens erhalten.

Alpensalamander
Länge bis 16 Zentimeter. Kommt oft weit entfernt vom Wasser vor. Versteckt sich tagsüber und bei Trockenheit unter Steinen und Moos. Paart sich im Juli an Land. Die Larven entwickeln sich im Mutterleib zu fertigen Salamandern. Lebensraum: Gebirge.

Teichmolch
Länge bis 11 Zentimeter. Lebt nur während der Laichzeit im Wasser, sonst in Gewässernähe. Versteckt sich tagsüber unter Steinhaufen, Laub und Wurzelwerk. Laichzeit: April bis Mai. Das Weibchen legt seine 200 bis 300 Eier einzeln an Wasserpflanzen ab. Lebensraum: Wälder, Gärten, Parks.

Bergmolch
Länge bis 11 Zentimeter. Nur zur Laichzeit im Wasser. Hält sich sonst tagsüber versteckt. Laichzeit: März bis Mai. Das Weibchen legt seine Eier einzeln an Wasserpflanzen ab. Lebensraum: Laubwälder, kommt bis in 2500 Meter Höhe vor. Laichgewässer sind Tümpel, Teiche, wassergefüllte Wagenspuren.

Kammolch
Länge bis 18 Zentimeter. Hält sich an Land tagsüber versteckt, geht oft auch außerhalb der Laichzeit ins Wasser. Laichzeit: Ende Februar bis Mitte Mai. Das Weibchen legt seine 100 bis 250 Eier einzeln an Wasserpflanzen ab. Lebensraum: pflanzenreiche Tümpel im Flachland.

Froschlurche haben einen gedrungenen Körper ohne Schwanz. Ihre Hinterbeine sind meist als lange, kräftige Sprungbeine ausgebildet. Die Männchen besitzen Schallblasen. Die Larven sind Pflanzenfresser. Sie atmen nur anfangs mit äußeren Kiemen. Bei ihnen wachsen zuerst die Hinterbeine

Grasfrosch
Länge bis 10 Zentimeter. Zur Laichzeit im Wasser. Überwintert im Schlamm der Gewässer oder an Land. Laichzeit: Anfang Februar bis März. Die Laichballen enthalten bis zu 3500 Eier und schwimmen an der Wasseroberfläche. Lebensraum: Wälder, Lichtungen, Waldränder, Heide, seltene Moore, Flach- und Bergland bis 2500 Meter Höhe.

Laubfrosch
Länge bis 5 Zentimeter. Lebt auf Büschen und Bäumen. Vorwiegend Nachttier. Laichzeit: April bis Mai. Paarung im Wasser. Die 150 bis 300 Eier werden in kleinen Klumpen abgelegt. Lebensraum: Waldränder und buschreiches Gelände im Flach- und Hügelland. Der Laubfrosch ist bei uns selten geworden.

Erdkröte
Länge bis 13 Zentimeter. Nur zur Laichzeit im Wasser. Dämmerungs- und Nachttier. Laichzeit: März bis April. Macht oft weite Laichwanderungen. Das Weibchen legt seine bis zu 6000 Eier in langen Laichschnüren an Wasserpflanzen ab. Lebensraum: Laubwald, Weinberge, Parks und Hecken.

Gelbbauchunke
Länge bis 5 Zentimeter. Lebt überwiegend im seichten Wasser. Laichzeit: Mai bis Juni. Das Weibchen legt seine etwa 100 Eier einzeln an Wasserpflanzen ab. Lebensraum: flache Tümpel, wassergefüllte Wagenspuren, vor allem im Bergland. Die Gelbbauchunke ist bei uns selten geworden.

Rettet die Lurche!

Ein solcher Teich ist Laichgewässer für viele Lurche.

Hier wurde ein Teich achtlos zerstört.

Unsere Lurche sind bedroht. Frösche, Kröten, Unken und Molche sind *selten* geworden. Selbst den früher so häufigen Grasfrosch findet man heute kaum noch. Woran liegt das?
Lurche brauchen *Tümpel, Teiche, feuchte Wiesen und Wälder, Seen und klare Bäche.* Solche Lebensräume gibt es bei uns immer weniger. Oft werden kleine Laichgewässer achtlos zugeschüttet. Die gesamte Lurchbevölkerung der Umgebung geht dann zugrunde. Wo man feuchte Wiesen entwässert, kommen die feuchtigkeitsliebenden Lurche nicht mehr vor. Den Schaden haben auch die Störche, Reiher, Ringelnattern und alle anderen Tiere, die von Lurchen und ihren Larven leben.

Was kannst du tun? Ob ein Tümpel zugeschüttet wird oder nicht, kannst du selbst kaum beeinflussen. Du könntest aber *versuchen, die dort lebenden Lurche zu retten.* Das schaffst du nicht allein. Sprich in der Klasse darüber. Vielleicht gibt es auch eine *Naturschutzjugendgruppe* an deinem Wohnort. Es genügt nicht, die Tiere herauszufangen und sie in einem Eimer zu einem anderen Gewässer zu bringen. Eine solche *Umsetzungsaktion* muß genau geplant werden:
- Bei *wandernden Arten,* wie Grasfrosch und Erdkröte, eignen sich *nur Laich und Kaulquappen* zur Umsetzung. Ausgewachsene Tiere lernen den Weg zum neuen Laichgewässer nicht mehr.
- Die Tiere stellen *unterschiedliche Ansprüche* an den Lebensraum.
- Die *Naturschutzbehörde* muß den Fang und die Umsiedlung der Lurche *genehmigen.* Sie gibt auch weitere wichtige Hinweise.

> Lurche brauchen Gewässer, feuchte Wiesen und Wälder. Sie können nur überleben, wenn ihre Lebensräume erhalten bleiben.

1 In einer Wohnsiedlung setzt jemand Froschlaich in einem Gartenteich vor seinem Haus aus. Er glaubt, er habe damit etwas zur Rettung der Lurche getan. Was hat er vergessen zu überlegen? Im nächsten Jahr hat er wahrscheinlich keine Frösche im Garten. Warum?

Erdkröten auf der Wanderung zum Laichgewässer

Kröten leben gefährlich

Erdkröten wandern zwischen ihrem Laichgewässer und den bis zu 3 Kilometer entfernten Sommerquartieren. Sie suchen ihr Laichwasser auch dann auf, wenn inzwischen eine breite Straße quer zu ihrem Wanderweg gebaut wurde. Auf der Straße lauert für viele der Tod. Je dichter der Verkehr, desto mehr Erdkröten werden überfahren.

Bau eines Fangzauns

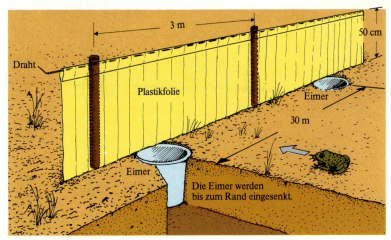

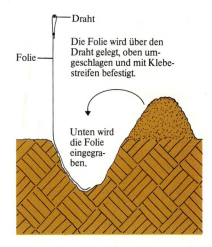

Hilfe für wandernde Lurche

Auf keinen Fall darfst du *Rettungsversuche auf der Straße vornehmen!* Du gefährdest dich selbst und die Autofahrer. Helfen kann man den Lurchen nur, wenn man sie am Betreten verkehrsreicher Straßen hindert. Gut bewährt haben sich dafür *Fangzäune aus Plastikfolie*. In einer Biologiearbeitsgemeinschaft könnt ihr solche Fangzäune aufstellen. Überlegt und plant auch hier sorgfältig:

– Zu welcher Jahreszeit ist die Aktion nur nötig? Wann die Lurche im Frühjahr zu wandern beginnen, hängt vom *Wetter* ab. Massenwanderungen treten nur bei Regenwetter nach der Dämmerung auf. Es muß dabei abends mindestens 5 °C warm sein.
– Auf welchen Straßenabschnitten finden Kröten- und Froschwanderung statt?
Dort, wo die Straße *zwischen Laichgewässer und Wald* verläuft, ist mit Wanderungen zu rechnen.

Die Plastikfolie wird an Pfosten befestigt. Unten beschwert ihr sie mit Steinen und Erde. Die Lurche müssen aber trotzdem zur Fortpflanzung ans Wasser kommen können. Deshalb wird unmittelbar vor dem Sperrzaun alle 30 Meter ein Eimer eingegraben. Seine Öffnung darf nicht höher liegen als der Erdboden. Auf der Suche nach einem Durchschlupf fallen die Lurche in den Eimer. Am anderen Morgen könnt ihr sie darin leicht auf die andere Straßenseite tragen. Ihr müßt auch daran denken, daß die Tiere nach dem Laichen vom Teich zurückwandern. Deshalb ist noch ein *zweiter Fangzaun auf der gegenüberliegenden Straßenseite* erforderlich. Nur so können die Lurche auch gefahrlos wieder in ihre Sommerquartiere im Wald gelangen.

Damit die Aktion Erfolg hat, müssen die Eimer unbedingt regelmäßig und möglichst früh am Morgen geleert werden.

Umwelt aktuell: Unsere Lurche sind bedroht

Lurche sind auf feuchte Lebensräume wie Tümpel, Teiche und Moore angewiesen. Wo die Feuchtgebiete zerstört werden, können sie nicht mehr leben. Viele Lurcharten sind deshalb bei uns gefährdet oder gar vom Aussterben bedroht. Sie brauchen unseren Schutz.

Diese Lurcharten stehen in der Roten Liste.

Einteilungen der Roten Liste
- Gefährdet
- Stark gefährdet
- Vom Aussterben bedroht
- Ausgestorben oder verschollen

Helfen kannst du auch durch Verzicht. Besorge dir keinen Froschlaich! Fange und halte keine Kaulquappen und Molche! Es ist zudem bei uns verboten.

Kaufe keine Laubfrösche! Sie kommen oft aus Süd- und Osteuropa in den Tierhandel. Doch auch dort sind sie gefährdet. Laichtümpel für Lurche bei der Schule oder im Garten anzulegen, ist eine feine Sache. Setze aber keine Lurche ein! Warte, bis sie von selbst kommen. Wenn die Ufer flach sind und es in der Umgebung dichten Pflanzenwuchs gibt, sind die Bedingungen günstig.

Praktikum: Wir helfen den Lurchen

Wer schützen und helfen will, muß die Schützlinge kennen. Die beste Zeit zum Kennenlernen der Lurche ist das Frühjahr. Während der Laichzeit sind sie weniger scheu.
Erkundige dich, welche Naturschutzvereine sich an deinem Heimatort um den Schutz der Lurche bemühen. Sie sagen dir, wo du mithelfen kannst.

1 Klammerverhalten bei Erdkröten
Vergleicht die Innenseite der Finger von Männchen und Weibchen miteinander.
– Welchen Unterschied stellt ihr fest?
– Welchen Vorteil haben diese Strukturen für die klammernden Männchen?
Halte ein Weibchen und ein Männchen vorsichtig etwa 30 Sekunden lang hinter den Achseln fest.
– Wie reagieren die Tiere?
– Suche nach einer Erklärung.

2 Anlegen eines Laichgewässers für Lurche
Eine wirksame Hilfe für Lurche ist das Neuanlegen eines Laichgewässers. Besonders rasch wird es besiedelt, wenn der Standort in der Nähe vorhandener Gewässer liegt. Soll es nicht im Garten entstehen, muß man sich zuerst um die nötige Erlaubnis kümmern (Schulgelände: Direktor; Wald: Forstamt). Außerdem braucht man Teichfolie in ausreichender Größe.
Deshalb sollte man vorher einen Plan zeichnen, wie groß und tief der Teich werden soll. Wichtig ist, daß die Ufer flach abfallen und kleine Buchten aufweisen. Ist die Teichgrube nach Plan ausgehoben, legt man die Folie ein. Auf die Folie kommt eine 10 cm dicke Schicht Sand und Kies. Nie Gartenerde verwenden! Setze weder Pflanzen noch Tiere ein, sondern laß das Gewässer sich selbst entwickeln.

3 Was machen die Kinder hier falsch?

Kriechtiere

Die Zauneidechse ist ein Kriechtier

Lebensraum. Die *Zauneidechse* liebt Wärme. Ihre bevorzugten Lebensräume sind *sonnenbeschienene Hänge und Böschungen, Gärten und Waldränder*. Oft siehst du die Zauneidechse erst, wenn sie flink von dem Stein huscht, auf dem sie gerade noch ihr Sonnenbad genommen hat.

Körpertemperatur. Eine besonnte Eidechse hat einen warmen Körper. Sie ist besonders flink. Bei kühler Witterung sinkt ihre Körpertemperatur. Ihre Bewegungen werden langsam und schwerfällig. Dann zieht sich die Zauneidechse in einen Schlupfwinkel zurück. Den Winter verbringt sie kalt und starr in einem frostsicheren Erdloch oder Felsspalt. Die *Körpertemperatur* der Eidechse *sinkt und steigt also mit der Temperatur der Umgebung*. Die Zauneidechse ist *wechselwarm*.

Bewegung. Bei der Zauneidechse sitzen die Beine *seitlich am Körper*. Der Bauch schleift beim Laufen über den Boden. Wenn die Zauneidechse langsam *kriecht*, kannst du ihre Bewegungsweise beobachten: Gleichzeitig setzt sie das *rechte Vorderbein und das linke Hinterbein* nach vorn. Ihr Rumpf biegt sich dabei *nach links* durch. Jetzt folgen *linkes Vorderbein und rechtes Hinterbein*. Der Rumpf krümmt sich *nach rechts*. Beim Vorwärtskriechen schlängelt ihr ganzer Körper hin und her. *Die Zauneidechse kriecht schlängelnd.*

So kriecht die Zauneidechse.

Das Schuppenkleid. Auf dem Foto links siehst du, daß der ganze Körper der Eidechse mit *Schuppen* bedeckt ist. Sie bestehen aus *Horn*. Das Hornkleid schützt die Eidechse vor dem Austrocknen. Beim Größerwerden des Tieres wächst das Hornkleid nicht mit. Es wird schließlich rissig und platzt. Die Zauneidechse reibt sich an Steinen und Ästen, um die alte Haut in Fetzen abzustreifen. Diesen Vorgang nennt man *Häutung*. Schon vorher hat sich unter dem alten Hornkleid das neue gebildet.

Fortpflanzung. Das *Zauneidechsenmännchen* ist im Frühjahr an der Seite grün gefärbt. Jetzt unterscheidet es sich von dem graubraun gefärbten *Weibchen*. Während der *Paarungszeit* im Mai *kämpfen* die Männchen miteinander. Erst versuchen sie, sich gegenseitig einzuschüchtern, indem sie sich auf den Hinterbeinen hoch aufrichten. Wenn das nichts hilft, beißen die Tiere einander in den Hinterkopf. Dabei verletzen sie sich aber nicht ernsthaft. Schließlich flieht der Verlierer. Nach der Paarung legt das Weibchen im Juni etwa 5 bis 14 bohnengroße *Eier*. Es vergräbt die Eier in der Erde und überläßt sie dann sich selbst. Die Eier haben eine derbe Haut. Sie werden *von der Sonnenwärme ausgebrütet*. Nach etwa 8 Wochen schlüpfen die jungen Zauneidechsen. Sie sind nur so lang wie ein Streichholz, gleichen aber sonst ganz ihren Eltern. Sie gehen sogleich *selbständig* auf Nahrungssuche.

Zauneidechsenweibchen bei der Häutung

Junge Zauneidechsen schlüpfen aus dem Ei.

> Die Zauneidechse gehört zu den Kriechtieren. Wie alle Kriechtiere ist sie wechselwarm und trägt ein Schuppenkleid aus Horn. Sie legt Eier, die von der Sonne ausgebrütet werden. Die Jungen gleichen den erwachsenen Tieren.

1 Zeichne die Umrisse des Eidechsenmodells auf Zeichenkarton. Schneide die Teile aus und hefte sie zusammen. Führe auf dem Tisch vor, wie die Eidechse kriecht. Setze dazu die Beine mit Hilfe der Stecknadeln in der richtigen Reihenfolge vor.

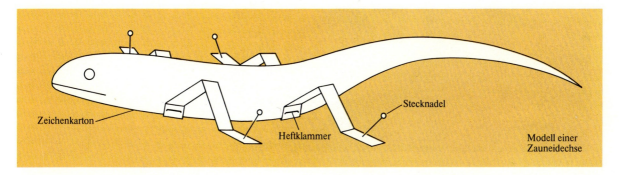
Modell einer Zauneidechse

Jägerin und Gejagte

Ernährung. Die Zauneidechse jagt *Insekten, Spinnen und Schnecken*. Sie hört gut, obwohl sie keine Ohrmuscheln besitzt. Ihre Beute findet sie aber vor allem mit den Augen. Hat die Eidechse ein Beutetier erspäht, streckt sie ihre gegabelte Zunge heraus. Sie *züngelt*. Dabei bringt sie Geruchsstoffe des Beutetieres aus der Luft an ein *Riechorgan im Mund*. Auch die Nase dient zum Riechen. Mit ihrem *Fanggebiß* aus spitzen, gleichartig gebauten Zähnen packt die Zauneidechse die Beute und schluckt sie unzerkaut hinunter.

Feinde. Oft bleibt die Zauneidechse ihren Feinden durch ihre *Tarnfarbe* verborgen. Krähen und Greifvögel haben es auf sie ebenso abgesehen wie Hühner, Wiesel und Katzen. Hat ein Angreifer die Zauneidechse am Schwanz gepackt, *wirft sie den Schwanz ab*. Das abgeworfene Stück zuckt und windet sich heftig. Der Angreifer wird dadurch abgelenkt, die Eidechse kann entkommen. Das fehlende Schwanzstück *wächst wieder nach*. Der Ersatzschwanz ist aber kürzer.

Die Zauneidechse steht unter *Naturschutz*. Trotzdem droht ihr auch vom Menschen Gefahr: Wird trockenes Gras an Böschungen und Feldrändern abgebrannt, sterben die Eidechsen in den Flammen.

Eine Zauneidechse hat eine Insektenlarve erbeutet.

Zauneidechse mit nachgewachsenem Ersatzschwanz

Die Blindschleiche

Trotz des schlangenähnlichen Aussehens ist die *Blindschleiche* eine *Eidechse*. Zwar hat sie *keine Beine*, aber in ihrem Körper liegen noch kleine Knochen an den Stellen, wo bei anderen Eidechsen Schulter- und Beckengürtel sitzen.

Die Blindschleiche ist *nicht blind*. Ihre in der Sonne „blendend" glänzende Haut gab ihr den Namen. Die harmlose Blindschleiche ist viel steifer als die beweglicheren Schlangen. Sie jagt daher langsame Beute wie Nacktschnecken und Würmer.

Blindschleichen leben sehr versteckt. Am Tag sind sie selten zu sehen.

Die Ringelnatter ist ein Kriechtier

Eine Ringelnatter sucht das Wasser auf.

Eine einheimische Schlange

Lebensraum. Wenn du beim Baden in einem Weiher plötzlich neben dir den Kopf einer *Schlange* entdeckst, brauchst du keine Angst zu haben: Es ist eine *Ringelnatter*. Sie ist *ungiftig* und *niemals angriffslustig*. An den beiden hellgelben, halbmondförmigen Flecken hinter dem Kopf erkennst du sie leicht.

Die Ringelnatter ist eine *wasserliebende Schlange*. Man trifft sie an Bächen, Seen und alten Flußarmen an. Aber auch in Wäldern und auf feuchten Wiesen ist sie zuhause.

Schuppenkleid. Der Körper der Ringelnatter ist wie der der Zauneidechse mit *Schuppen aus Horn* bedeckt.

Bald nachdem das *wechselwarme Tier* im Frühjahr sein Winterquartier verlassen hat, häutet es sich. Dazu kriecht es durch dichtes Gestrüpp. Oft löst sich das alte Hornkleid in einem Stück ab und bleibt als *Natternhemd* im Gras oder an Sträuchern hängen.

Fortbewegung ohne Beine. Die Ringelnatter hat wie alle Schlangen *keine Beine*. Trotzdem kann sie sich am Boden erstaunlich schnell vorwärtsbewegen. Im Wasser schwimmt sie behende mit schlängelnden Bewegungen. Sogar auf Bäume vermag die Ringelnatter zu klettern!

In einer *Wellenbewegung* gleitet die Ringelnatter vorwärts. Das ist nur möglich, weil die einzelnen *Wirbel* der Wirbelsäule durch *Kugelgelenke* gegeneinander beweglich sind. Ziehen sich die Muskeln in einem Körperabschnitt *der linken Seite* zusammen, krümmt sich hier der Körper *nach links*. Dort, wo sie sich *rechts* zusammenziehen, krümmt er sich *nach rechts*. Abwechselnd werden die Muskeln rechts und links zusammengezogen und wieder entspannt. Jede der Körperwindungen *drückt sich von Steinen oder anderen Bodenunebenheiten weg*. So kommt die Vorwärtsbewegung zustande. Auf einer völlig glatten Oberfläche, beispielsweise einer Glasplatte, vermag die Ringelnatter nicht zu kriechen.

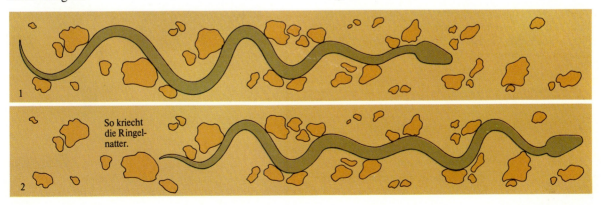

So kriecht die Ringelnatter.

Der harmlose Froschjäger

Ernährung. Die Ringelnatter ernährt sich von *Fröschen und Kröten*. Manchmal wird behauptet, daß sie die Beute durch ihren Blick lähmt. Das stimmt aber nicht. Ihr Blick wirkt nur deshalb so starr, weil sie *keine beweglichen Augenlider* hat. Ihre Augenlider sind miteinander zu durchsichtigen Häuten verwachsen. Die Ringelnatter sieht nicht besonders gut. Sie bemerkt ein Beutetier erst, wenn es sich bewegt. Ihr *Geruchssinn* ist viel besser ausgebildet. Durch einen Spalt im Oberkiefer kann sie die Zunge auch bei geschlossenem Maul herausstrecken. Das *Züngeln* dient wie bei den Eidechsen dem Riechen und auch dem Tasten.

Hat die Ringelnatter einen Frosch entdeckt, verfolgt sie ihn. Sobald er nicht mehr fliehen kann, stößt sie zu. Aus ihrem *Fanggebiß* gibt es kein Entrinnen. Lebend und unzerkaut wird die Beute hinuntergewürgt, auch wenn sie dreimal so dick wie der Schlangenkopf ist. Maul und Schlund dehnen sich dabei stark. Das ist durch den besonderen Bau des Schlangenschädels möglich: Die beiden *Unterkieferknochen* sind nicht miteinander verwachsen, sondern *durch ein dehnbares Band verbunden*. Der scharfe Magensaft löst Fleisch und Knochen des Frosches bald auf.

Feinde. Die Ringelnatter hat zahlreiche Feinde. Dazu gehören Mäusebussard, Igel, Storch und Graureiher. Manchmal kann sie ihnen entkommen, indem sie sich *totstellt* und in einem unbewachten Augenblick flieht.

Wie alle einheimischen Schlangen steht die Ringelnatter unter *Naturschutz*.

1 Vergleiche die Ringelnatter mit der Kreuzotter. Lege dazu eine Tabelle in deinem Heft an, in die du die Unterschiede und Gemeinsamkeiten der beiden Tiere einträgst. So könntest du die Tabelle beginnen:

	Ringelnatter	Kreuzotter
Kennzeichen Lebensraum		

2 Eine einheimische Schlange zu töten, ist töricht und außerdem strafbar. Begründe, warum man sich vor Schlangen nicht zu fürchten braucht. Lies dazu auch die nächste Seite.

Ringelnatter

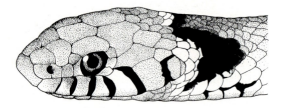
Die Pupille der Ringelnatter ist rund.

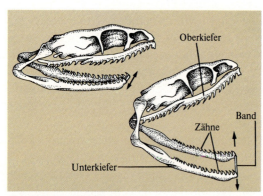
Schädel der Ringelnatter

Die Ringelnatter legt 20 bis 30 Eier.

Kreuzotter

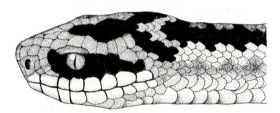
Die Pupille der Kreuzotter ist schlitzförmig.

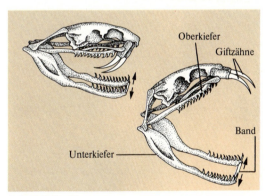
Schädel der Kreuzotter

Die Kreuzotter bringt 8 bis 15 Junge zur Welt.

Die Kreuzotter ist ein Kriechtier

Kennzeichen. Die *Kreuzotter* hat auf dem Rücken ein *dunkles Zickzackband* und auf dem Kopf ein *X- oder Y-förmiges Zeichen*. Ihr Körper ist rötlich, grau oder schwarz gefärbt. Selten wird die Kreuzotter länger als 60 Zentimeter.

Lebensraum. Wie alle Kriechtiere ist die Kreuzotter *wechselwarm* und liebt die Wärme. Ihre bevorzugten Lebensräume sind *Heidelandschaften, sonnige Hänge und Moore*.

Ernährung. Die Kreuzotter ist eine *Giftschlange*. Ihr Oberkiefer trägt zwei spitze, hohle *Giftzähne*. Bei geschlossenem Maul liegen sie wie ein Taschenmesser eingeklappt in einer Hautfalte des Gaumens. Wenn die Schlange das Maul öffnet, richten sie sich auf.

Die Kreuzotter frißt hauptsächlich *Mäuse*. Sie *jagt ihre Beute nicht*, wie die Ringelnatter, sondern *lauert ihr auf*. Kommt eine Maus in die Nähe, verfolgt die Kreuzotter das Tier mit den Augen. Sie bleibt ruhig, bis die Maus nahe genug heran ist. Blitzschnell stößt sie mit offenem Maul zu. Die Giftzähne schlagen sich in das Opfer. Sofort läßt die Schlange wieder los. Die Maus läuft noch einige Meter davon, bis das Schlangengift sie tötet. *Züngelnd* folgt die Kreuzotter der Geruchsspur der Maus. Dann wird die Beute mit dem Kopf voran verschlungen.

Schutz vor Schlangenbissen. Die Kreuzotter *greift den Menschen niemals an*. Sie spürt die Erschütterung des Bodens durch unsere Schritte und flieht, bevor wir uns genähert haben. Nur ein überraschtes Tier beißt zu.

Der Biß ist selten tödlich. Trotzdem muß man *sofort einen Arzt aufsuchen*. Wer bei Wanderungen durch Moor und Heide stets hohe, feste Schuhe trägt, hat von der Kreuzotter nichts zu befürchten.

Fortpflanzung. Im Mai paaren sich die Kreuzottern. Das Weibchen bringt im August *8 bis 15 lebende Junge zur Welt*. Sie schlüpfen vor oder während der Eiablage aus den Eiern.

> Ringelnatter und Kreuzotter sind einheimische Schlangen. Die Kreuzotter ist eine Giftschlange, die Ringelnatter ist ungiftig. Schlangen gehören zu den Kriechtieren.

Vögel – Akrobaten der Luft

Die Schwalben sind zurück. Mit lauten „witwit"-Rufen schießen zwei *Rauchschwalben* durch die Toreinfahrt. Es ist Ende April. Seit 14 Tagen fliegen wieder Schwalben über dem Dorf. Jetzt wagt sich die eine Rauchschwalbe sogar durch die geöffnete Tür in den Schuppen. Wenig später fliegen beide im Hof umher. Die Toreinfahrt scheint es ihnen besonders angetan zu haben. Das Männchen, das einen passenden Nistraum gefunden hat, kreist über dem Gebäude und singt dabei.

Nestbau und Jungenaufzucht. Rauchschwalben bauen ihr *Nest* meist in Ställen zwischen Wand und Dach, mit Vorliebe jedoch auf Balken und Vorsprüngen. Schnell wird in der Toreinfahrt ein Brett als Balkenersatz angebracht. Wirklich, die Schwalben beginnen mit dem Nestbau! In den nächsten Tagen sieht man sie häufig am Ufer des Gartenteichs sitzen. Mit dem Schnabel nehmen sie feuchten Lehm auf und transportieren ihn zum Nistplatz. Aus Lehm, Speichel, Stroh und Federn entsteht ein stabil gebautes Nest.

Kaum ist es fertig, hat das Weibchen das erste *Ei* gelegt. Es mißt knapp 2 Zentimeter und ist weiß mit kleinen, braunen Flecken. Nach einer Woche liegen fünf Eier im Nest. Jetzt fängt das Weibchen zu brüten an. Nur zur Nahrungssuche verläßt es das Nest. Es jagt Insekten im Flug. Zwei Wochen später *schlüpfen* die jungen Schwalben. Sie sind nackt und rosig, ihre Augen noch fest verschlossen. Alle paar Minuten landen die Eltern am Nest und stopfen Futter in die weit geöffneten Schnäbel der Jungen. Nach drei Wochen intensiver *Brutpflege* sind die Jungen *flügge* und verlassen das Nest.

Eine Rauchschwalbe sammelt Lehm.

1 Welche Bedingungen müssen erfüllt sein, damit in einem Dorf Rauchschwalben leben können?

2 Gibt es in deiner Umgebung Bauernhöfe? Wenn ja, erkundige dich bei den Landwirten, ob sie Schwalben im Stall haben. Wie war es früher?

3 Spaziergänger ärgern sich manchmal über unbefestigte Feldwege mit Pfützen. Kannst du ihnen erklären, warum solche Wege für Schwalben sehr wichtig sind?

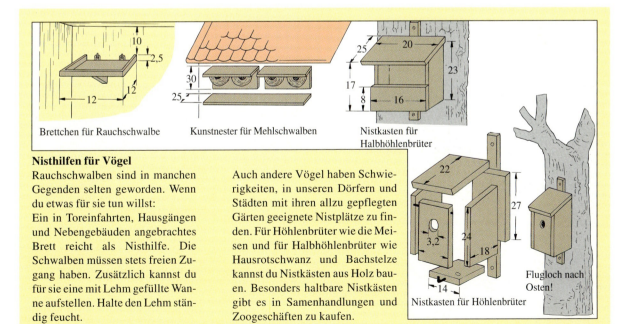

Nisthilfen für Vögel

Rauchschwalben sind in manchen Gegenden selten geworden. Wenn du etwas für sie tun willst: Ein in Toreinfahrten, Hausgängen und Nebengebäuden angebrachtes Brett reicht als Nisthilfe. Die Schwalben müssen stets freien Zugang haben. Zusätzlich kannst du für sie eine mit Lehm gefüllte Wanne aufstellen. Halte den Lehm ständig feucht.

Auch andere Vögel haben Schwierigkeiten, in unseren Dörfern und Städten mit ihren allzu gepflegten Gärten geeignete Nistplätze zu finden. Für Höhlenbrüter wie die Meisen und für Halbhöhlenbrüter wie Hausrotschwanz und Bachstelze kannst du Nistkästen aus Holz bauen. Besonders haltbare Nistkästen gibt es in Samenhandlungen und Zoogeschäften zu kaufen.

Abwärtsschlag ... Aufwärtsschlag

Schnellflieger Taube

Tauben fliegen schnell, wenig, aber dafür ausdauernd. Ihr ganzer Körper ist *für das Fliegen eingerichtet*. Am wichtigsten sind die *Federn*.

Federn und Flügel. Vögel sind die einzigen Wirbeltiere mit Federkleid. Ohne Federn könnte weder die Taube noch irgendein anderer Vogel fliegen. Am Taubenkörper gibt es vier verschiedene Arten von Federn. Die flauschigen *Dunen* halten den Körper warm. Über ihnen liegen die *Deckfedern*. Sie überdecken einander wie Dachziegel und nehmen dem Körper die Ecken und Kanten. So erhält er eine *strömungsgünstige Form*, der die Luft *wenig Widerstand* bietet. Außerdem schützen die Deckfedern vor Kälte und Nässe. Die Federn des Schwanzes nennt man *Steuerfedern*. Sie helfen beim Steuern und Landen. Die langen, kräftigen *Schwungfedern* bilden zusammen mit den Deckfedern die Tragflächen der *Flügel*. Das Flügelskelett gleicht dem Skelett unserer Arme.

Fliegen. Beim *Abwärtsschlag* ist der Flügel gestreckt. Dieser Flügelschlag hält den Vogel in der Luft und bringt ihn vorwärts. Beim *Aufwärtsschlag* wird der Flügel im Handgelenk abgeknickt und der Handteil an den Armteil herangezogen. Der Armteil wirkt als Tragfläche und sorgt für den *Auftrieb*.

Anpassungen an das Fliegen. Je schwerer ein Vogel ist, um so mehr Kraft braucht er zum Fliegen. Der Körper der Taube ist „federleicht" gebaut. Viele Knochen sind hohl und mit Luft gefüllt. Die Bauweise der Flugzeuge ist diesem Prinzip nachempfunden. Häufige *Kotabgaben* sorgen ebenfalls für ein nahezu gleichbleibendes Gewicht. Vögel gebären keine lebenden Jungen. Sie legen nur Eier. Das heißt, die Entwicklung der Jungen findet außerhalb des Körpers statt.

Atmung. Brieftauben können stundenlang fliegen, ohne daß sie außer Atem kommen. Zusätzlich unterstützen *Luftsäcke* in Brust und Bauch die Atmung.

> Vögel sind in ihrem Körperbau ganz für das Fliegen eingerichtet. Sie haben ein Federkleid und sind sehr leicht gebaut.

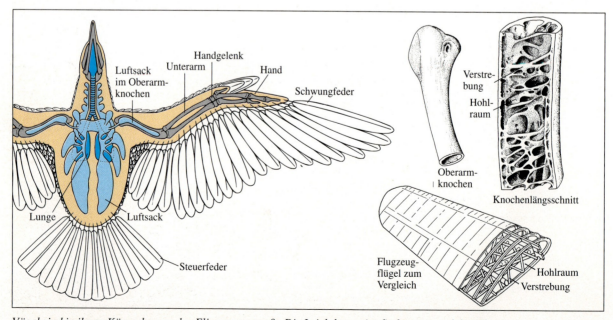

Vögel sind in ihrem Körperbau an das Fliegen angepaßt. Die Leichtbauweise findet man auch bei Flugzeugen.

Praktikum: Vogelfedern

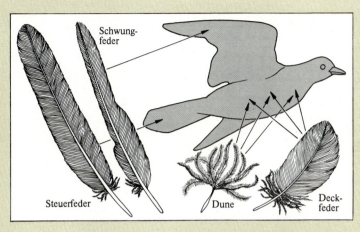

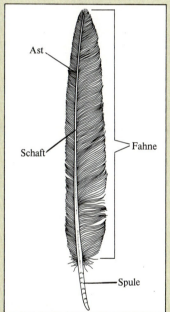

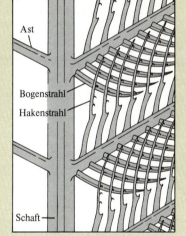

1 Sammle Vogelfedern. Versuche herauszufinden, an welcher Stelle des Vogelkörpers die Federn saßen. Das Bild links hilft dir dabei.

2 Lege eine Feder auf Papier. Fahre mit dem Bleistift genau an ihrem Rand entlang. Zeichne auf diese Weise den Umriß der Feder. Trage weitere Einzelheiten in die Zeichnung ein und beschrifte sie wie auf dem Bild links.

3 Halte eine Feder gegen helles Licht. Streiche dann die Federfahne zwischen zwei Fingern „gegen den Strich", also von der Spitze zur Spule. Was beobachtest du? Betrachte die Fahne auch mit der Lupe! Erkläre mit deinen Beobachtungen und dem Bild rechts, warum sich die Fahne wieder „reparieren" läßt, wenn man sie von der Spule zur Spitze zwischen zwei Fingern streicht.

4 Führe die folgenden Versuche mit Federn durch. Kannst du für jedes Versuchsergebnis eine Erklärung finden?
– Knicke einen Federschaft hin und her, bis er abbricht. Zähle, wie oft du knicken mußt. Mache denselben Versuch mit einem Stück Draht zum Vergleich.
– Tauche eine Deckfeder in Wasser und nimm sie wieder heraus. Was beobachtest du?
– Halte eine große Feder vor eine Kerzenflamme. Versuche mit einem Trinkhalm die Flamme durch die Federfahne hindurch auszublasen. Wieviel Versuche brauchst du?
Mache zum Vergleich denselben Versuch mit einem straff gespannten Taschentuch statt der Feder.

Das Huhn

Früher lebten alle Hühner so wie diese.

Hühner auf dem Bauernhof
Mit Tagesbeginn wird es laut im Hühnerstall. Der Hahn kräht. Vom Nachbarhof antwortet ein anderer.
Rangordnung. Sobald die Luke des Hühnerstalls geöffnet wird, kommen die Hühner auf den Hof. Dicht umlagern sie den Futtertrog. Es gibt kaum Streit. In der Hühnerschar herrscht eine *Rangordnung*. Entsprechend seinem Rang kommt jedes Huhn ans Futter. Drängt sich ein rangniederes Huhn vor, wird es *angedroht* oder gehackt. Weicht es dann nicht zurück, gibt es einen *Kampf*. Das unterlegene Huhn ordnet sich in Zukunft dem Sieger unter.
Ernährung. Schnell und zielsicher picken die Tiere Körner auf. Wenn der Futtertrog leer ist, *scharren* sie im Hof nach Futter. Sie fressen nicht nur Körner, sondern auch die Samen von Wildkräutern, Abfälle, junges Gras, Käfer und Würmer. Oft scharrt der *Hahn* und lockt die *Hennen* zum Futter.
Körperpflege. Mehrmals am Tag nehmen die Hühner ein *Staubbad*. Dazu legen sie sich in flache Bodenmulden, scharren und plustern ihr Gefieder auf. Der Staub erstickt lästige Schmarotzer im Gefieder.
Eiablage. Zum *Eierlegen* suchen sich die Hennen möglichst versteckte Plätze *am Boden*. Strohgefüllte Legenester am Stallboden werden von den meisten Hennen als Legeplatz angenommen.
Aufbaumen. Noch bevor es dunkel ist, fliegen die Hühner zum Schlafen auf ihre Sitzstangen im Stall. Das nennt man *Aufbaumen*. Wildlebende Hühner schlafen tatsächlich auf Bäumen.

Ein Nutztier seit alter Zeit
Unser Haushuhn hat Vorfahren aus Indien, die *Bankivahühner*. Sie leben dort noch heute wild. Schon vor 4500 Jahren haben die Menschen Bankivahühner mit Futter in die Nähe ihrer Sied-

Bankivahahn. Siehst du Unterschiede zum Haushahn?

lungen gelockt. Im Dickicht der Umgebung legten die halbwilden Vögel dann ihre Eier. Nicht nur die Eier, auch Fleisch und Federn der Vögel waren begehrt. Im Laufe langer Zeit wurden die Hühner schließlich zu *Haustieren*. Viele verschiedene *Hühnerrassen* wurden seither gezüchtet. *Legerassen* legen bis zu 300 Eier im Jahr. *Fleischrassen* wachsen besonders rasch.

Hühner in der Eierfabrik
Dicht an dicht sitzen die Hühner in den *Drahtkäfigen*. Hier müssen sie ihr ganzes Leben verbringen. Sie fressen, schlafen, hacken einander und legen Eier. Ein Käfig für 4 Hühner ist nur etwa 40 Zentimeter lang, 40 Zentimeter breit und ebensohoch. Der Käfigboden besteht aus einem *Gitter*. Darunter ist ein Auffangblech für den Kot. In mehreren Stockwerken stehen die Käfige übereinander. Hähne gibt es nicht unter den 10 000 Hennen. Ihr Gegacker wird vom Ventilator der *Klimaanlage* übertönt. Er saugt die scharf riechende Stalluft nach außen und verhindert, daß es im Stall zu heiß wird. Das Licht von *Leuchtstofflampen* erhellt den fensterlosen Raum. *Transportbänder* füllen die Futterrinnen vor den Käfigen automatisch mit einem besonderen *Kraftfutter*. Transportbänder nehmen auch die Eier mit.

Heute werden die meisten Hühner in engen Drahtkäfigen gehalten.

Das Haushuhn stammt vom Bankivahuhn ab. In der Hühnerschar herrscht eine Rangordnung.

1 Vergleiche die Lebensweise der Hühner auf dem Bauernhof und die der Hühner in der Eierfabrik.

Wildhühner
Ungefähr 250 verschiedene Arten von *Hühnervögeln* gibt es auf der Welt. Sie alle sind *Bodenvögel*. Wie das Haushuhn suchen sie am Boden scharrend nach Nahrung, nehmen Staubbäder und brüten am Boden. Auch bei uns leben *Wildhühner*. Zu ihnen gehören das *Rebhuhn* und der *Jagdfasan*, der aus Südasien stammt und bei uns eingebürgert ist.

Das Rebhuhn lebt auf Feldern und Brachland.

Der Fasanenhahn ist bunter gefärbt als die Henne.

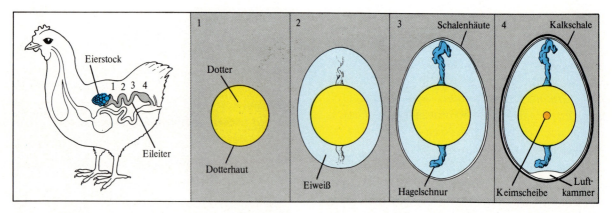

Wie ein Hühnerei entsteht

Hühnereier sind für uns ein wichtiges *Nahrungsmittel*. Kaum jemand denkt noch daran, daß Hühner die Eier zu ihrer *Fortpflanzung* legen, und nicht für unsere Pfannen!

Nur etwa 24 Stunden dauert es, bis ein Hühnerei legefertig ist. Aus einer winzigen *Eizelle*, so groß wie dieser Punkt ·, bildet sich im *Eierstock* eine *Dotterkugel*. Sie gelangt in den *Eileiter*. Hier wird sie nacheinander mit dem *Eiweiß*, den *Schalenhäuten* und der *Kalkschale* umgeben.

Vom Ei zum Küken

Wenn der Hahn die Henne begattet, wird die Eizelle im Anfangsteil des Eileiters *befruchtet*. Aus der befruchteten Eizelle entstehen viele Zellen. Sie bilden zusammen die *Keimscheibe*. Beim frisch gelegten Ei kann man die Keimscheibe als kleinen, hellen Fleck auf dem Dotter erkennen. Die Keimscheibe entwickelt sich zum *Embryo* und schließlich zum Küken, wenn die Henne das Ei mit ihrer Körperwärme ausbrütet.

Zur Brutzeit fallen der Henne am Bauch die Federn aus. Die nackte Haut überträgt die *Wärme* besser auf die Eier. Immer wieder wendet die Henne die Eier mit dem Schnabel. Die Keimscheibe liegt in ihnen trotzdem *immer oben*, also an der wärmsten Stelle. Der Dotter ist nämlich an zwei Eiweißschnüren, den *Hagelschnüren*, drehbar aufgehängt. 20 Tage brütet die Henne auf den Eiern. Nur für kurze Zeit verläßt sie ihr Gelege, um zu fressen. Die Eier dürfen nicht unter 25 °C abkühlen, sonst hört die Entwicklung der Küken auf, und sie sterben. *Dotter und Eiweiß* nehmen in den Eiern immer mehr ab. Sie dienen *zur Ernährung des Embryos*. *Sauerstoff* erhält das heranwachsende Küken über winzige *Poren* in der Eischale. Später sticht es mit dem Schnabel die *Luftkammer* am stumpfen Ende des Eies an. Am 21. Tag schlüpft das Küken.

Heute läßt man die Eier meist im *Brutschrank* bei einer Temperatur von 38 °C ausbrüten. Auch hier schlüpfen die Küken nach 20 Tagen.

> Beim befruchteten Ei geht aus der Keimscheibe der Embryo hervor. Dotter und Eiweiß dienen zu seiner Ernährung.

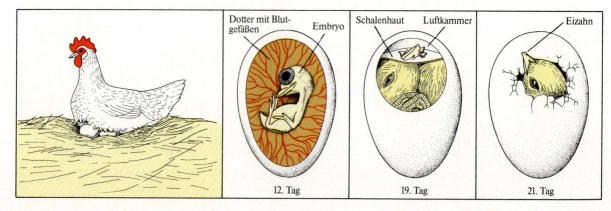

Glucke und Küken

Das Küken hat die Eischale (mit seinem *Eizahn*) gesprengt. Das ist ein kleiner Kalkhöcker oben auf dem Schnabel. Nun schlüpft es aus dem Ei. Von der Flüssigkeit im Ei ist es noch ganz feucht. Die Henne wärmt es in ihrem Bauchgefieder. Dabei trocknet das Küken, und seine *Dunenfedern* entfalten sich flauschig. *Gleich nach dem Schlüpfen* kann das Küken *laufen* und *stehen*. Es *pickt* auch schon nach kleinen Gegenständen. Wenn alle Küken geschlüpft sind, führt sie die Henne mit gluck-gluck-Lauten auf den Hof. Nach diesen *Führungslauten* nennt man die Henne auch Glucke. Die Küken bleiben immer in ihrer Nähe. Die Glucke scharrt für sie Futter aus dem Boden. Mit „tuck-tuck" lockt sie die Küken zum Futter. Bei Gefahr warnt sie die Jungen. Sie verteidigt sie auch gegen Ratten, Katzen und Hunde.

Eine Glucke mit ihren wenige Stunden alten Küken

Entenküken folgen der Mutter zu Land und zu Wasser.

Nestflüchterküken

Küken heißen die Jungen nicht nur bei *Hühnern*, sondern auch bei *Enten* und *Gänsen*. Sie alle können *gleich nach dem Schlüpfen laufen* und den Altvögeln *nachfolgen*. Selbständig suchen sie nach Futter. Sie sind *Nestflüchter*.
Junge Nestflüchter brauchen dennoch ihre Eltern: Die Alten führen die Jungen zu Plätzen, wo sie Nahrung finden. Durch *Vorpicken* zeigen sie ihnen, was freßbar ist. Sie wärmen die Jungen in ihrem aufgeplusterten Bauchgefieder. *Hudern* nennt man das. Ständig geben Alte und Junge *Laute* von sich und halten so *miteinander Verbindung*. Dadurch verlieren die Küken im hohen Gras oder im Röhricht nicht den Anschluß an die Eltern. Das wäre für sie der sichere Tod!

> Hühnerküken, Enten- und Gänseküken sind Nestflüchter.

1 Vergleiche das Haushuhn mit einem Säugetier. Nenne Gemeinsamkeiten und Unterschiede.

2 Berichte, wie ein Küken entsteht.

3 Die Glucke führt ihre Küken wie an einem unsichtbaren Band. Was ist damit gemeint?

Die Amsel

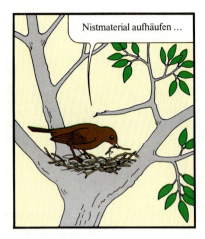  

Nestbau
Zuerst stellt das Amselweibchen in Astgabeln, Mauernischen, zwischen Holzstößen oder auf Balken den *Unterbau* für das Nest her. Es häuft kleine Zweige und Halme auf und paßt sie ein. Dann verbindet es alles mit feuchter Erde, Lehm, nassem Gras und Moos.

Später baut die Amsel vor allem lange Halme, aber auch Blätter, Federn und Zweige ein. Immer wieder setzt sie sich in das aufgehäufte Nistmaterial. Dabei drückt sie mit Brust und Beinen eine Vertiefung hinein. Weil sich die Amsel dabei dreht, formt sie eine gleichmäßig gerundete *Nestmulde*.

Auch den *Oberbau* des Nests verfestigt sie mit feuchtem Lehm. Zum Schluß legt sie die Nestmulde mit sehr kurzen Hälmchen aus. Zwischen 2 und 10 Tagen dauert es, bis das Amselnest fertig ist. Die meisten Amselnester findet man in 2 bis 3 Meter Höhe, manchmal auch direkt auf dem Boden.

Die Brutpflege des Amselpaars
Das Amselweibchen legt 3 bis 5 blaugrüne, rostrot gesprenkelte *Eier* in sein Nest und *bebrütet* sie. Nach 13 Tagen schlüpfen die Jungen. Sie sind noch nackt und blind: Es sind *Nesthocker*. Sie werden von beiden Eltern *gefüttert* und *gewärmt*. Etwa 8 bis 10 Tage nach dem Schlüpfen öffnen sich ihre Augen, und die Federn entfalten sich.
Die jungen Amseln brauchen jetzt viel Nahrung. Den ganzen Tag sind die Alten damit beschäftigt, Regenwürmer, Insekten und Spinnen herbeizuschaffen. Sobald ein Altvogel ans Nest kommt, recken die Jungen den Hals empor und *sperren* den Schnabel auf. Daraufhin stopft der Altvogel ihnen das Futter tief in den orangegelben Schlund. Die weißen, in eine Hülle verpackten Kotballen der Jungen trägt die alte Amsel im Schnabel vom Nest fort.
Rund 13 Tage nach dem Schlüpfen verlassen die jungen Amseln das Nest. Doch fliegen können sie noch nicht richtig. Sie hüpfen den Alten bei der Nahrungssuche hinterher und betteln um Futter. Erst nach weiteren 6 bis 10 Tagen sind sie *flügge:* Sie können fliegen und für sich selbst sorgen.

Das Amselweibchen füttert die sperrenden Jungen. Wie alt sie sind, bekommst du mit dem Text links heraus.

Amseljunge sind Nesthocker.

Praktikum: Wir untersuchen ein Amselnest

Amseln bauen jedes Jahr ein neues Nest. Wenn du im Herbst alte Nester sammelst, fügst du den Vögeln also keinen Schaden zu. Falls du kein Amselnest findest, kannst du versuchen, mit dem Foto rechts zu arbeiten.

1 Untersuche das Amselnest, ohne daß du es zerlegst. Kannst du noch herausfinden, auf welcher Unterlage es gebaut war?

2 Stelle fest, woraus das Nest besteht. Vergleiche mit dem Bild unten. Lege eine Liste an.

3 Lassen sich Unterschiede im Baumaterial feststellen, wenn du den unteren Teil des Nests mit dem Nestrand vergleichst?

4 Welche Aufgabe hat wohl die Erde, die in das Nest eingebaut ist?

5 Miß und wiege das Amselnest. Vergleiche mit den Zahlen, die du hier für ein anderes Amselnest findest.

Gewicht und Maße eines Amselnests

Gewicht (trocken)	231 g
Lehmanteil	140 g
Durchmesser (innen)	10 cm
Tiefe	6 cm

6 Wie oft mußte die Amsel fliegen, um das Nest zu bauen? Auf einmal kann sie nur ungefähr 0,5 Gramm Nistmaterial in ihrem Schnabel herbeischaffen.

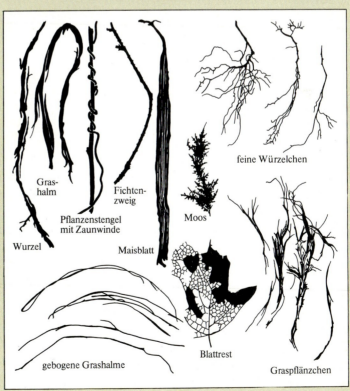

Der Buntspecht und seine Verwandten

Lautes Trommeln hallt durch den Wald. Ein schwarz-weiß-roter Vogel hämmert mit dem Schnabel gegen einen Ast. Dann klettert er in Spiralen am Baum empor. Es ist ein *Buntspecht*.

Sicher am Baum. Der Buntspecht hat wie alle Spechte *Kletterfüße*. Meist sind zwei Zehen nach vorn und zwei nach hinten gerichtet. Mit den spitzen, gebogenen *Krallen* kann sich der Buntspecht gut in der Rinde verankern. Außerdem dienen ihm die kräftigen *Schwanzfedern als Stütze*. Beim Klettern hüpft der Specht immer ein kleines Stückchen nach oben.

Spezialist im Insektenfang. Mit seinem *meißelartigen Schnabel* klopft der Specht die Rinde ab. Er sucht nach Insekten und ihren Larven. Am Klang des Aufschlags erkennt er, ob Beute zu erwarten ist. Mit kräftigen Schlägen entfernt er die Rinde. Dann schiebt er die *lange, klebrige Zunge* in die Fraßgänge der Insekten. Mit der harpunenartigen Zungenspitze spießt er die Beute auf und holt sie heraus.

Zur Nahrung des Spechtes gehören auch Haselnüsse und die Samen der Nadelbäume. Um an die Samen zu gelangen, klemmt er die Zapfen in einer Baumspalte fest. Dann zerhackt er sie mit dem Schnabel.

Verständigung durch Trommeln. Spechte sind *Einzelgänger*. Durch *Trommeln* locken sie das Weibchen an und verkünden anderen Männchen: Hier ist mein *Revier*. Etwa 10- bis 20mal in der Sekunde hämmern sie beim Trommeln gegen den Ast.

Höhlenbrüter. In morschen Stämmen oder Ästen legt der Buntspecht seine *Nisthöhle* an. Jedes Jahr baut er eine neue. Zwei Wochen arbeiten Männchen und Weibchen daran, bis die Höhle etwa 30 cm tief ist. Dann legt das Weibchen 5 bis 7 weiße Eier hinein. Die Jungen schlüpfen nach 12 Tagen. Es sind blinde und nackte *Nesthocker*. Erst nach drei Wochen verlassen sie die Nisthöhle. Danach bleiben sie noch zwei Wochen in der Nähe ihrer Eltern, suchen aber schon selbständig nach Nahrung. Bald darauf beginnen sie, weiter umherzuwandern.

Gleich zerhackt der Buntspecht den Zapfen.

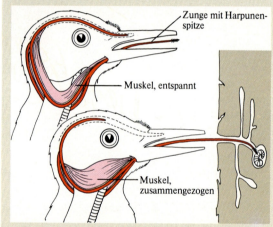

Mit der langen Zunge erbeutet der Specht Insektenlarven unter der Rinde.

Blick in die Nisthöhle des Buntspechts

1 Finde mit dem Bild auf der rechten Seite heraus, welche Spechte du schon beobachten konntest. Hast du noch keinen gesehen, achte im Wald auf das Trommeln!

2 Beschreibe, wie der Buntspecht seine Nahrung sucht. Benutze dazu auch das Foto und die Grafik oben.

Einheimische Spechte
1 Buntspecht 2 Grauspecht 3 Schwarzspecht 4 Grünspecht

Der Riese unter den Spechten. Neben dem Buntspecht gibt es noch andere Spechte in unseren Wäldern. Der größte ist der *Schwarzspecht*. Vom Kopf bis zum Schwanzende mißt er fast 50 cm.

Der Schwarzspecht bewohnt ausgedehnte Wälder mit vielen alten Bäumen. Sein Trommeln ist oft kilometerweit zu hören. Als Nahrung dienen ihm Ameisen, Käfer und deren Larven. Er sucht sie in Baumstümpfen und vor allem im unteren Teil der Waldbäume. Entdeckt er einen Baum, in dem die großen Roßameisen leben, hackt er fensterartige Löcher in den Stamm, um an die Beute zu kommen.

Erdspechte. Auf der Waldwiese sitzt ein olivgrüner Specht und hackt mit seinem Schnabel immer wieder in den Boden. Später stellen wir fest, daß sich hier ein Ameisennest befindet.

Sowohl der *Grünspecht* als auch der ähnliche *Grauspecht* ernähren sich vor allem von Ameisen, die ihre Nester im Boden haben. Weil beide Spechte auf Nahrungssuche so oft an der Erde zu sehen sind, werden sie *Erdspechte* genannt. Sie leben nicht nur in Wäldern, sondern auch in Parks und Obstgärten.

Spechte brauchen alte Bäume. Nahrung finden die Spechte im Wald meist genug. Zum Teil ernähren sie sich von Insekten, die im Holz der Bäume fressen und diese schädigen. Deshalb sieht der Förster sie gern in seinem Revier. Ansiedeln können sie sich aber nur, wo man ihnen morsche, alte Bäume stehenläßt. Nur in solchen Stämmen zimmern sie ihre Nisthöhlen. Zugleich schaffen sie damit *Wohnraum für andere Höhlenbrüter:* für Meisen, Stare, Hohltauben, Kleiber und Eulen. Manchmal bewohnen auch Fledermäuse, Baummarder oder Siebenschläfer die verlassenen Spechthöhlen.

Spechte spielen also in der Lebensgemeinschaft Wald eine wichtige Rolle. Doch ohne morsche Bäume keine Spechte!

Spechte sind Baumvögel mit Kletterfüßen und einem Stützschwanz. Sie brüten in selbstgezimmerten Höhlen.

---

1 Welche Folgen hätte es für einen Wald, wenn dort keine Spechte mehr leben könnten?

Der Kuckuck ist ein Brutschmarotzer

Das Kuckucksweibchen verschluckt ein Ei des Teichrohrsängers.

Das Kuckucksei unterscheidet sich kaum von den anderen Eiern im Nest.

Der geschlüpfte Jungkuckuck wirft die Wirtseier aus dem Nest.

Kuckuck – Kuckuck …
Wenn du den Kuckuck rufen hörst, ist der Sommer nicht mehr fern.
Das Merkwürdigste an diesem Vogel ist aber, daß er *weder ein Nest baut noch Eier ausbrütet!* Das überläßt er anderen Vögeln. Das Kuckucksweibchen legt erst dann sein Ei in ein Nest, wenn schon Eier darin liegen, aber noch nicht bebrütet sind.
Fast immer schlüpft der junge Kuckuck als erster. Wenig später beginnt er, die Eier oder Jungen seines Wirts *aus dem Nest zu werfen*. Sie kommen dabei um. Nur wenn er allein ist, können die kleinen Pflegeeltern für den großen Jungkuckuck genügend Futter herbeischaffen.
Der junge, noch nackte und blinde Kuckuck wirft *alles aus dem Nest, was darin liegt*. Das tut er sogar mit kleinen Steinchen, die man ihm ins Nest legt!
Kluger Schmarotzer – dummer Wirt? Vielleicht meinst du, der Kuckuck sei ein kluger Vogel und der Teichrohrsänger ziemlich dumm. Schließlich müßten die Pflegeeltern doch merken, daß da etwas nicht stimmt! Warum greifen sie nicht ein, wenn der junge Kuckuck ihre Eier oder Jungen aus dem Nest wirft? Bedenke aber, daß Tiere das alles nicht begreifen wie wir. Die Wirtsvögel füttern *jeden Jungvogel, der in ihrem Nest den Schnabel aufsperrt*. Sie erkennen ihre eigenen Eier oder Jungen auch nicht wieder, wenn sich diese erst einmal *außerhalb des Nestes* befinden.

> Der Kuckuck läßt seine Eier von anderen Vögeln ausbrüten. Er ist ein Brutschmarotzer.

1 Überlegt, ob das Verhalten des Kuckucks grausam ist, wenn er seine Nestgeschwister aus dem Nest wirft.

2 Erkläre, warum der junge Kuckuck auch Steinchen aus dem Nest wirft.

Sperrender Jungkuckuck bettelt um Futter

Teichrohrsänger beim Füttern des fast flüggen Kuckucks

Außergewöhnliche Vögel – Anpassungen an besondere Lebensräume

Der Kolibri. Klein, schillernd bunt, rasend schnell und wendig. Wer jemals Kolibris im Flugkäfig eines Zoos oder gar in den Wäldern ihrer amerikanischen Heimat fliegen sah, wird diese „fliegenden Edelsteine" nicht mehr vergessen. Mit knapp 2 Gramm Gewicht und 6 Zentimetern Körperlänge ist der *Hummelkolibri* der kleinste Vogel der Erde.

Kolibris fliegen im *Schwirrflug*, völlig anders als alle anderen Vögel. Dabei schlagen ihre Flügel schneller als unser Auge sehen kann. Unvermittelt können sie ihren schnellen Flug bremsen, wenden und vor einer Blüte in der Luft „stehenbleiben". Mit dem langen, röhrenförmigen Schnabel saugen sie Nektar aus tiefen Blütenkronen und erbeuten kleine Insekten und Spinnen. Diese energiereiche Nahrung ist Voraussetzung für die kräftezehrende Flugtechnik.

Kolibris können im Flug vor einer Blüte „stehenbleiben"

Der Kaiserpinguin. Durch ihre aufrechte Körperhaltung und den Watschelgang wirken Pinguine auf uns immer tollpatschig. Mit den zu Rudern umgebildeten Flügeln können sie nicht fliegen, aber 5mal schneller schwimmen als ein Mensch. Dabei jagen sie Fische und Tintenfische. Eine dicke *Fettschicht* und ein *wasserdichtes Federkleid* schützen sie bestens gegen Kälte.

Der *Kaiserpinguin* ist mit 90 Zentimetern Körperhöhe der größte Pinguin. Er lebt an der antarktischen Küste. Im dunklen Polarwinter, wenn schwere Schneestürme über das Eis toben, brütet er. Dann stehen die Männchen in großen Brutkolonien dicht beisammen, jedes mit einem einzigen Ei zwischen Füßen und Bauchfalte. Wenn nach 2 Monaten Brutzeit das Junge schlüpft, kommen die Weibchen mit gefülltem Kropf, um die Jungen zu füttern.

Eine Kaiserpinguinfamilie in der Kälte der Antarktis

Der Strauß. Neben einem *Strauß* mit seinen bis zu 3 Metern Größe kommen wir uns eher klein vor. Er ist der größte Vogel der Erde. Seine Federn sind Schmuck, zum Fliegen taugen sie nicht. Mit 150 Kilogramm Gewicht ist der Strauß dafür auch zu schwer. Um so besser kann er laufen, eine Stunde lang hält er „Tempo 50" durch. Der *Laufvogel* bewohnt die Steppen Afrikas. Er lebt von Samen, Gräsern und kleinen Tieren. Zur Brut legen mehrere Straußenhennen bis zu 10 Eier in ein gemeinsames Nest, wo sie vor allem vom Straußenhahn bebrütet werden. Wenn aus den Eiern die hühnergroßen Nestflüchterküken geschlüpft sind, werden sie von den Alttieren sorgsam bewacht und geführt.

Vater Strauß hat ein waches Auge auf die Jungtiere.

Zugvögel und Vogelzug

Zugvögel brauchen sich im Winter nicht auf andere Nahrung umzustellen. Sie fliegen in wärmere Länder, wo es die gewohnte Kost gibt. Zu den Zugvögeln gehören bei uns viele *Insektenfresser* wie *Kuckuck, Mauersegler, Schwalben* und *Rotschwänze*. Auch die *Graugans* und andere *Wasservögel* sowie *Kranich* und *Storch* sind Zugvögel. Von allen Vogelarten, die bei uns brüten, verläßt uns im Herbst mehr als die Hälfte!

Wo bleiben sie? Früher wußte man nicht genau, was mit diesen Vögeln im Winter geschieht. Von den Schwalben glaubte man, sie würden den Winter im Schlamm der Teiche verbringen. Störche sollten gar eine Art Winterschlaf halten. Vielleicht kommen dir heute solche Geschichten komisch vor. Doch wie hätte damals jemand ahnen können, daß selbst so kleine Singvögel wie die Schwalben nach Afrika fliegen?

Der Zug der Störche. Vor rund 150 Jahren wurde bei Wismar an der Ostseeküste ein Storch erlegt. In seinem Hals stak ein Pfeil aus Afrika. Damit war klar: *Unsere Störche halten sich im Winter in Afrika auf.* Inzwischen kennt man nicht nur die genauen *Überwinterungsgebiete*. Man weiß sogar, daß die Störche *auf zwei verschiedenen Wegen* dorthin ziehen. Störche fliegen nämlich nicht gern über größere Wasserflächen. Sie überqueren das Mittelmeer nur an den engsten Stellen.

Die *Weststörche,* zu ihnen gehören die westdeutschen, niederländischen und französischen Störche, nehmen den *südwestlichen Zugweg.* Sie fliegen über Spanien und die Meerenge von Gibraltar nach *Westafrika*.

Die *Oststörche,* zu ihnen gehören die Störche aus dem östlichen Deutschland und aus Osteuropa, nehmen dagegen den *südöstlichen Zugweg.* Er führt über Ungarn, die Meerenge am Bosporus, die Türkei und die Sinaihalbinsel nach *Ost- und Südafrika*.

Graugänse fliegen auf dem Zug „in Keilform" hintereinander.

Rastende Störche auf der Sinaihalbinsel

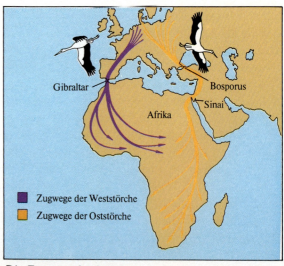

Die Zugwege der Störche

Junge Störche werden beringt.

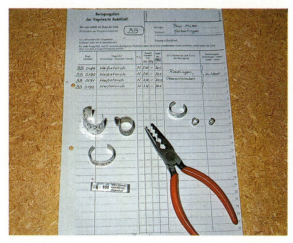

Das sind die Werkzeuge des Beringers: Metallringe unterschiedlicher Größe für die verschiedenen Vogelarten, eine Zange zum Zudrücken der Ringe und die Liste, in die jede Beringung eingetragen wird.

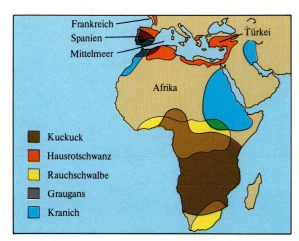

Die Karte zeigt die Überwinterungsgebiete einiger Vogelarten, die bei uns brüten.

Beringung. Über den Zugweg der Weststörche und der Oststörche weiß man erst durch die *Beringung* so genau Bescheid. Die Beringung ist Aufgabe der *Vogelwarten*. Ihre Mitarbeiter kennzeichnen die Jungvögel im Nest oder auch gefangene Altvögel mit einem *Metallring*. Er wird den Tieren um das Bein gelegt. Auf dem Ring steht eine Nummer und die Bitte, ihn an die Vogelwarte zurückzuschicken. So erfährt man, was aus den Vögeln geworden ist: ob sie gefangen oder tot aufgefunden wurden und wo das geschah. Je mehr Wiederfunde, desto besser läßt sich der Zugweg der einzelnen Vogelarten verfolgen.

Wie finden sie den Weg? Störche ziehen *bei Tag* und *zu vielen*. Die *Richtung*, in die sie fliegen müssen, kennen schon die Jungstörche. Sie richten sich dabei nach dem Stand der *Sonne*. Das ist ihnen *angeboren*. Sie *lernen* aber auch von den Alten. Die erfahrenen Vögel richten sich zusätzlich nach der Landschaft, nach Küsten, Flußläufen und Gebirgen.

Manche Kleinvögel, zum Beispiel der *Kuckuck*, wandern dagegen *einzeln* und *nachts*. Sie richten sich nach den *Sternen*.

Strichvögel. Nicht alle Zugvögel ziehen so weit wie die Störche. Der *Hausrotschwanz* zum Beispiel überwintert schon im *Mittelmeergebiet*. Außerdem gibt es noch Vögel, die gar keine festen Überwinterungsgebiete haben. Sie streifen im Winter unstet umher. Meist bleiben sie dabei in Mitteleuropa. Man nennt sie *Strichvögel*. Zu ihnen gehört die *Sturmmöwe*. Diese Möwe brütet an der Küste. Im Winter trifft man sie aber an den Flüssen im Binnenland.

> Zugvögel verbringen den Winter in Afrika oder Südeuropa. Zu ihnen gehören viele Insektenfresser, manche Wasservögel, auch Storch und Kranich.
>
> Strichvögel streifen im Winter umher. Sie verlassen Mitteleuropa nur selten. Zu ihnen gehört die Sturmmöwe.

1 Über den Zug vieler Kleinvögel weiß man weit weniger als über den der Störche. Woran könnte das liegen?

Die Vielfalt der wirbellosen Tiere

Was sind wirbellose Tiere?
Wohl jeder von uns hat schon im Zoo dem Treiben der Affen zugeschaut, dem Zwitschern und Kreischen im Vogelhaus gelauscht und den Tiger im Raubtierhaus beobachtet. Alle diese Tiere gehören zum Stamm der *Wirbeltiere*. Viele Menschen denken bei Tieren überhaupt zuerst an Wirbeltiere. Von allen auf der Erde vorkommenden Tierarten machen sie aber nur 5 % aus. Die übrigen 95 % sind *wirbellose Tiere*. Unter dem Begriff *Wirbellose* faßt man alle die Tiere zusammen, die *keine Wirbelsäule* haben. Das ist aber schon ihre einzige Gemeinsamkeit. Ansonsten herrscht unter ihnen eine überwältigende Vielfalt:
– Insekten
– Krebstiere
– Spinnentiere
– Weichtiere
– Ringelwürmer

Wirbellose Tiere kennenlernen. Wirbellose kann man überall finden: im Haus, im Garten und bei jedem Spaziergang. Allerdings muß man genau hinschauen. Bei einem Spaziergang am Waldrand gibt es viele verschiedene Arten zu entdecken. Drehen wir einen am Wegrand liegenden Stein um, fliehen die darunter lebenden wirbellosen Tiere nach allen Seiten. Meist sind es *Asseln*. Die zu den Krebsen zählenden Tiere atmen durch Kiemen. Sie halten sich deshalb an feuchten Orten auf. An einer sandigen, besonnten Stelle des Weges fliegt vor uns ein prächtig grün gefärbter *Feldsandlaufkäfer* auf. Er fliegt nur knapp über dem Boden.

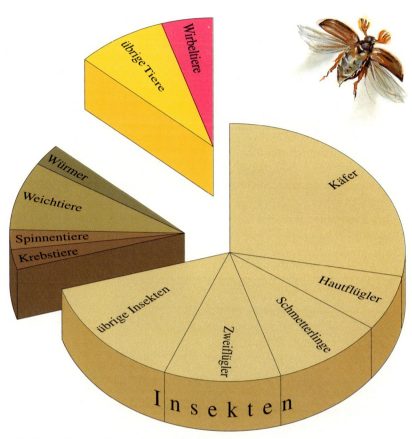

Die Mehrzahl aller Tiere gehört zu den Wirbellosen.

Etwas weiter entfernt sehen wir im trockenen, feinen Sand des Wegrandes eine trichterförmige Vertiefung, die Fallgrube des *Ameisenlöwen*. Ihn selbst bekommen wir kaum zu Gesicht. Er lauert am Trichtergrund auf hinabrutschende Ameisen und andere Insekten. Seine Grube verläßt er jedoch nicht. Auf einem von der Sonne beschienenen Blatt entdecken wir eine kleine, schön schwarz-weiß-braun gezeichnete *Springspinne*. Kommen wir ihr mit einem Grashalm zu nahe, wissen wir gleich, weshalb sie Springspinne heißt. Auf dem gelben Blütenköpfchen eines Habichtskrauts sehen wir zwei winzige *Wildbienen*, die ihren Körper mit Blütenstaub regelrecht „einpudern". Weiter unten, nahe am Bach sitzt auf einem Brennesselblatt eine kleine *Haarschnecke*. Mit ihrem behaarten, bräunlichen Gehäuse ist sie unverkennbar.

> Zu den Wirbellosen zählen die meisten der auf der Erde vorkommenden Tierarten. Fast alle wirbellosen Tiere sind ziemlich klein.

1 Fordere Bekannte auf, möglichst schnell zehn verschiedene Tiere aufzuschreiben. Werte die Antworten aus, indem du zwischen Wirbellosen und Wirbeltieren unterscheidest.

2 Warum sind Wirbellose so wenig bekannt?

Die Honigbiene

Die Honigbiene ist ein Insekt

Eine Wiese im Mai. Überall summen Bienen. Die Wiesenblumen haben sie angelockt. Eben läßt sich eine Biene auf der gelben Blüte des Hornklees nieder, so daß man sie genauer betrachten kann.

Körperbau. Der Körper der Biene ist in 3 Abschnitte gegliedert: in *Kopf, Brust* und *Hinterleib*. Am Kopf erkennst du 2 Augen, 2 Fühler und die Mundwerkzeuge. Mit den Fühlern kann die Biene riechen und tasten. Mit den Mundwerkzeugen leckt und saugt sie Nahrung auf.

Am Brustabschnitt sind die 4 Flügel verankert. Auch die 6 Beine setzen hier an.

Am Hinterleib lassen sich mehrere Ringe unterscheiden. Sie werden *Segmente* genannt.

Tiere, deren Körper wie bei der Honigbiene durch tiefe Einschnitte oder Kerben in Kopf, Brust und Hinterleib gegliedert ist, heißen *Kerbtiere* oder *Insekten*. Insekten besitzen keine Knochen. Ihr Körper ist von einem zähen und zugleich harten Stoff umgeben, dem *Chitin*. Wie das Knochenskelett des Menschen und der Wirbeltiere den Körper von innen stützt, gibt dieser Chitinpanzer dem Körper der Insekten von außen Halt. Man spricht deshalb von einem *Außenskelett*. Trotz der harten Panzerung sind Insekten sehr beweglich. Das wird durch Gelenke an den Einschnitten und zwischen den Segmenten erreicht.

Honigbiene auf den Blüten des Hornklees

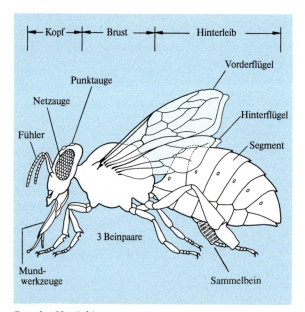
Bau der Honigbiene

Honigbienen bei der Nahrungsaufnahme

> Insekten haben ein Außenskelett aus Chitin. Ihr Körper ist in Kopf, Brust und Hinterleib gegliedert. Sie besitzen 6 Beine und meist 4 Flügel.

1 Wie heißen die 3 Abschnitte, in die der Körper der Honigbiene gegliedert ist?

2 Woher haben die Kerbtiere ihren Namen?

3 Betrachte ein Zeitungsbild mit der Lupe. Was fällt dir auf? Inwiefern läßt sich ein solches Bild mit dem Bild vergleichen, das das Netzauge der Honigbiene von einem Gegenstand entwirft?

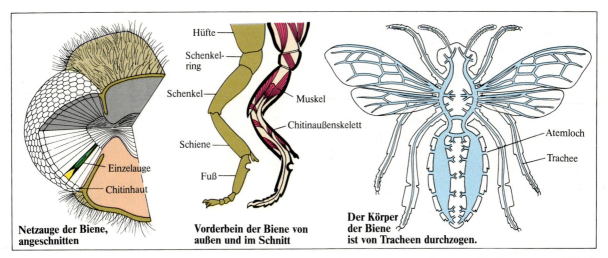

Netzauge der Biene, angeschnitten

Vorderbein der Biene von außen und im Schnitt

Der Körper der Biene ist von Tracheen durchzogen.

Netzauge. Bienen haben große, vorgewölbte Augen. Mit der Lupe erkennst du auf der Augenoberfläche ein Netz aus winzigen Sechsecken. Jedes Sechseck ist der obere Teil eines Einzelauges. Das Auge der Biene ist aus etwa 5 000 Einzelaugen zusammengesetzt. Man nennt es *Netzauge*. Mit jedem Einzelauge sieht die Biene einen Bildpunkt. Alle Bildpunkte zusammen ergeben ein einheitliches, aber gerastertes Bild.

Beine. Die Beine der Biene sind wie der Körper in Abschnitte gegliedert. Es sind Röhren aus Chitin. In ihrem Inneren befinden sich die Beinmuskeln. Sie sind am Chitinpanzer befestigt.

Flügel. Zur Fortbewegung benutzt die Biene hauptsächlich die Flügel. Von den vielen Muskeln des Brustabschnitts führt aber keiner zum Flügelansatz: Eine Gruppe von Muskeln verläuft von vorn nach hinten, eine andere von der Rückenseite zur Bauchseite. Die beiden Muskelgruppen ziehen sich abwechselnd zusammen. Dadurch bewegen sie Teile des Chitinpanzers gegeneinander. Die starren Flügel heben und senken sich mit.

Atmen ohne Lunge. Entlang den Körperseiten liegt bei Insekten eine Reihe winziger Öffnungen. Es sind *Atemlöcher*. Von hier aus führen dünne Chitinröhren ins Körperinnere. Diese Atemröhren heißen *Tracheen*. Sie leiten den Sauerstoff der Luft zu den Organen.

> Die Honigbiene besitzt Netzaugen. Sie atmet durch Atemröhren, die Tracheen.

1 Baue dir einen „Flugmotor" der Insekten wie in der Grafik unten. In welche Richtung bewegen sich die Flügel, wenn sich die Muskeln zusammenziehen, die von oben nach unten verlaufen? Wozu dienen die Muskeln, die von vorn nach hinten verlaufen?

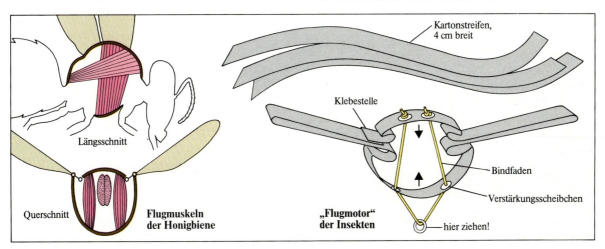

Flugmuskeln der Honigbiene

„Flugmotor" der Insekten

Bienenstöcke

Dreierlei Bienen bevölkern den Bienenstock.

Leben im Bienenstaat

Bienenvolk. In Gärten oder an Waldrändern hast du vielleicht schon die bunten Kästen mit den davor schwärmenden Bienen gesehen. Jeder dieser *Bienenstöcke* beherbergt ein *Bienenvolk* von etwa 50 000 Tieren. Das Innere des Stockes ist von *Waben* ausgefüllt. Eine Wabe besteht aus Tausenden von sechseckigen *Zellen*. Sie dienen entweder als *Vorratszellen* zur Aufbewahrung von Pollen und Honig oder als *Brutzellen* zur Aufzucht der Larven. Im Bienenstock leben dreierlei Bienen:
Die *Königin* ist mit 19 mm Länge die größte Biene im Stock. Sie allein legt Eier.
Die *Arbeitsbienen* werden etwa 15 mm lang. Es sind ebenfalls weibliche Bienen, doch ihre Eierstöcke sind verkümmert.
Die *Drohnen* sind männliche Bienen. Sie beteiligen sich nicht am Sammeln von Nektar und Pollen.

> Ein Bienenvolk besteht aus etwa 50 000 Arbeitsbienen, einigen hundert Drohnen und der Königin.

Fortpflanzung. Im Sommer verläßt die Königin mit einem Teil des Volkes den Stock. Die Bienen *schwärmen* und suchen eine neue Behausung. Im alten Stock schlüpft eine neue Königin. Sie begibt sich mit den Drohnen auf den *Hochzeitsflug*. Dabei wird sie begattet. Nach der Rückkehr in den Stock beginnt sie mit dem Eierlegen.
Aus den *Eiern* schlüpfen nach 3 Tagen die *Larven*. Sie werden von den Arbeitsbienen gefüttert. Sind die Larven 6 Tage alt, verschließen die Arbeitsbienen die Brutzellen mit einem Deckel. Die Larven *verpuppen* sich. Nach weiteren 12 Tagen schlüpfen die *fertigen Insekten*.
Aus befruchteten Eiern gehen Arbeitsbienen oder Königinnen hervor. Königinnen erhalten als Larven einen besonderen Futtersaft. Sie wachsen auch in größeren Zellen heran, den *Weiselzellen*. Unbefruchtete Eier entwickeln sich zu Drohnen.

> Honigbienen entwickeln sich vom Ei über Larve und Puppe zum fertigen Insekt. Eine solche Entwicklung heißt vollkommene Verwandlung.

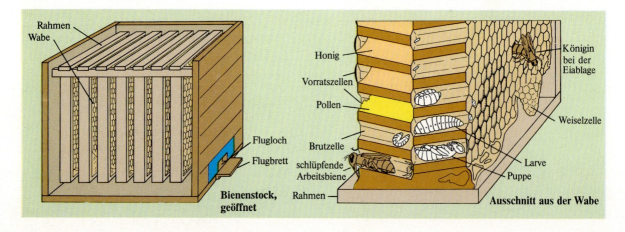

Ein Bienenschwarm hat sich im Baum niedergelassen.

Bienen beim Wabenbau

Der Imker hat eine Wabe entnommen.

Lebenslauf einer Arbeitsbiene. Die ersten 3 Wochen nach dem Schlüpfen arbeitet die junge Biene als *Stockbiene* im Innern des Stockes. Der Reihe nach verrichtet sie folgende Arbeiten:
- Sie reinigt als Putzbiene leere Zellen.
- Sie füttert ältere Larven mit Honig und Pollen. Bald liefert eine Drüse in ihrem Kopf einen Futtersaft, mit dem sie Junglarven füttert.
- Vom 11. bis 16. Arbeitstag ist sie Baubiene. An ihrem Hinterleib erzeugen *Wachsdrüsen* das Wachs für den Wabenbau.
- Vom 17. bis 19. Tag verarbeitet die Biene in ihrem *Honigmagen* Blütennektar zu Honig. Der fertige Honig wird in Vorratswaben gespeichert.
- Um den 20. Tag bewacht sie als Wehrbiene das Flugloch. Fremde Insekten wehrt sie mit dem *Giftstachel* ab.

Mit etwa 3 Wochen verläßt sie den Stock. Als *Sammelbiene* trägt sie Nektar und Pollen ein.

Nutztier. Wenn die Biene eine Blüte aufsucht, bleibt Pollen in ihrem Haarkleid hängen. Beim Besuch der nächsten Blüte fallen einige Pollenkörner auf deren Narbe. Die Blüte wird *bestäubt*. Eine Zeitlang fliegt die Biene immer die gleiche Blütenart an. So gelangt der Pollen auf die Narbe derselben Pflanzenart.

Für den Menschen besonders wichtig sind die Bienen als Bestäuber der Obstbäume. Außerdem liefern sie uns *Honig* und *Wachs*.

> Die Honigbiene ist ein Nutztier. Sie bestäubt Blütenpflanzen, erzeugt Honig und Wachs.

Die Biene sammelt Nektar. Mit ihrem langen Saugrüssel leckt die Biene bei ihrem Blütenbesuch den Nektar auf und saugt ihn durch die Speiseröhre in den Honigmagen. Durch ein Ventil gelangt nur so viel Blütennektar in den Darm, wie die Biene zur eigenen Ernährung braucht. Wenn sie genügend Blüten besucht hat, fliegt sie mit vollem Magen in den Stock zurück. Eine Biene muß ungefähr 1500 Blüten besuchen, bis ihr Sammelmagen gefüllt ist. Durch Drüsensäfte wird der Nektar zu Honig umgewandelt. Die Biene würgt den Honig in eine Vorratszelle, die mit einem Wachsdeckel verschlossen wird. Die Bienen verfüttern den Honig an die Larven oder speichern ihn als Vorrat.

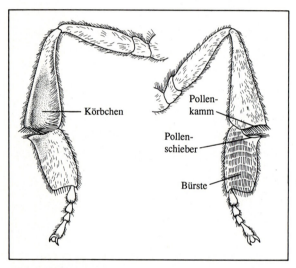

Sammelbein der Honigbiene: Links Außenseite, rechts Innenseite des Beins

Die Biene sammelt Pollen. Bienen sammeln nicht nur Nektar, sondern auch den Pollen. Manchmal kannst du beobachten, daß Bienen kleine gelbe Klümpchen an ihren Beinen hängen haben. Beim Besuch der Blüte bleibt der Pollen im dichten Haarkleid der Biene hängen. Im Flug streift die Biene den Blütenstaub mit der *Bürste* der Hinterbeine aus dem Haarkleid und von den anderen Beinen. Mit dem *Pollenkamm* des einen Hinterbeines entfernt sie den Pollen aus der Bürste des anderen Hinterbeines. Der Blütenstaub, der jetzt im Kamm hängt, wird mit dem *Pollenschieber* durch die Spalte auf die Außenseite des Beines in das *Körbchen* gedrückt. Mit der Zeit wird das Pollenklümpchen immer größer und immer weiter hinaufgeschoben. Man nennt diese Klümpchen auch *Pollenhöschen*.

Andere Bienen übernehmen den Pollen und stopfen ihn als Vorrat in eine Zelle. Der Pollen enthält Eiweißstoffe und Vitamine. Mit etwas Honig vermischt wird er als "Bienenbrot" an die junge Bienenbrut verfüttert.

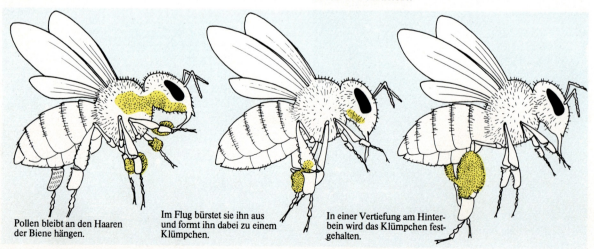

Pollen bleibt an den Haaren der Biene hängen.

Im Flug bürstet sie ihn aus und formt ihn dabei zu einem Klümpchen.

In einer Vertiefung am Hinterbein wird das Klümpchen festgehalten.

Praktikum: Körperbau der Biene

1 Beobachte eine Biene, wenn sie Blüten anfliegt. Was bedeutet dieser Besuch für die Blüten? Schreibe deine Beobachtungen ins Heft.

2 Hülle einen kleinen Obstbaumzweig mit Blütenknospen mit einem Perlonstrumpf ein, damit Bienen die Blüten nicht mehr besuchen können. Vergleiche im Juli diesen Zweig mit den anderen Zweigen des Baumes. Was ist aus den Blüten geworden? Berichte in der Klasse darüber.

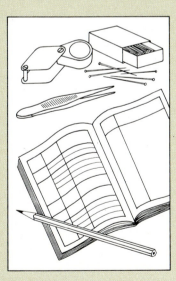

3 Besorge dir beim Imker einige tote Bienen. Untersuche sie mit Hilfe von Lupe, Pinzette und Nadel! Fasse sie am besten an einem ihrer Beine mit der Pinzette so an, daß sie nach allen Seiten gedreht und betrachtet werden kann.
Übertrage die Tabelle auf dieser Seite in dein Heft und beantworte sie. Was mit • gekennzeichnet ist, sollst du beobachten und beantworten. Was mit ○ gekennzeichnet ist, weißt du vielleicht.

4 Betrachte das mittlere und das hintere Beinpaar mit einer Lupe von außen und von innen. Was fällt dir auf? Fertige von einem der Hinterbeine eine Bleistiftzeichnung an. Vergleiche auch mit dem Bild auf S. 150. Beschrifte!

Körperabschnitte	• Anzahl	
	○ Namen	
Beine	• Anzahl der Beinpaare	
	• Ansatzpunkte der Beine	
Flügel	• Anzahl	
	• Aussehen	
	• Ansatzpunkte der Flügel	
	• Größenvergleich der Flügel	
Körperoberfläche	○ Aussehen und Beschaffenheit	
Kopf	○ bewegliche Teile	
Augen	○ Anzahl	
	• Lage	
	• Form	
	• Größe	

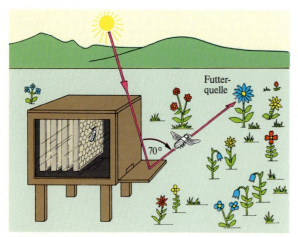

Auf ihrem Nahrungsflug orientiert sich die Sammelbiene nach dem Stand der Sonne.

Die tanzende Biene in der Mitte wird von ihren Stockgenossinnen umdrängt.

Die Bienensprache

Kehrt eine Sammelbiene in den Stock zurück, verständigt sie andere Sammlerinnen über die *Futterquelle*.

Schwänzeltanz. Die heimkehrende Biene läuft einige Schritte auf der Wabe. Dabei *schwänzelt* sie mit dem Hinterleib hin und her. Dann läuft sie halbkreisförmig nach rechts. Wieder schwänzelt sie geradeaus und läuft dann nach links. Andere Bienen laufen ihr hinterher.

Aus der Richtung der Schwänzelstrecke erfahren sie die Richtung, in der eine Futterquelle liegt. Liegt die Futterquelle zum Beispiel genau in Richtung zur Sonne, so tanzt die Biene die Schwänzelstrecke senkrecht nach oben. Ist das Futter in einem Winkel von 70° rechts von der Sonne zu finden, schwänzelt die Biene in einem Winkel, der 70° rechts gegen die Senkrechte geneigt ist. Je schneller die Sammlerin tanzt, um so näher ist die Futterquelle.

Rundtanz. Liegt das Futter ganz nahe beim Stock, tanzt die Biene einen *Rundtanz*. Er wird immer gleich schnell und in gleicher Richtung getanzt.

Immer mehr Bienen folgen der Tänzerin und werden mit Futterproben gefüttert. Daraus und aus dem Blütenduft, den die heimkehrende Biene mitbringt, erfahren sie die Art der Futterquelle.

> Bienen teilen einander durch Tanzen Futterquellen mit. Den Rundtanz benutzen sie für Futterquellen in der Nähe, den Schwänzeltanz für weiter entfernte Futterquellen.

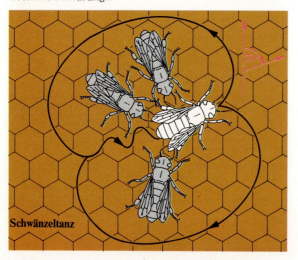

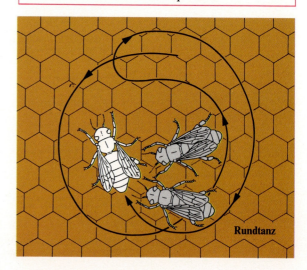

Praktikum: Besuch beim Imker

Wenn du die Gelegenheit hast, dann besuche an einem sonnigen Tag einen Imker oder einen Lehrbienenstand. Nimm Schreibzeug mit, damit du ein Protokoll führen kannst.

1 Betrachte den Bienenstand von außen und notiere die Zahl der Fluglöcher sowie ihre Farben.

2 Bitte den Imker, dir einige Fragen zu beantworten.
- Wie viele Völker hält der Imker? Wie viele Tiere bilden ein Volk?
- Wie viele Arbeitsbienen, Drohnen und Königinnen gehören zu einem Volk?
- Welche Maßnahmen trifft der Imker zur Überwinterung seiner Bienen?
- Wie verhält sich der Imker, damit er nicht gestochen wird?
- Wieviel Honig gewinnt der Imker im Jahr pro Volk?

3 Vielleicht läßt der Imker dich ins Innere eines Bienenkastens schauen. Erkennst du, wo die Königin sitzt? Unterscheide Honig- und Brutwabe.

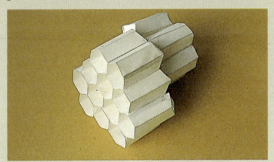

> Besuch beim Imker Friedrichsen
> Am Bienenhaus sind 6 Fluglöcher. Unterschiedliche Stockfarben erleichtern den Bienen das Heimfinden.
> Zahl der Bienenvölker: 6
> Anzahl der Bienen eines Volkes: 25000, davon 15000 Sammelbienen.
> Jede Biene fliegt zehnmal am Tag.
> Honigleistung: Eine Biene bringt am Tag 0,12 g Nektar, dies ergibt etwa 0,05 g Honig.
> Blütenbesuche einer Biene bei einem einzigen Ausflug (Beispiel Apfelbaum): Eine Biene bestäubt pro Ausflug etwa 400 Apfelblüten.

4 Errechne aus den Angaben des Protokolls oben:
- Wieviel Honig liefert ein Bienenvolk pro Tag?
- Wieviel Flüge sind nötig, um 1 Glas Honig von 500 g zu erhalten?
- Wieviel Apfelblüten bestäubt ein Volk pro Tag?

5 Laß dir vom Imker eine Wabe zeigen und schaue sie genau an. Baue zuhause ein Modell einer Bienenzelle. Dazu benötigst du Zeichenpapier, Schere und Klebstoff. Zeichne das Schnittmuster unten ab und schneide es aus. Durchgezogene Linien sind Schnittlinien, gestrichelte Linien Falzlinien. Klebe das Modell zusammen. Die Klebestellen sind grau markiert. Alle Bienenzellmodelle der Klasse zusammen ergeben ein Bienenwabenmodell.

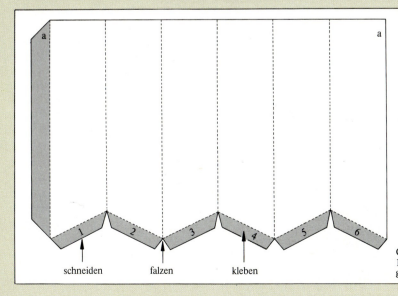

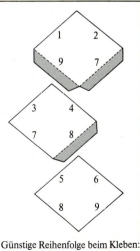

Günstige Reihenfolge beim Kleben:
1-2-7-3 (3-7)-4-8-9-5-6 (6-5), ganz am Schluß - a!

Der Kohlweißling ist ein Insekt

Kohlweißling

Kohlweißlinge bei der Paarung

April. Zaghaft noch wärmen einige Sonnenstrahlen die Erde. Doch schon flattert ein *Kohlweißling* über die Wiese. Auf einem Zaunpfahl läßt er sich nieder. Jetzt kannst du ihn näher betrachten:
Körperbau. Im Vergleich zu den großen Flügeln ist der Körperbau klein. Er ist wie bei allen Insekten in drei Abschnitte gegliedert: Kopf, Brust und Hinterleib lassen sich unterscheiden.
Die *4 großen Flügel* sind am Brustabschnitt verankert. Sie sind mit vielen Schuppen besetzt. Auch die *6 dünnen, gegliederten Beine* setzen hier an. Am Kopf erkennst du *2 Augen* und *2 lange Fühler*. Mit den Fühlern kann der Kohlweißling riechen.

Am Hinterleib des Schmetterlings lassen sich die Segmente unterscheiden. In den letzten Hinterleibsegmenten liegen die Geschlechtsorgane.

Die Flügelschuppen sind wie Dachziegel angeordnet.

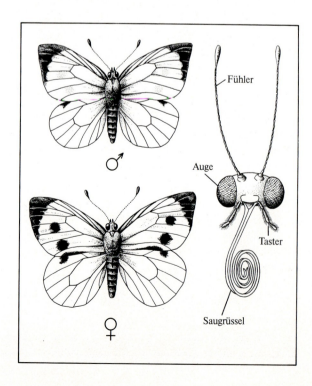

Entwicklung. Zwei Kohlweißlinge, ein Männchen und ein Weibchen, flattern zusammen durch die Luft. Das Weibchen unterscheidet sich vom Männchen durch zwei schwarze Flecken auf der Oberseite der Vorderflügel. Einige Zeit später paaren sich die beiden Insekten. Die befruchteten Eier werden dann in Paketen von 40 bis 60 Stück an der Unterseite von Kohlblättern abgelegt. Bis zu 600 goldgelbe Eier kann ein einziges Weibchen legen. Nach 1 bis 2 Wochen schlüpfen aus den Eiern schwarz punktierte Larven. *Raupen* nennt man diese Schmetterlingslarven.

Die Raupen fressen ununterbrochen und wachsen dabei rasch. Die harte Haut aus Chitin kann aber nicht mitwachsen. Von Zeit zu Zeit *häutet* sich daher die Raupe: Die alte Haut reißt auf. Wie aus einem zu klein gewordenen Mantel kriecht die Raupe mit einer neuen, noch dehnbaren Chitinhülle aus ihr heraus. Jede Raupe häutet sich 5mal. Schnell nimmt sie an Größe zu. Schließlich hat sie eine Länge von etwa 4 Zentimetern erreicht. Jetzt sucht sie einen geschützten Platz und heftet sich dort mit einem Spinnfaden fest. Dann streift sie ihre Raupenhülle ab und wird zur *Puppe*. Im Innern der nahezu bewegungslosen Puppe verwandelt sich das Tier in einen *Schmetterling*. Eines Tages reißt die Puppenhülle auf, und der fertige Schmetterling zwängt sich heraus. Diese Art der Verwandlung vom Ei über Larve und Puppe bis zum ausgewachsenen Insekt nennt man eine *vollkommene Verwandlung*.

Wo Gemüse angebaut wird, kann der Kohlweißling sehr schädlich werden. Die Raupen können nämlich ganze Kohlfelder kahlfressen. Der ausgewachsene Schmetterling dagegen ernährt sich mit seinem Saugrüssel ausschließlich vom Nektar der Blüten.

> Die Entwicklung der Schmetterlinge vom Ei über Larve und Puppe bis zum fertigen Schmetterling nennt man vollkommene Verwandlung.

Aus den Eiern schlüpfen die Raupen.

Puppe des Kohlweißlings

Frischgeschlüpfter Kohlweißling

1 Vergleiche Raupe und Schmetterling. Welche Körperteile wurden während der Puppenzeit verändert?

Die Rote Waldameise ist ein Insekt

Entlang dem Waldweg reiht sich eine ganze Anzahl stattlicher *Ameisenhaufen*. Es sind die Bauten der *Roten Waldameise*. Wie die Bienen, Hummeln und Wespen gehören auch die Ameisen zu den *staatenbildenden Insekten*.

Der Staat. Etwa 500 000 bis 800 000 Waldameisen bewohnen einen Ameisenhaufen. Das sind ebenso viele, wie Frankfurt, Düsseldorf oder Stuttgart Einwohner haben! In jedem *Ameisenstaat* gibt es mindestens eine *Königin*. Sie ist viel größer als die übrigen Ameisen und legt als einzige Eier.

Die weitaus meisten Ameisen sind *Arbeiterinnen*. Sie bauen das Nest, füttern die Königin, pflegen die Nachkommen und schaffen die Nahrung herbei.

Die geflügelten *Männchen* leben nur kurze Zeit im Ameisenstaat. Wenn sie im Sommer aus der Puppenhülle schlüpfen, steht der Hochzeitsflug unmittelbar bevor.

Während des Hochzeitsfluges paaren sich die Männchen mit den ebenfalls frisch geschlüpften, geflügelten Königinnen. Wenig später sterben die Männchen. Die jungen Königinnen werfen ihre Flügel ab und können einen neuen Staat der Roten Waldameise gründen.

Zwei Arbeiterinnen schaffen eine Raupe zum Nest.
Eine Rote Waldameise übergibt der anderen Nahrung.

1 Berichte, wie die Ameisen in ihrem Staat zusammenleben. Betrachte dazu das Bild unten.

2 Vielleicht entdeckst du auf einem Waldweg eine Ameisenstraße. Versuche herauszufinden, wohin sie führt. Kannst du Ameisen mit Beute beobachten? Wieviele Ameisen beteiligen sich am Fortschaffen der Beute? Was haben sie erbeutet?

Der Förster schützt die Ameisenhaufen mit Draht.

1 Weshalb bringt der Förster Schutzgitter um den Ameisenhaufen an?

2 Die Rote Waldameise wird manchmal als „Waldpolizei" bezeichnet. Was will man damit ausdrücken?

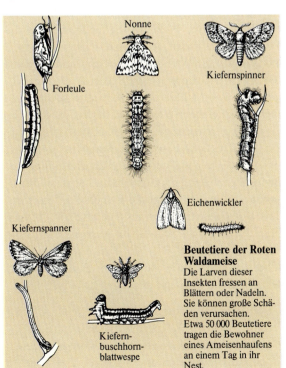

Beutetiere der Roten Waldameise
Die Larven dieser Insekten fressen an Blättern oder Nadeln. Sie können große Schäden verursachen. Etwa 50 000 Beutetiere tragen die Bewohner eines Ameisenhaufens an einem Tag in ihr Nest.

Das Nest. Die Waldameisen legen ihr Nest aus Fichtennadeln und kleinen Zweigen meist über einem Baumstumpf an. Der Ameisenhaufen kann bis zu 2 m hoch werden und das Nest noch 2 m in die Tiefe reichen. Im Innern ist es von zahlreichen Gängen und Kammern durchzogen. Ständig bauen die Ameisen das Nest um und bessern Schäden aus. Im Sommer, wenn es sehr warm ist, erweitern sie die Ausgänge. So wird das Nest besser durchlüftet.

Die Nahrung. Vom Nest gehen sternförmig die *Ameisenstraßen* aus. Viele dieser Straßen enden an Bäumen, die stark von Blattläusen befallen sind. Den süßen Kot der Blattläuse, den *Honigtau,* mögen die Ameisen sehr. Hauptsächlich ernähren sie sich aber von anderen Insekten. Hat eine Arbeiterin auf ihrem Jagdzug Beute entdeckt, spritzt sie aus einer *Giftdrüse* am Hinterleib *Ameisensäure* aus. Ameisensäure ist ein tödliches Gift für Kleintiere. Die Beute wird ins Nest geschafft und an die übrigen Ameisen verfüttert. Auch Pflanzensamen tragen die Arbeiterinnen ein. Manche Waldpflanzen wie das Waldveilchen sind auf die *Samenverbreitung durch Ameisen* angewiesen.

Ameisenschutz. Zu den Beutetieren der Roten Waldameise gehören Insekten, die der Förster als *Forstschädlinge* fürchtet. Da die vielen Bewohner eines Ameisenstaates eine Menge Nahrung brauchen, können sie die Zahl solcher Insekten stark vermindern. Das zeigt sich, wenn sich eine dieser Insektenarten einmal massenhaft vermehrt hat. Dann bilden die Bäume im Umkreis des Ameisenhaufens eine grüne Insel im kahlgefressenen Wald. Leider gibt es immer noch Spaziergänger, die nicht wissen, wie wichtig die Waldameisen für den Wald sind. Sie stochern in Ameisenhaufen herum oder entnehmen gar Ameisenpuppen. Dabei steht die Rote Waldameise wegen ihrer Bedeutung für den Wald *unter Naturschutz!* So richten unwissende Menschen oft viel größere Schäden an als Grün- und Grauspecht, die ja von Ameisen leben.

Die Rote Waldameise spielt in der Lebensgemeinschaft Wald eine sehr wichtige Rolle. Deshalb ist sie gesetzlich geschützt. Ameisenhaufen dürfen nicht beschädigt werden.

Die Weinbergschnecke ist ein Weichtier

Weinbergschnecke. Sie steht unter Naturschutz.

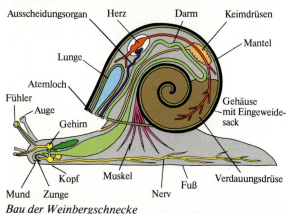

Bau der Weinbergschnecke

Junge Weinbergschnecken

Die *Weinbergschnecke* ist die größte einheimische *Landschnecke*. Sie lebt nicht nur in Weinbergen, sondern auch in Gärten und Hecken. Nach einem Sommerregen kann man sie oft am Wegrand dahinkriechen sehen.

Körperbau. *Kalkgehäuse, Kopf* und *Fuß* sind bei der Weinbergschnecke leicht zu unterscheiden. Im Kalkgehäuse verborgen ist der *Eingeweidesack*. Er enthält Herz, Lunge, Verdauungsorgane, Ausscheidungsorgane und Geschlechtsorgane. Das Gehäuse ist von einer Haut, dem *Mantel,* ausgekleidet. Der Mantelrand scheidet Kalk ab. So wächst das Gehäuse mit der Schnecke mit. Auf der rechten Seite des Mantelrandes liegt das *Atemloch*.

Der Kopf der Schnecke trägt 2 Paar *Fühler*. An der Spitze der größeren Fühler siehst du dunkle Punkte. Das sind die Augen. Mit dem kurzen Fühlerpaar tastet und riecht die Schnecke. Unten am Kopf liegt der Mund. Mit ihrer *Raspelzunge* weidet die Schnecke Pflanzenteile ab.

Der Kopf geht nach hinten in den Fuß über. Der Fuß enthält viele Muskeln und dient zum Kriechen.

Fortbewegung. Eine Schnecke erreicht eine Geschwindigkeit von 2 bis 5 m in der Stunde. Beim Kriechen hinterläßt sie ein *Schleimband* am Boden. Auf dem Schleimband gleitet sie auch über Unebenheiten dahin. Wellenbewegungen, die über die Fußunterseite laufen, schieben das Tier vorwärts.

Fortpflanzung. Weinbergschnecken sind *Zwitter*. Sie begatten sich gegenseitig. Nach der Paarung legen sie je 30 bis 60 *Eier* in ein selbstgegrabenes Erdloch. Nach einigen Wochen schlüpfen daraus winzige, fast durchsichtige *Jungschnecken*.

Das schützende Gehäuse. Igel, Maulwürfe, Krähen und Ameisen sind Feinde der Weinbergschnecke. Schneller Rückzug ins Gehäuse und Schleimabsonderung retten die Schnecke manchmal. Auch bei Trockenheit zieht sie sich ins Gehäuse zurück. Ihre Haut bietet wenig Schutz vor Austrocknung. Die Weinbergschnecke ist ein *Feuchtlufttier*. Zur Überwinterung gräbt sie sich im Boden ein und verschließt ihr Gehäuse mit einem Kalkdeckel.

Die Weinbergschnecke hat ein Gehäuse aus Kalk. An ihrem Körper lassen sich Kopf, Fuß, Mantel und Eingeweidesack unterscheiden. Schnecken sind Zwitter.

Kennübung: Wirbellose Tiere

Tagpfauenauge   Insekt

Der Schmetterling erreicht eine Flügelspannweite bis zu 7 cm. Den Winter verbringt er in Baumritzen. Die Trachtpflanze (Nahrungsquelle) der Raupen sind die Brennesseln.

Florfliege   Insekt

Die Florfliege ist ein sehr zartes Insekt mit großen, grünlich schimmernden Flügeln und dünnen Fühlern. Die Florfliege und ihre Larven ernähren sich vorwiegend von Blattläusen.

Lederlaufkäfer   Insekt

Der Käfer wird über 4 cm lang. Nachts macht er Jagd auf Würmer, Nacktschnecken, kleinere Insekten und deren Larven. Tagsüber versteckt sich der Lederlaufkäfer unter Steinen.

Grünes Heupferd   Insekt

Das Heupferd wird bis zu 5 cm lang und lebt auf Äckern und Wiesen. Das Insekt ernährt sich von anderen Insekten, aber auch von Pflanzen. Die Männchen zirpen mit den Flügeln.

Silberfischchen   Insekt

Das Silberfischchen ist ein flügelloses Insekt. Es wird 7 bis 10 mm lang, lebt in feuchten Räumen und ist ein Allesfresser. Als schnell laufendes Nachttier ist es tagsüber in Ritzen versteckt.

Muschel   Weichtier

Muscheln leben ausschließlich im Wasser. Im Inneren der beiden harten Schalenklappen befindet sich das eigentliche Tier. Bei der hier gezeigten Teichmuschel ist der Fuß erkennbar.

Winkelspinne   Spinnentier

Die Winkelspinne baut ihr Netz gerne in trockenen Mauerwinkeln und Löchern. Bei Gefahr zieht sie sich in die Wohnhöhle im hinteren Teil ihres Netzes zurück.

Zecke   Spinnentier

Zecken gehören zu den blutsaugenden Parasiten, deren Hinterleib beim Saugen stark anschwillt. Durch den Stich der Zecke können gefährliche Krankheiten übertragen werden.

Blutegel   Ringelwurm

Blutegel sind durchschnittlich 15 cm lang. Sie leben überwiegend im Wasser. Der medizinische Blutegel wurde und wird auch heute noch beim Menschen für den Aderlaß eingesetzt.

Lebensraum Wald

Der Wald – eine Lebensgemeinschaft

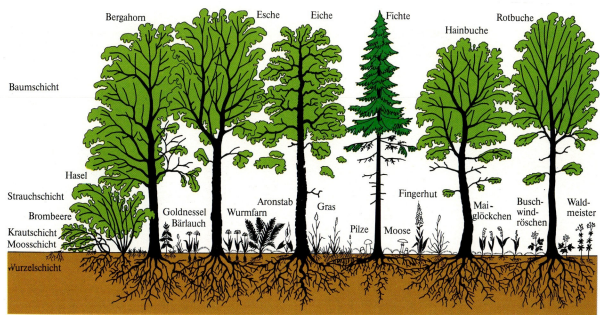

Die Stockwerke des Waldes

Waldpflanzen. Niemand hält eine baumbestandene Allee, einen Obstgarten, eine Baumschule oder einen Park für *Wald*. Wieso eigentlich nicht? Weil zum Wald nicht nur Bäume gehören, sondern zahlreiche weitere Pflanzen.
Moose bedecken oft in dichten, grünen *Polstern* den Waldboden. Wasser nehmen sie nur über ihre zarten Blättchen auf. Moospolster können viel Wasser speichern.
Farne bilden im Wald manchmal hüfthohe Dickichte. An ihren großen, meist gefiederten Blättern, den *Farnwedeln*, lassen sie sich leicht erkennen. Junge Farnwedel sind an der Spitze eingerollt.
Pilze findet man häufig am Fuß der Bäume. Manche Pilzarten besiedeln aber auch die Stämme oder wachsen auf morschen Baumstümpfen.
Farne, Moose und Pilze blühen niemals. Sie gehören zu den *blütenlosen Pflanzen*.
Mehr noch fallen im Wald die vielen Arten von *Blütenpflanzen* auf. Dazu gehören *Kräuter* wie Fingerhut, Maiglöckchen, Buschwindröschen und Sauerklee. Kräuter nennt man Pflanzen, deren überirdische Teile jedes Jahr absterben. Zu den Blütenpflanzen zählen aber auch *Sträucher* wie Haselnuß, Holunder, Himbeere und Brombeere. Sträucher sind Pflanzen, deren verholzte Teile sich direkt vom Boden an in mehrere gleichstarke Äste aufgabeln.

Die Stockwerke des Waldes. Kein Strauch wird so hoch wie eine Fichte oder Buche. Von den unverholzten Kräutern und Farnen werden nur wenige so hoch wie ein Strauch. Moospolster bleiben immer niedrig über dem Boden. Man spricht deshalb von *Stockwerken* oder *Schichten*. von *Baumschicht, Strauchschicht, Krautschicht* und *Moosschicht*.
Lebensgemeinschaft Wald. Würde man den Sauerklee mit seinen zarten Blättern auf ein Feld pflanzen, wäre er bald verdorrt. Er gedeiht nur im Schatten der Waldbäume. Manche Waldbäume sind auf bestimmte Pilze an ihren Wurzeln angewiesen. Zwischen den verschiedenen Waldpflanzen bestehen also *Beziehungen*.
Im Wald leben aber nicht nur viele *Pflanzen*. Er bietet zugleich zahlreichen *Tieren* Nahrung und Versteck. Auch die Tiere sind *an den Wald gebunden* und kommen meist nur hier vor. Untereinander und mit den Pflanzen sind sie ebenfalls durch vielfältige Beziehungen verknüpft.

Alle Pflanzen und Tiere des Waldes zusammnen bilden die Lebensgemeinschaft Wald.

Wald ist nicht gleich Wald

Laubwald

Nadelwald

Lebensbedingungen im Laubwald. Rotbuche, Hainbuche und Eiche sind die häufigsten Bäume des *Laubwaldes*. Ehe sie sich im *Frühjahr* belauben, fällt *viel Licht* auf den Boden. Viele *Frühblüher* erscheinen und blühen bald. Wenn sich *im Sommer* das Laubdach schließt und es *schattig* wird am Waldboden, haben sie ihre Entwicklung schon abgeschlossen. Moose finden wir im Laubwald kaum. Im Herbst bedeckt das Fallaub die niedrigen Pflänzchen und nimmt ihnen das Licht.
Die abgeworfenen Blätter bilden eine *lockere, gut durchlüftete Streu*. In ihr leben viele Bodentiere, die zusammen mit Pilzen und Bakterien das Laub rasch zu *Humus* zersetzen.

Mischwälder. Besonders reich an Pflanzen- und Tierarten sind *Mischwälder* aus Laub- und Nadelbäumen. Die meisten Pflanzen der reinen Laub- oder Nadelwälder kommen hier ebenfalls vor.

Lebensbedingungen im Nadelwald. Es ist dir sicher schon aufgefallen, daß im *Fichtenwald* wenig Sträucher und Kräuter wachsen. Es ist hier *für lichthungrige Pflanzen zu dunkel*. Für die Moose dagegen reicht das spärliche Licht, das auf den Boden fällt, zum Wachstum aus. Etwas günstiger sind die Lichtverhältnisse im *Kiefernwald*. Daher kommen hier mehr Bodenpflanzen vor.
Natürliche Fichtenwälder gibt es bei uns nur im Gebirge. In tieferen Lagen hat sie der Mensch angelegt. Wo der Boden mineralstoffarm oder sandig ist, dehnen sich oft weite Kiefernwälder.
Nadelbäume verlieren ihre Nadeln meist erst nach mehreren Jahren und nicht auf einmal. Doch die *Nadelstreu* ist viel dichter und daher schlechter durchlüftet als die Laubstreu. Sie verwest langsam. Es entsteht dabei kein fruchtbarer Humus, sondern ein saurer *Rohhumus*. Er wird von vielen Pflanzen des Laubwaldes nicht vertragen.

In Laub- und Nadelwald herrschen unterschiedliche Lebensbedingungen: Im Laubwald schwankt die Lichtmenge am Boden im Jahresverlauf, im Nadelwald ist sie immer gleich niedrig. Außerdem beeinflussen Laub- und Nadelstreu den Boden in verschiedener Weise.

1 Wächst in der Umgebung deines Heimatortes Nadelwald, Laubwald oder Mischwald?

2 Vergleiche die beiden Fotos oben. Welche Unterschiede fallen dir auf?

Wie man Bäume erkennt

Du kannst leicht lernen, die wichtigsten einheimischen Bäume zu unterscheiden. Vor allem auf die Form der *Blätter*, auf die *Blüten* und *Früchte*, aber auch auf die *Borke* muß man dabei achten.

Blätter. Eine große Eiche hat über 250 000 Blätter. Keines von ihnen gleicht zwar dem anderen ganz genau, trotzdem sehen sie alle einander ähnlich. Eichenblätter haben tiefe *Blattbuchten*. Ahornblätter sind *handförmig geteilt*. Buchenblätter sind *eiförmig*, Lindenblätter *herzförmig*. Auch auf den *Blattrand* kommt es an. Er kann *glatt* und *leicht gewellt* sein, wie beim Buchenblatt. Dieses ist außerdem *fein behaart*. Der Blattrand kann auch *gesägt* sein, wie beim Lindenblatt.

Blüten und Früchte. Sobald die Bäume ein bestimmtes Alter erreicht haben, *blühen* und *fruchten* sie. Die Blüten und die Früchte der verschiedenen Baumarten unterscheiden sich deutlich. Die Blüten von Kirsche, Apfel und Birne kennst du sicher aus dem Garten. Sie sind ja auch groß und auffällig. Die Blüten von Eiche und Buche hast du sicher noch nie bemerkt, so klein und unscheinbar sind sie. Kennst du die Blüten der Linde? Sie duften herrlich. Früchte wie den Apfel kannst du leicht von der Birne und der Kirsche unterscheiden. Aber auch Eicheln, Bucheckern und die geflügelten Samen der Linde sind Früchte von Bäumen.

Stamm. Auch die Stämme sind von Baum zu Baum verschieden. Die Fichte hat einen geraden, schlanken Stamm. Bis zum Wipfel hinauf ist er ungeteilt. Der Stamm der Eiche ist dick und knorrig. Er verzweigt sich meist mehrere Male.

An einem gefällten Baum kannst du feststellen, daß der Stamm aller Bäume im Inneren *holzig* ist. Du siehst auch, daß dieses Holz von einer *Rinde* umgeben ist.

Im Holz des Stammes kannst du viele Ringe erkennen. Von innen nach außen werden sie immer größer. Der Abstand von Ring zu Ring gibt an, wieviel der Stamm während eines Jahres gewachsen ist. Man nennt diese Ringe *Jahresringe*.

Der äußere Teil der Rinde wird von der *Borke* gebildet. Diese Borke ist von Baumart zu Baumart verschieden. Bei der Buche ist sie grau und glatt, bei der Kiefer graubraun und schuppig. Bei der Eiche ist sie grau bis dunkelbraun und hat tiefe Risse. Die Borke der Vogelkirsche hat typische, längliche Rillen.

> Blatt, Blüte, Frucht und Stamm sind für die Unterscheidung der Baumarten wichtig.

1 Nimm ein Butterbrotpapier und halte es fest gegen einen Baumstamm. Reibe dann mit einem Wachsmalstift vorsichtig über das Papier, bis sich das Rindenmuster auf dem Blatt abzeichnet. Vergleiche die Muster verschiedener Bäume.

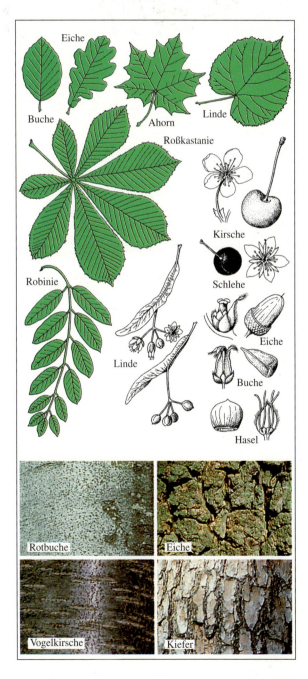

Das Jahr der Buche

Die Buchenblätter haben sich eben entfaltet.

Buchenzweig
1 männlicher Blütenstand   2 weiblicher Blütenstand

Die *Rotbuche* gehört zu den *häufigsten Bäumen unserer Laub- und Mischwälder*. Besonders im südlichen Teil Deutschlands bildet sie *ausgedehnte Wälder*. Buchen können bis zu 40 Meter hoch und 300 Jahre alt werden. Ihr Holz wird für Schwellen und Parkett, aber auch für Möbel verwendet.

Frühling und Sommer

Laubaustrieb. Anfang Mai *treiben im Buchenwald die Blätter aus*. Eine stattliche Buche bildet Jahr für Jahr etwa 200 000 Blätter! Dazu benötigt sie eine Menge *Mineralstoffe*. Die feinen *Haare* an den jungen Blättern *helfen bei der Mineralstoffversorgung mit:* Sie verdunsten viel Wasser. Diese Wassermenge muß ständig wieder aus dem Boden aufgenommen werden. Mit dem Wasser steigen auch die Mineralstoffe empor.

Die Blätter stellen sich so ein, daß sie einander *möglichst nicht verdecken*. So können sie das Sonnenlicht am besten ausnutzen und *viel Stärke bilden*. Die Blätter dienen aber nicht nur zur Ernährung der Buche selbst. Sie sind daneben auch *Nahrung für viele Tiere*, vor allem *Insekten*.

Blüte. Zugleich mit dem Austrieb der Blätter *blüht* die Buche, doch nur etwa alle acht Jahre. Die Buche ist *einhäusig*. Die *männlichen Blüten* bilden kugelige *Kätzchen. Die weiblichen Blüten* stehen *zu zweien zusammen*. Sie werden *vom Wind bestäubt*.

1 Weißt du, wo in den Wäldern deiner nächsten Umgebung Rotbuchen wachsen?

Von Buchenblättern leben viele Insekten und Insektenlarven. Häufiger als die Tiere findet man ihre Fraßspuren, Wachsabscheidungen oder Gallen. In den Gallen entwickeln sich die Larven der Gallmücke.

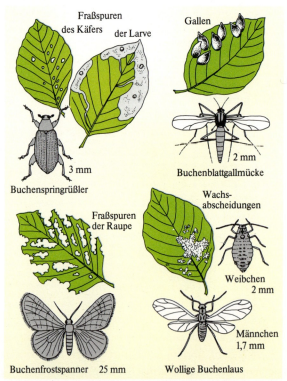

Buchenwald im Herbst

Unter 1 Quadratmeter Waldboden leben etwa
120 Regenwürmer,
10 Käfer,
10 000 Springschwänze,
25 andere Insekten,
200 verschiedene Larven,
400 Tausendfüßer,
50 Asseln,
40 Spinnen,
100 000 Milben,
50 Schnecken,
1 Million Fadenwürmer,
Millionen von winzigen, nur unter dem Mikroskop sichtbaren Tierchen,
Milliarden von Bakterien.

Bucheckern sind eine wichtige Nahrung für viele Säugetiere und Vögel des Waldes. Die Bucheckern fallen im Oktober und November vom Baum, also gerade zu Beginn der nahrungsarmen Jahreszeit.

Herbst und Winter

Frucht. Aus den befruchteten weiblichen Blüten entwickeln sich die *Bucheckern*. Es sind dreikantige *Nußfrüchte*, die zu zweien von einem stacheligen *Fruchtbecher* umgeben sind. Längst nicht alle Bucheckern *keimen* im nächsten Frühjahr. Die meisten werden *von Waldtieren gefressen*.

Laubfall. Mit den ersten Frösten beginnt der *Laubfall*. Die herabgefallenen Blätter bilden zusammen mit Früchten, Zweigen und verwelkten Kräutern die *Bodenstreu* des Buchenwaldes. Je tiefer man in die Bodenstreu hineingräbt, desto stärker sind die Pflanzenreste durchlöchert, zerfressen und verwest. Das bewirken unzählige *Kleinlebewesen* wie Regenwürmer, Insekten, Tausendfüßer, Milben und Bakterien. Auf Seite 219 findest du einige von ihnen abgebildet. Sie verwandeln die Bodenstreu allmählich in krümelige, mineralstoffreiche Erde, den *Humus*.

> Die Buche gehört zu unseren häufigsten Laubbäumen. Sie bildet ausgedehnte Wälder.

Die Fichte

Vorkommen. Die schnellwüchsige *Fichte* ist für die Forstwirtschaft ein wichtiger Baum. Sie wird deshalb häufig angepflanzt. Geschieht dies in reinen Fichtenpflanzungen, spricht man von einer *Monokultur*. Etwa ein Drittel des Baumbestands in deutschen Wäldern besteht heute aus Fichten.
An den Mineralstoffgehalt des Bodens stellt die Fichte keine besonderen Ansprüche. Sie bevorzugt jedoch einen feuchten Boden. Gegen Frost ist sie wenig empfindlich. Ursprünglich kam sie vor allem im Gebirge vor.

Stamm und Krone. Fichten können *bis zu 60 m hoch* werden. Sie haben einen schlanken Stamm und eine besonders schmale, spitz zulaufende Krone, an der sie sich von anderen *Nadelbäumen* unterscheiden lassen. Die *nadelförmigen, immergrünen Blätter* sitzen bei der Fichte ringsum an den Zweigen, bei der ähnlichen Tanne dagegen hauptsächlich in einer Ebene. Fichtennadeln sind zudem im Querschnitt vierkantig, Tannennadeln flach.

Wurzel. Die Fichte ist ein *Flachwurzler*. Im Gebirge kann sie sich mit den Wurzeln zwischen Gestein verankern. Wächst sie aber auf lockerem Boden, hebt ein heftiger Sturm sie aus der Erde.

Lebenslauf der Fichte. Fichten werden heute meist in der *Saatschule* herangezogen. Mit 3 bis 4 Jahren haben sie etwa 20 cm Höhe erreicht. Nun werden sie in eine Schonung im Wald umgesetzt. Jahr für Jahr bildet sich am Stamm ein neuer Astquirl. Mit 7 Jahren sind die Fichten etwa 60 cm hoch. Da sie im Laufe der Zeit nicht nur höher, sondern auch breiter werden, entsteht bald eine undurchdringliche *Dickung*. Der Förster läßt den Bestand nun auslichten. Mit 70 bis 120 Jahren verzögert sich bei der Fichte das Wachstum. Die etwa 30 m hohen Stämme werden gefällt. Fichten können jedoch bis zu 600 Jahre alt werden.

Verwendung. Fichtenzweige dienen als *Schmuck- und Abdeckreisig*. Junge Fichten kommen als *Weihnachtsbäume* auf den Markt. *Fichtenholz* wird beim Hausbau sowie zur Herstellung von Spielzeug, Möbeln und Musikinstrumenten verwendet.

> Die Fichte ist ursprünglich ein Nadelbaum der Gebirge. Wegen ihrer großen Bedeutung für die Forstwirtschaft wird sie oft angepflanzt.

Freistehende Fichte

Sturmschäden in einer Fichtenmonokultur

Junge Fichten in der Saatschule

1 Männliche Blütenzapfen   2 weibliche Blütenzapfen   3 Fruchtzapfen   4 Samen

Auch Fichten blühen. Im Alter von etwa 40 Jahren blüht die Fichte zum ersten Mal. Im Mai findet man an den Zweigenden kleine, erdbeerfarbene Zapfen, die sich später gelb färben. Das sind die *männlichen Blütenstände.*

Die *weiblichen Blütenstände* sind rot gefärbte Zapfen. Sie stehen aufrecht.

Die einzelnen *Blüten* sind sehr einfach gebaut. Sie bestehen im wesentlichen aus einem schuppenartigen Fruchtblatt, der *Fruchtschuppe*. Auf ihr sitzen frei die zwei *Samenanlagen*. Die Fichte und alle anderen Nadelbäume zählen deshalb zu den *Nacktsamern*, im Unterschied zu den Bedecktsamern, bei denen die Samenanlagen in einem Fruchtknoten eingeschlossen sind. Die weiblichen Blütenzapfen werden *vom Wind bestäubt*. Nach der Bestäubung drehen sie sich nach unten und entwickeln sich zu großen, schuppigen *Fruchtzapfen*. Erst im folgenden Jahr spreizen sich die Schuppen auseinander, und der Wind trägt die geflügelten *Samen* fort.

> Fichten gehören zu den Nacktsamern.

1 Wodurch unterscheiden sich Nacktsamer und Bedecktsamer? Nenne Pflanzen, die zu den Bedecktsamern gehören.

2 Versuche an einer gefällten Fichte die Jahresringe zu zählen. Benutze eine Lupe!

Jahresringe und Altersbestimmung bei Bäumen

An gefällten Bäumen kann man das Alter bestimmen. Dazu braucht man nur die Anzahl der *Jahresringe* auf dem Stammquerschnitt festzustellen. Wie entstehen diese Jahresringe? Unter der Rinde des Stammes befindet sich eine *Wachstumsschicht*. Sie bildet nach außen neue Rindenzellen, den *Bast,* nach innen neue Holzzellen. Im Bast werden Nährstoffe von den Blättern stammabwärts transportiert. Jahresringe erkennt man nur im *Holz*. Die im Frühjahr gebildeten Holzzellen sind groß und dünnwandig. Sie dienen vor allem der Wasserleitung von den Wurzeln zu den Blättern. Die Holzzellen, die im Laufe des Sommers entstehen, sind kleiner und dickwandiger. Sie haben die Aufgabe, den Stamm zu festigen. Im folgenden Frühjahr entstehen dann wieder große Holzzellen. Sie heben sich als *Jahresringgrenze* ab.

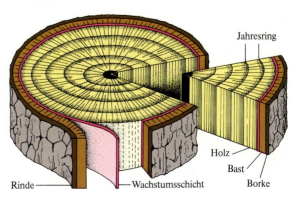

Waldbäume

Tanne

Vorkommen: in Mischwäldern des Berglands und der Gebirge, liebt Böden mit hohem Humusgehalt. Hat weitausladende Äste, wird bis zu 50 m hoch. Nadeln an der Unterseite mit zwei weißen Streifen, am Ende stumpf. Die Tanne ist einhäusig; ihre Zapfen stehen aufrecht, die Samen sind geflügelt. Alter: bis zu 500 Jahre. Holz wertvoll, harzfrei, leicht und weich; wird als Bauholz und zum Geigenbau verwendet.

1 männliche Blütenzapfen
2 weiblicher Blütenzapfen
3 Fruchtzapfen

Kiefer

Vorkommen: meist auf trockenem Boden, gedeiht auch in Heidegebieten und auf Sandböden noch gut. Hat eine breite, flache Krone, wird bis zu 50 m hoch. Rinde dick, rissig. Hat eine Pfahlwurzel. Die Kiefer ist einhäusig; ihre Zapfen enthalten geflügelte Samen. Alter: bis zu 600 Jahre. Holz harzreich; wird für Möbel, als Bauholz und zur Papierherstellung verwendet.

1 männliche Blütenzapfen
2 weibliche Blütenzapfen
3 Fruchtzapfen

Lärche

Vorkommen: ursprünglich nur Gebirgsbaum, heute überall gepflanzt. Wird über 40 m hoch. Nadeln hellgrün, weich, dünn; färben sich im Herbst goldgelb und werden abgeworfen. Die Lärche ist einhäusig; ihre Zapfen sind klein, eiförmig, die Samen breit geflügelt. Alter: bis zu 400 Jahre. Das Holz wird als Bauholz verwendet; schöngewachsene Stämme waren früher als Boots- und Schiffsmasten sehr begehrt.

1 männliche Blütenzapfen
2 weibliche Blütenzapfen
3 Fruchtzapfen

Stieleiche
Vorkommen: in Laubmischwäldern der Ebene und des Berglands. Wächst meist breit und knorrig, wird bis zu 50 m hoch. Blätter gebuchtet. Die Stieleiche ist einhäusig; ihre Früchte, die Eicheln, sitzen in einem Becher mit Stiel, daher der Name. Alter: bis zu 1000 Jahre. Holz hart, haltbar; teures Furnierholz; wird für Möbel und Parkett verwendet, früher auch als Bauholz und zum Schiffsbau.

1 männliche Blütenstände
2 weibliche Blütenstände
3 Fruchtstand

Bergahorn
Vorkommen: auf lockeren, mineralstoffreichen Böden in Mischwäldern, besonders im Bergland. Wird bis zu 30 m hoch. Blätter handförmig, fünflappig. Der Bergahorn ist einhäusig; die Blüten stehen in Trauben und sind getrenntgeschlechtig oder zwittrig. Die geflügelte Doppelfrucht wird vom Wind verbreitet. Alter: bis zu 500 Jahre. Das Holz wird für Möbel, als Drechselholz, zum Geigenbau und als Brennholz verwendet.

1 Blütenstand
2 Fruchtstand

Hainbuche (Weißbuche)
Vorkommen: in Laubwäldern, oft zusammen mit Eiche; an Waldrändern. Wird bis zu 25 m hoch. Stamm mit gedrehten Längswülsten; Rinde glatt und grau. Blätter eiförmig, zugespitzt. Die Hainbuche ist einhäusig; die kleinen Früchte sitzen an dreilappigem Flügel und werden vom Wind verbreitet. Alter: bis zu 150 Jahre. Holz schwer, zäh, hart; wird für Werkzeugschäfte, Pflöcke und als Brennholz verwendet.

1 männlicher Blütenstand
2 weiblicher Blütenstand
3 Fruchtstand

Der Baum im Herbst und Winter

Herbst. Im Herbst ändert sich die Farbe der Laubblätter. Manche Blätter färben sich gelb, andere werden rot, wieder andere braun. Im Herbst fallen dann auch die Blätter von den Bäumen.
Sobald die Tage kürzer werden, bereiten sich die Bäume auf den *Laubfall* vor. Zunächst werden alle wertvollen Stoffe aus den Blättern in die Zweige, in den Stamm und in die Wurzeln geleitet. Zurück bleiben Stoffe, die der Baum nicht mehr braucht. Sie färben die Blätter so schön bunt.
Im Sommer halten die grünen Blätter selbst beim stärksten Gewittersturm an den Zweigen fest. Du weißt, wie fest man ziehen muß, wenn man ein grünes Blatt abreißen will. Im Herbst dagegen lösen sich die Blätter leicht vom Baum. Zwischen Zweig und Blatt hat sich eine *Trennschicht* gebildet. An dieser Trennschicht fällt das Blatt ab. Am Zweig bleibt eine feine *Blattnarbe* zurück. Bei großen Blättern, wie zum Beispiel bei denen der Roßkastanie, sind diese Blattnarben deutlich zu sehen.

Der Winter ist für die Pflanzen eine trockene Zeit. Das kann man als Mensch kaum glauben. Nach unserer Erfahrung schmilzt jede Schneeflocke, die auf die warme Hand gelangt, und liefert damit Feuchtigkeit. Im Boden ist es ganz anders: Die Wurzeln sind so kalt wie ihre Umgebung. Das Eis im gefrorenen Boden schmilzt daher nicht. Eis ist für die Pflanzen so trocken wie ein Stein. Deshalb ist die kalte Jahreszeit für die Pflanzen eine *Trockenzeit*. Die Laubbäume könnten ihre Blätter nicht mit genügend Wasser versorgen. Die Blätter würden absterben und zusammen mit ihren wertvollen Stoffen abfallen. Das wäre ein schwerer Verlust für die Pflanze.

Im Herbst färben sich die Blätter bunt.

> Im Herbst werfen die Laubbäume ihre Blätter ab. Nur auf diese Weise können sie die trockene kalte Jahreszeit überstehen.

1 Welche Bäume werfen im Herbst zuerst ihr Laub ab? Welche Bäume behalten ihr dürres Laub den ganzen Winter hindurch?

2 Nach Nachtfrösten erfolgt der Blattfall besonders stark. Notiere Datum und Temperatur.

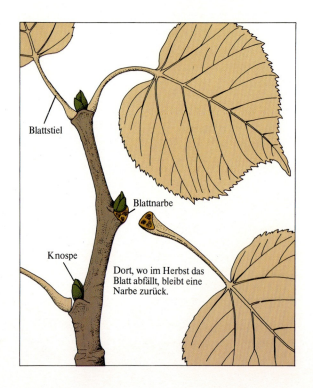

Dort, wo im Herbst das Blatt abfällt, bleibt eine Narbe zurück.

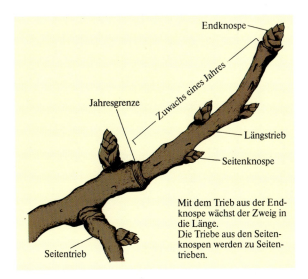

Mit dem Trieb aus der Endknospe wächst der Zweig in die Länge.
Die Triebe aus den Seitenknospen werden zu Seitentrieben.

Winterknospen. Schon während des Winters sind die neuen *Knospen* zu sehen, aus denen sich im Frühjahr Zweige, Blätter und Blüten bilden. Schuppenartige Blätter stützen die empfindlichen Knospen. Wie Dachziegel liegen diese Schuppen übereinander. Oft sind sie behaart oder klebrig, wie bei der Roßkastanie. Die verschiedenen Laubbäume haben ganz unterschiedliche Winterknospen. Man kann deshalb die verschiedenen Arten von Laubbäumen im Winter auch an ihren Knospen erkennen.

1 Sammle im Winter einige Zweigstückchen von Bäumen und versuche, sie mit Hilfe der Abbildung zu bestimmen.

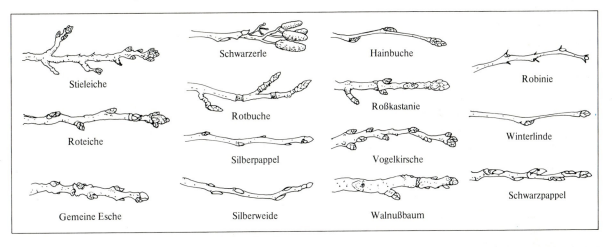

Barbarazweig. Nach einem alten Brauch werden am 4. Dezember, dem Barbaratag, in vielen Gegenden Zweige von frühblühenden Sträuchern und Bäumen geschnitten. Vor allem Forsythie, Kirsche und die japanische Quitte eignen sich. Wer einen Barbarazweig schneiden will, sollte immer den Eigentümer des Strauches oder des Baumes um Erlaubnis fragen. Auch beim Schnitt der Obstbäume im Winter fallen Zweige an, die man als Barbarazweige in die Vase stellen kann. Dabei mußt du folgendes beachten:

– Schneide den Zweig mit einem scharfen Messer schräg an. Auf diese Weise entsteht eine große Schnittfläche. An ihr kann das Wasser leichter aufgenommen werden.
– Stelle den Zweig in lauwarmes Wasser. Dann kommt der Zweig samt Vase auf eine sonnige Fensterbank.
– Wechsle das Wasser in der Vase von Zeit zu Zeit und besprühe den Zweig mit warmem Wasser.

Wenn du die Zweige nicht zu spät in die Vase gestellt hast, dann blühen sie zwischen Weihnachten und Neujahr.

Sträucher – Schutz und Nahrung für Tiere am Waldrand

Die Brombeere. Brombeeren wachsen am Waldrand, in Lichtungen und auf Kahlschlägen. Sie gehören zur Strauchschicht des Waldes. Es gibt zahlreiche Arten von Brombeeren. Sie unterscheiden sich in der Blattform, im Aussehen der Blüten und der Früchte. Je nach Brombeerart munden die Früchte auch unterschiedlich gut. Von Mai bis August blühen die Brombeeren. Die weißen Blüten erinnern an Erdbeerblüten. Sie locken zahlreiche Insekten an. Wie die Erdbeeren und die Himbeeren, so gehören auch die Brombeeren zur Familie der *Rosengewächse*. Die Früchte sind zunächst rötlich, dann braun und bekommen schließlich im September oder noch später ihre schwarze Farbe. Beim genauen Betrachten der Früchte erkennt man, daß sie aus zahlreichen, eng aneinander gedrängten Einzelfrüchten bestehen. In jedem der saftigen Einzelfrüchtchen befindet sich ein steinharter Kern. Solche Früchte nennt man *Steinfrüchte*. Eine große Steinfrucht ist zum Beispiel die Kirsche. Die Brombeere ist somit eine Ansammlung aus vielen Steinfrüchtchen und eigentlich keine Beere. Man nennt eine solche Frucht auch *Sammelfrucht*.

Brombeeren vermehren sich nicht nur durch ihre Früchte, die von Vögeln gern gefressen werden, sondern auch durch bogenförmige, ausläuferartige Zweige. Sie können mehr als zwei Meter lang werden. Wenn sie den Boden berühren, treiben sie Wurzeln und bilden neue Pflanzen. Auf diese Weise entsteht in wenigen Jahren ein dichtes und ausgedehntes Gestrüpp. In ihm finden Tiere Schutz. Kräftige Stacheln an Zweigen und Blättern schützen die Brombeere vor Fraßfeinden. Brombeersprosse blühen nur einmal, meist im zweiten Jahr. Dann sterben sie ab.

Die schmackhaften Sammelfrüchte der Brombeere wurden schon von den Menschen der Steinzeit gesammelt. Sie sind reich an Vitaminen und Mineralstoffen. Hausteemischungen enthalten oft getrocknete Brombeerblätter. Brombeerblättertee wirkt lindernd bei Erkältungen.

Schwarzer Holunder

Pfaffenhütchen

Der Schwarze Holunder. Der Holunder gedeiht am Waldrand, auf Kahlschlägen und in lichtem Wald. Für das Wachstum ist er auf feuchten, stickstoffreichen Boden angewiesen. Er kann sieben Meter hoch werden und baum- oder strauchartige Gestalt annehmen. Im Juni oder Juli fällt der Holunder durch seine Blütenpracht auf. Die großen Blütenstände setzen sich aus vielen kleinen, weißen Blüten zusammen. Sie locken durch ihren starken süßlichen Duft zahlreiche Insekten an. Diese finden jedoch keinen Nektar, sondern nur Blütenstaub.

Die kugeligen Früchte des Holunders sind zunächst grün und werden dann glänzend schwarz. Die reifen Beeren haben einen Durchmesser von 5 bis 7 Millimeter. Die Vögel fressen sie und verbreiten auf diese Weise die Samen.

Weil die Blüten und Früchte heilende Wirkung haben, pflanzten unsere Vorfahren den raschwüchsigen Schwarzen Holunder oft in Gärten an. Tee aus getrockneten Blüten ist ein altes Hausmittel bei Erkältungen; er wirkt schweißtreibend. Die vitaminreichen, schwarzen Beeren werden zu Säften oder Marmelade verarbeitet. Auch sie können Erkältungen mildern. Es dürfen jedoch nur reife Früchte verwendet werden.

Zuweilen findet man in der Strauchschicht des Waldes den kleineren Traubenholunder. Seine gelben Blüten stehen in Rispen und öffnen sich im März oder April. Die roten Früchte sind leicht giftig. Ihre Samen rufen Brechreiz und Durchfall hervor.

Das Pfaffenhütchen. Sein Name kommt von der eigenartigen Form der rosafarbenen Früchte. Sie erinnern an die Kopfbedeckung katholischer Geistlicher. Wenn im Herbst die stumpfkantigen, rosa Samenkapseln reif sind, springen sie auf, und die orangefarbenen Samen kommen zum Vorschein. Sie werden von Vögeln gern gefressen. Für den Menschen sind sie giftig. Im Gegensatz zu den Früchten sind die Blüten mit ihren vier hellgrünen Kronblättern recht unauffällig. Sie erscheinen im Mai und werden vor allem von Fliegen und kleinen Käfern besucht. Der Strauch wird 2 bis 3 Meter hoch und hat graugrüne, vierkantige Zweige. An den Kanten befinden sich auffallende Korkleisten.

Aufgaben der Strauchschicht

Die Strauchschicht umfaßt noch andere Arten. Deren Vorkommen ist abhängig von den Lichtverhältnissen, vom Boden und der Höhenlage. Die Strauchschicht erfüllt verschiedene Aufgaben: Sie bildet einen schützenden Abschluß gegen die offene Landschaft. Weil Wind und Sturm abgebremst werden, beeinflußt die Strauchschicht das Waldklima. Gleichzeitig bietet sie Tieren Schutz, Nahrung und Nistgelegenheit.

> Die Strauchschicht bietet zahlreichen Tieren Schutz und Nahrung. Gleichzeitig dient sie als Windfang.

Kennübung: Bäume und Sträucher im Herbst

Weißdorn
Der Strauch wächst an Waldrändern, in Gebüschen und Hecken. Die Zweige sind dornig. Die Früchte reifen im September, sind länglich rot, mehlig und eßbar.

Schwarzdorn
Der Schwarzdorn oder die Schlehe ist an warmen Waldrändern zu finden. Der Strauch besitzt sehr harte Dornen. Die blauschwarzen Früchte schmecken erst nach dem Frost süß.

Roter Hartriegel
Der Name kommt von den roten Zweigen und Fruchtstielen. Der Strauch wächst oft an trockenen Hängen. Die blauschwarzen, ungenießbaren Früchte reifen im September.

Heckenrose
Der mit Stacheln besetzte Strauch wächst an Waldrändern und Hecken. Die scharlachroten Früchte nennt man Hagebutten. Sie sind reich an Vitamin C und eignen sich für Marmelade.

Haselnuß
Der Strauch wird in Hecken und an Waldrändern gezielt angepflanzt. Die Nüsse reifen im September. Die Kerne sind schmackhaft und werden von Tier und Mensch als Nahrung genutzt.

Waldrebe
Der Kletterstrauch rankt sich an Bäumen bis 25 Meter hoch. Die Früchte reifen erst im Winter aus. Südländische, farbenfrohe Arten (Clematis) sind beliebte Garten-Kletterpflanzen.

Eberesche
Die Eberesche oder Vogelbeere ist ein Baum der lichten Wälder, der auch an Straßen angepflanzt wird. Die Früchte, erst gelblich, dann scharlachrot, sind im Rohzustand schwach giftig.

Eßkastanie
Der Baum stammt ursprünglich aus dem Mittelmeerraum. Die kugeligen, stacheligen Früchte springen im Oktober auf, und die braunen Kastanien (Maronen) werden frei.

Winterlinde
Der Baum gedeiht in warmen Laubmischwäldern. Der Fruchtstand wird im September als Ganzes abgeworfen. Die Flügelblätter dienen wie Propeller zur Verbreitung der Samen.

Praktikum: Samen und Früchte

Im Spätsommer reifen viele Samen und Früchte der Waldbäume und Sträucher. In guten Jahren sind es riesige Mengen. Bis zu 500 Samen pro Quadratmeter kann eine Buche abwerfen. Die Früchte von Sträuchern erfreuen uns durch ihre kräftig leuchtenden Farben. Viele Tiere leben von diesem herbstlichen Überfluß an Samen und Früchten während der unwirtlichen Winterszeit.

1   Auch wir Menschen sammeln diese Früchte. Erkundige dich, welche Früchte der Bäume und Sträucher gesammelt werden und was aus ihnen hergestellt wird.

2   Sammle Früchte von Bäumen und Sträuchern. Nimm nach Möglichkeit jeweils einen kleinen Zweig. Bestimme den Namen mit Hilfe eines Buches. Beachte, daß manche Früchte für den Menschen giftig sind. Vergleiche auch mit Seite 227.

3   Betrachte genau Baumstämme mit rissiger Rinde. Manchmal stecken hier Früchte und Kiefernzapfen. Wer hat sie dort wohl hineingeklemmt? Und weshalb?

4   Beobachte einen Holunderstrauch, eine Eberesche oder einen Haselstrauch. Welche Tiere suchen hier ihre Nahrung?

5   Sammle Früchte und Zapfen. Manche von ihnen tragen Fraßspuren. Von welchem Tier könnten sie sein? Vergleiche mit den Abbildungen auf dieser Seite unten.

6   Koste die Frucht der Schlehe vor dem ersten Frost und danach. Kannst du einen Unterschied feststellen?

7   Gestalte eine Ausstellung oder ein Poster mit deinen gesammelten Samen und Früchten.

8   Gibt es Sträucher, die ihre Früchte bis in den Winter hinein behalten?

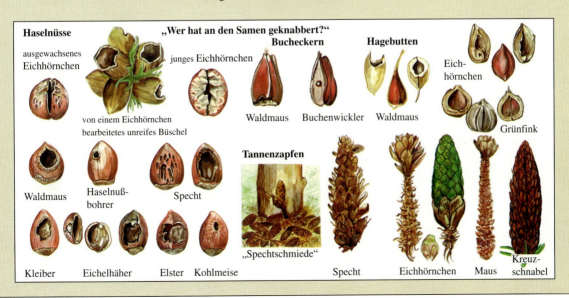

Pilze im Wald

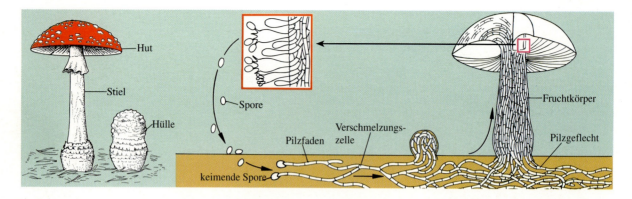

Bau und Entwicklung. Der Spätsommer ist die Zeit der *Pilze*. Dann erscheinen am Fuß der Waldbäume überall ihre Hüte. Entfernt man behutsam die Laubstreu um einen solchen Pilz, findet man feine, weiße Fäden im Boden. Dieses unterirdische *Pilzgeflecht* oder *Mycel* ist der eigentliche Pilzkörper. Pilze blühen nicht und tragen auch keine Früchte oder Samen. Trotzdem nennt man den oberirdischen Teil des Pilzes *Fruchtkörper*. An der Unterseite ihrer Hüte entwickeln sich die *Sporen*, mit denen sich die Pilze vermehren. Sie sind nur wenige Tausendstel Millimeter groß. Der Wind trägt die Pilzsporen oft kilometerweit. Finden die Sporen günstige Lebensbedingungen, beginnen sie zu keimen und verzweigen sich zum weißlichen Mycel.

Lebensweise. Manche Pilze leben mit bestimmten Bäumen in einer *Lebensgemeinschaft*. Pilzkenner wissen, daß man den Birkenpilz nur unter Birken findet, den Butterröhrling nur unter Kiefern. In all diesen Fällen umspinnt das Pilzgeflecht die Enden der Baumwurzeln. Es übernimmt die Aufgabe der Wurzelhaare und liefert dem Baum *Wasser* und *Mineralstoffe*. Vom Baum erhält der Pilz dafür vor allem *Traubenzucker*, den er selbst nicht herstellen kann. Pilz und Baum bilden eine Lebensgemeinschaft zu gegenseitigem Nutzen, eine *Symbiose*.

Gefährliche Pilze. Neben den Speisepilzen gibt es auch tödlich *giftige Pilze*. Erste Krankheitsanzeichen sind meist *Übelkeit* und *Erbrechen* oder *Schwindelgefühle*. Das beste Mittel, um Pilzvergiftungen zu vermeiden ist: *Keine Pilze verzehren, von denen man nicht absolut sicher weiß, daß sie genießbar sind.*

1. Nur Pilze sammeln, die man sicher als eßbar kennt.
2. Im Zweifelsfall Pilzkenner der Pilzberatungsstelle fragen.
3. Beim Ernten niemals den Boden aufreißen und das Pilzgeflecht beschädigen.
4. Pilze in einem luftdurchlässigen Körbchen befördern
5. Giftige Pilze nicht zerstören.
6. Gesammelte Pilze möglichst bald zubereiten und verzehren.
7. Bei Verdacht auf Pilzvergiftung sofort den Arzt aufsuchen.

Das Pilzgeflecht umspinnt die Wurzelenden von Bäumen.

1 Kannst du dir Gründe denken, weshalb man Giftpilze nicht zerstören soll?

Einheimische Pilze. ⚠ *bedeutet Giftpilz*

1 Speisemorchel
2 Stinkmorchel
3 Kartoffelbovist
4 Flaschenbovist
5 Erdstern
6 Satanspilz
7 Steinpilz
8 Birkenpilz
9 Champignon
10 Fliegenpilz
11 Gelber Knollenblätterpilz
12 Pantherpilz
13 Schwefelkopf
14 Pfifferling
15 Hallimasch

Kennübung: Säugetiere des Waldes

Rothirsch
Lebt in großen Wäldern. Geweih hat bis zu 16 Enden. Abwurf im Februar. Brunft (Paarungszeit) im Oktober. Nahrung: Gräser, Laub, Rinde, Bucheckern, Eicheln.

Reh
Lebt familienweise im Laub- und Mischwald. Geweih hat bis zu 6 Enden. Abwurf im Spätherbst. Brunft Juli/August. Nahrung: Gräser, Eicheln, Kräuter, Laub.

Wildschwein
Lebt gesellig in ausgedehnten Wäldern. Nahrung: Eicheln, Buchekkern, Farne, Kräuter, Mäuse, Würmer, Insekten, Aas.

Fuchs
Jagt in der Dämmerung und nachts; tagsüber im Bau. Nahrung: Insekten, Mäuse, geschwächte Hasen und Rehkitze.

Dachs
Stärker an Wald gebunden als Fuchs. Geht mit Beginn der Dämmerung auf Jagd. Nahrung: Buchekkern, Eicheln, Beeren, Mäuse, Insekten, Würmer.

Baummarder
Im Misch- und Nadelwald. Verschläft den Tag in Spechthöhlen, Eichhörnchen- oder Vogelnestern. Klettert gewandt. Nahrung: vom Rehkitz bis zur Maus.

Eichhörnchen
Baumtier. Schwanz dient beim Sprung als Steuer. Hat Nagezähne. Nahrung: Früchte, Samen, auch Eier und Jungvögel. Baut Nest, Kobel genannt.

Gelbhalsmaus
Häufig in Wäldern und Gebüschen. Etwas größer als Hausmaus. Dämmerungs- und Nachttier. Ernährt sich von Samen und Insekten.

Kennübung: Vögel des Waldes

Habicht
In ausgedehnten Wäldern. So groß wie Mäusebussard. Nahrung: Vögel, Säugetiere bis Hasengröße. Nistet auf hohen Bäumen.

Waldkauz
In Wäldern, Parks, Gärten. Größer als Taube. Sitzt tagsüber auf Bäumen nahe dem Stamm. Jagt nachts Vögel, kleine Nager und Insekten. Nistet in Baumhöhlen.

Kuckuck
In Wäldern und Gebüsch. Taubengroß. Nahrung: Insekten. Weibchen legt Eier in die Nester fremder Vögel. Zugvogel.

Pirol
In Laub- und Mischwald. Amselgroß. Nahrung: Insekten, auch Früchte. Nest hängt frei in einer Astgabel. Stimme: flötendes „Did-lio". Zugvogel.

Eichelhäher
In Wäldern und Parks. Taubengroß. Nahrung: Eier, Jungvögel, Eicheln, Bucheckern. Nest aus Reisig, hoch über dem Boden. Stimme: heiseres „Rätsch".

Buchfink
In Wäldern, Parks und Gärten. Sperlingsgroß. Nahrung: Samen, Knospen, Insekten. Nest meist auf den unteren Ästen von Laubbäumen. Gesang: schmetternd.

Zaunkönig
In Wäldern, Parks und Gärten. Klein, lebhaft. Nahrung: Insekten und Spinnen. Nest in Hecken und an Böschungen. Gesang: laut, schmetternd.

Schwanzmeise
In Laub- und Mischwald, Parks. So groß wie Kohlmeise. Nahrung: Insekten und Spinnen. Beutelförmiges Nest. Stimme: „Tserr".

Haubenmeise
Vor allem im Nadelwald. Kleiner als Kohlmeise, mit Federhaube. Nahrung: Spinnen, Insekten, auch Samen. Nest in Baumhöhle. Stimme: „Zizi-gürr".

Das Reh im Jahreslauf

Rehkitz

Die Ricke leckt ihr Junges.

Ein Rehbock fegt sein Geweih. Beachte das Winterfell.

Es ist Anfang Mai. Die rotbraune *Ricke,* so nennt man das weibliche Reh, hat im Gebüsch des Waldes Zuflucht gesucht. Hier bringt sie ihre zwei Jungen zur Welt. Jedes wiegt etwa ein Kilogramm. Gut geschützt liegen die beiden *Kitze* im Gebüsch. Weiße Flecken auf ihrem braunen Fell wirken wie Sonnenkringel. Die Tiere sind *kaum zu sehen.* Auch erzeugen sie *fast keinen Körpergeruch* und entgehen so dem Spürsinn ihrer Feinde. Wenn du ein Rehkitz findest, *berühre es nicht.* Die Ricke, die in den ersten Tagen nur zum Säugen herbeikommt, würde es *nicht mehr annehmen.* Das Kitz müßte verhungern.

Innerhalb einer Woche verdreifacht sich das Gewicht der Kitze. Nun folgen sie der Mutter und beginnen schon, an Kräutern zu knabbern.

Es ist Ende Juli. Die Ricke hat frühmorgens mit ihren Jungen Futter auf der nahen Waldwiese gesucht. Nun ruhen alle drei im Gebüsch verborgen und *käuen wieder.* Da ertönt vom Waldrand her ein trockenes Husten. Ein *Rehbock* ruft. Die Paarungszeit der Rehe, die *Brunft,* hat begonnen. Für einige Zeit verläßt die Ricke ihre Jungen, dann kehrt sie zurück.

Es ist Herbst. Die Ricke und ihre Jungen tragen schon das graubraune *Winterfell* und gesellen sich zu anderen Rehfamilien der Umgebung. In *Rudeln* zu 8 bis 12 Tieren verbringen sie den Winter. Nahrung ist jetzt knapp. *Kräuter, zarte Gräser und Blätter,* die die Rehe am liebsten mögen, gibt es nicht mehr. So leben sie von *jungen Baumtrieben, Knospen, Bucheckern und Eicheln.*

Rehböcke erkennt man am Geweih. Eines der Kitze ist ein *Männchen.* Schon im Alter von vier Monaten haben sich bei ihm an der Stirn *zwei Knochenknöpfe* gebildet. Sie werden im Dezember *abgeworfen.* In den nächsten Monaten entwickeln sich an derselben Stelle *zwei längere Knochenstangen.* Solange sie wachsen, sind sie von Haut umschlossen, dem *Bast.* Er versorgt das wachsende Geweih mit Nährstoffen. Im April stirbt der Bast ab. Er wird an Bäumen und Sträuchern abgestreift, „gefegt". Ältere Rehböcke *verteidigen* nun mit dem gefegten Geweih ihr *Revier.* Im Herbst *fällt das Geweih ab.* Im nächsten Jahr bekommt jede Geweihstange zwei Enden, in den folgenden Jahren immer drei.

Hege und Jagd. In der Bundesrepublik Deutschland leben etwa 2 Millionen Rehe. Als erwachsene Tiere haben sie bei uns *keine natürlichen Feinde mehr*. Weil Rehe junge Baumtriebe fressen und dadurch *den Wald schädigen*, muß der *Jäger* ihre Zahl *in Grenzen halten*. Im Winter bei hohem Schnee reicht die Nahrung schon jetzt für die vielen Rehe nicht aus. Förster und Jäger richten deshalb *Futterstellen* ein. Hier lassen sich die Rehe leicht beobachten.

> Männliche Rehe haben ein Geweih aus Knochen. Es wird jedes Jahr im Herbst abgeworfen und im Frühjahr neu gebildet.

An der Futterstelle ist der Rehbock wenig scheu.

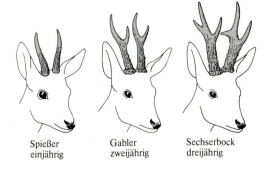

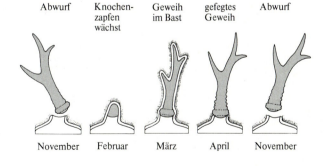

1 Der Jäger nennt das Geweih des Rehbocks „Gehörn". Warum ist das eigentlich nicht richtig? Vergleiche mit den Hörnern des Rindes!

2 Welche Ausdrücke aus der Jägersprache kennst du?

3 Rehe dürfen in der Schonzeit nicht gejagt werden. Versuche herauszufinden, wann sie Schonzeit haben. Weshalb wurde wohl die Schonzeit gerade so festgesetzt?

Der Fuchs – verfolgtes Raubtier unserer Heimat

Sicher kennst du die Redensart „Schlau wie ein Fuchs". Auch der Name „Reineke", den der Fuchs in Märchen und Fabeln trägt, bedeutet so viel wie: der Schlaue.

Natürlich sind Füchse nicht in dem Sinne „schlau" wie Menschen. Dazu müßten sie nachdenken und vorausdenken können. Füchse hören und riechen viel besser als wir Menschen. Sie sind sehr scheu und vorsichtig. Erfahrungen, die sie gemacht haben, behalten sie lange im Gedächtnis. Kein Wunder, daß uns Füchse schlau vorkommen!

Lebensraum. Füchse gelten als *Waldtiere*. Man kann sie aber ebenso häufig auf *Wiesen* und *Feldern* antreffen. Selbst in den Parkanlagen der Städte tauchen sie hin und wieder auf. Weil Füchse die *Tollwut* übertragen, werden sie jedoch gnadenlos verfolgt.

Körperbau und Gebiß. Fuchs und Hund stimmen in vielen Merkmalen überein. Beide gehören in die Gruppe der hundeartigen Raubtiere. Hundepfote und Fuchspfote gleichen sich so sehr, daß die Fuchsfährte meist für die Spur eines Hundes gehalten wird. Besonders ähnlich sind die Gebisse. *Schneidezähne, Fangzähne und Reißzähne* stehen im *Raubtiergebiß* eines Fuchses in gleicher Zahl und Anordnung wie beim Hund.

Ernährung. Wie andere Raubtiere ist auch der Fuchs ein *Fleischfresser*. Mäuse, vor allem Feldmäuse, sind seine wichtigste Nahrung. Er spürt sie mit seinem feinen *Gehör* und der scharfen *Nase* auf, schleicht sich an und fängt sie mit einem Sprung. Außer Mäusen frißt der Fuchs viele andere Tiere, aber auch Beeren und Obst.

> Der Fuchs ist eines der wenigen Raubtiere, die bei uns noch wild vorkommen.

Junge Füchse vor dem Bau

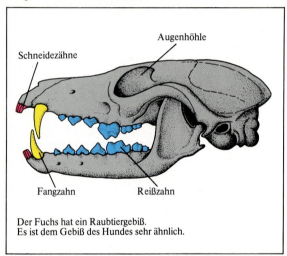

Der Fuchs hat ein Raubtiergebiß.
Es ist dem Gebiß des Hundes sehr ähnlich.

1 Welche Aufgaben haben Reißzähne und Fangzähne im Gebiß des Fuchses?
Vergleiche mit dem Gebiß des Hundes!

So fängt ein Fuchs Mäuse.
Er springt dabei den „Mäuselsprung".

Revier. Ein Fuchs lebt die meiste Zeit des Jahres für sich allein. Er ist ein *Einzelgänger*. Andere Füchse verjagt er aus seinem *Revier*, das einen Durchmesser von 2 bis 8 Kilometer hat. Die Grenzen seines Reviers *markiert* der Fuchs mit Kot und Harn. Füchse riechen so, wo das Revier eines anderen Fuchses anfängt.

Fortpflanzung. Zwischen Dezember und Februar *paaren* sich die Füchse. Nach 53 Tagen bringt die Füchsin 4 bis 6 blinde Junge zur Welt. Sie werden in einer Erweiterung des Fuchsbaus, dem *Kessel*, geboren. Hier werden sie von der Füchsin *gesäugt* und gewärmt. Wenn sie vier Wochen alt sind, kommen die kleinen Füchse zum ersten Mal ans Tageslicht. Von nun an spielen sie oft vor dem Bau. Die alten Füchse, vor allem die Füchsin, tragen ihnen Nahrung zu.

Bereits im Juli sind die jungen Füchse selbständig. Von da an duldet die alte Füchsin sie nicht mehr in ihrem Revier.

Die Nahrung des Fuchses ist sehr vielseitig. Ein Fuchs frißt:	
Kräuter	Frischlinge
Früchte	Rehkitze
Eier	Kaninchen
Singvögel	Feldhasen
Hühner	Mäuse
Enten	Heuschrecken
Fasanen	Maikäfer
Frösche	Engerlinge
Eidechsen	Mistkäfer
Fische	Wespenlarven
Regenwürmer	Raupen
	Fliegenmaden

1 Beschreibe, wie ein Fuchs Mäuse fängt.

2 Vergleiche die Jagdweise von Fuchs und Wolf.

3 Sammle Redensarten, Märchen und Fabeln, in denen dem Fuchs menschliche Eigenschaften zugeschrieben werden. Von welchen Eigenschaften ist die Rede?

4 Wie kennzeichnet ein Fuchs sein Revier?

5 Vergleiche die Lebensweise von Fuchs und Dachs.

Der Dachs vor seinem Bau

Der Dachs

Dachse verbringen die meiste Zeit unter der Erde in ihrem Bau. Ein Dachsbau ist das Werk vieler Dachse. Jahrelang graben sie mit ihren langen Krallen immer neue Röhren und Kessel. Die Kessel liegen bis zu 4 Meter tief unter der Erde und sind mit Laub und Gras gepolstert. Einen großen Dachsbau mußt du dir wie einen Irrgarten unter der Erde vorstellen. Jäger nennen einen solchen Bau auch Dachsburg.

Mitten im Winter werden die jungen Dachse geboren. Zwölf Zentimeter sind sie lang. Ihre Augen sind noch geschlossen. Sie werden von ihrer Mutter einige Wochen gesäugt. Von Anfang an haben sie ein Fell. Nach zwei Monaten kommen sie zum erstenmal aus dem Bau.

Oft lebt eine große Dachsfamilie in einem Bau zusammen. Nachts kommen die Tiere aus dem Bau und suchen nach Nahrung. Dachse sind Nachttiere.

Dachse sind mit den Mardern verwandt und gehören wie diese zu den Raubtieren. Besonders deutlich ist diese Zugehörigkeit am Raubtiergebiß zu erkennen. Dachse fressen Regenwürmer, Schnecken, Mäuse und Käfer, aber auch Wurzeln, Früchte, Beeren sowie Pilze. Oft pflügen sie bei der Nahrungssuche mit ihrer rüsselartigen Schnauze den Boden auf. Dachse sind Allesfresser.

Im Winter bleiben die Dachse oft tagelang in ihrem Bau. Nur in sehr milden Nächten sind sie unterwegs. Die übrige Zeit schlafen sie „wie ein Dachs". Im Herbst fressen sich die Dachse dicke Fettpolster an und kommen deshalb während der Winterruhe mit wenig Nahrung aus.

Mit dem Förster im Wald

Heute waren wir mit dem Förster auf dem Hochsitz. Die Waldwiese lag noch im Nebel, als wir ankamen. Nie zuvor habe ich so viele verschiedene Vögel singen gehört. Der Förster hat uns immer gesagt, was für ein Vogel es war. An das Rotkehlchen kann ich mich noch genau erinnern. Das Tollste aber war: Auf einmal stand ein Reh am Waldrand und neben ihm zwei kleine Kitze. Sie waren noch ganz jung. Hoffentlich erwischt sie nicht der Fuchs!

Rolf

Der Förster hat Inge und Rolf mit auf den Hochsitz genommen. Vom Hochsitz aus überwacht er das Wild.

Inge und Rolf sind enttäuscht. Auf ihrem Waldspaziergang haben sie nicht ein Tier gesehen. Da treffen sie den Förster. „Gibt es in Ihrem Wald denn gar keine Tiere?" fragen sie ihn. Der Förster lacht und verrät ihnen folgendes:
- *Viele Waldtiere* halten sich *tagsüber versteckt*. Nur *morgens und abends* gehen sie *auf Nahrungssuche*. Dann bekommt ihr sie auch zu Gesicht.
- Reh, Hirsch, Fuchs und Wildschwein hören sehr gut. Wenn ihr euch laut unterhaltet, *fliehen sie,* lange bevor ihr sie entdeckt habt.
- Eine Menge läßt sich aus den *Spuren* der Tiere ablesen. Auf feuchtem Boden findet man oft einzelne deutliche Fußabdrücke. *Trittsiegel* sagt der Jäger. Im Schnee zeichnen sich selbst die Spuren kleinerer Tiere ab. Auch *Fraßspuren* und Kot, die *Losung*, sind untrügliche Zeichen.

Trittsiegel des Rehs

Rehlosung

Dachsspur

Fraßspur des Eichhörnchens

Fressen und gefressen werden

Nahrungskette. Auch in einem Buchenwald gibt es Lebewesen, die voneinander leben. Die *Waldmaus* frißt die Früchte der *Buche*, die Bucheckern. Die Waldmaus ist also ein *Pflanzenfresser*. Die Waldmaus wiederum wird vom *Habicht* gefressen. Der Habicht ist ein *Fleischfresser*.
Will man auf einfache Weise deutlich machen, welches Lebewesen einem anderen als Nahrung dient, dann zeichnet man Pfeile. Der Pfeil bedeutet dann: Diese Beute wird von diesem Räuber gefressen.

Nahrungskette

Es entsteht so schließlich eine *Kette* von Lebewesen, die sich voneinander ernähren. Man bezeichnet diese Kette als eine *Nahrungskette*. Am Anfang jeder Nahrungskette steht immer eine Pflanze oder ein Teil von ihr, beispielsweise eine Frucht, ein Same.
Nicht nur im Buchenwald, sondern in allen anderen Lebensräumen lassen sich solche Nahrungsketten aufstellen.

1 Welche Nahrungskette ist hier beschrieben? Im Herbst fallen die Blätter vom Baum. Der Regenwurm zieht sie in seine Gänge und frißt sie. Maulwürfe graben Gänge durch den Boden und finden dabei immer wieder einen Regenwurm. Hin und wieder wird ein Maulwurf vom Mäusebussard erbeutet.

> Lebewesen sind voneinander abhängig. Die einen bilden die Nahrung für die anderen. So entstehen Nahrungsketten.

Nahrungsnetz. Viele Tiere ernähren sich von unterschiedlichem Futter oder haben *verschiedenartige Beutetiere*. So fressen Spechte beispielsweise Käferlarven, Ameisen, Fichtensamen, Haselnüsse und Eicheln. Spechte werden vom Habicht und vom Baummarder gejagt. Die Waldmaus hat nicht nur den Habicht als Feind, sondern auch Sperber, Waldkauz, Marder und Fuchs. Mehrere Nahrungsketten verschlingen sich also miteinander wie die Maschen eines Netzes. Man spricht von einem *Nahrungsnetz*.

> Verbinden sich verschiedene Nahrungsketten, entsteht ein Nahrungsnetz.

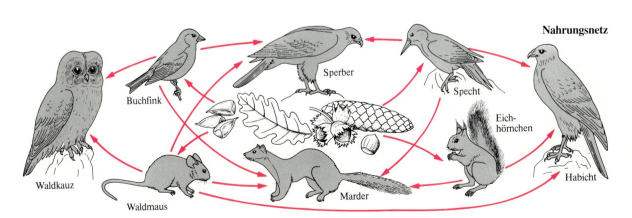
Nahrungsnetz

Kreislauf der Stoffe im Wald

Bei der Zersetzung von Laubblättern ist mineralstoffreiche Humuserde das wertvolle Endprodukt.

Zersetzer. Alljährlich fallen im Wald große Mengen Fallaub an, Kräuter sterben ab und Tiere verenden. Aber sie dienen noch zahlreichen Lebewesen als Nahrung. *Bodentiere, Pilze* und *Bakterien* leben von diesen toten Pflanzen und Tieren. Als *Zersetzer* bauen sie deren *organische Stoffe* allmählich ab. Am Ende bleiben nur *anorganische Stoffe* übrig: Kohlenstoffdioxid, Wasser und Mineralstoffe.

Erzeuger. Die *Pflanzen* des Waldes nehmen die entstandenen anorganischen Stoffe mit den Wurzeln auf. Mit Hilfe des Sonnenlichts erzeugen sie daraus organische Stoffe wie Zucker, Stärke und Eiweiße. Allein die grünen Pflanzen sind hierzu in der Lage. Sie bezeichnet man daher als *Erzeuger*.

Verbraucher. Zu den *Verbrauchern* organischer Stoffe gehören die *Tiere* des Waldes. Die *Pflanzenfresser* unter ihnen leben direkt von den Erzeugern. Doch auch die *Fleischfresser* sind indirekt, durch die Nahrungsgewohnheiten ihrer Beutetiere, auf die grünen Pflanzen angewiesen. Sie sind alle Bestandteile eines zusammenhängenden Kreislaufes.

Stoffkreislauf. Von den organischen Stoffen, die die grünen Pflanzen erzeugt haben, geht nichts verloren. Alle organische Substanz, selbst noch der Kot der Tiere oder ein ausgefallenes Haar, wird von den Zersetzern wieder in die anorganischen Ausgangsstoffe zerlegt und steht den grünen Pflanzen erneut zur Verfügung. Es handelt sich also um einen *Stoffkreislauf*.

Bei diesem Kreislauf der Stoffe spielt das *Wasser* eine wichtige Rolle. Mineralstoffe können nur in Wasser gelöst von den Pflanzen aufgenommen und transportiert werden. Von den Wurzeln bis zu den Blättern bewegt sich ein beständiger Wasserstrom. Über Öffnungen an den Blattunterseiten wird ein kleiner Teil des Wassers wieder ausgeschieden.

> Im Wald gibt es einen Kreislauf der Stoffe, an dem Erzeuger, Verbraucher und Zersetzer beteiligt sind.

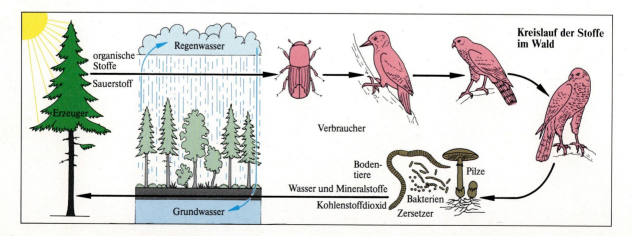

Praktikum: Tiere in der Laubstreu

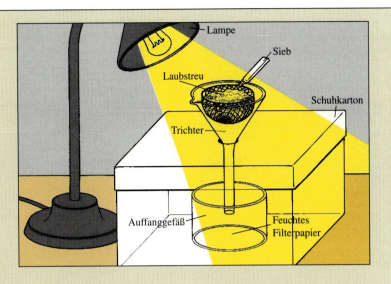

Lichtfalle für Bodentiere
Benötigt werden: Lupe, Plastiktrichter, Sieb, Pappkarton, Glasschale, Lampe, Waldboden.

Durchführung: Baue einen Fangtrichter, wie ihn das Bild links zeigt. Laß den Versuchsaufbau einen Tag stehen. Die Bodentiere fliehen vor dem Licht und fallen in das Auffanggefäß. Betrachte sie mit der Lupe. Versuche sie nach dem Bild unten zu bestimmen. Laß sie dann draußen wieder frei.

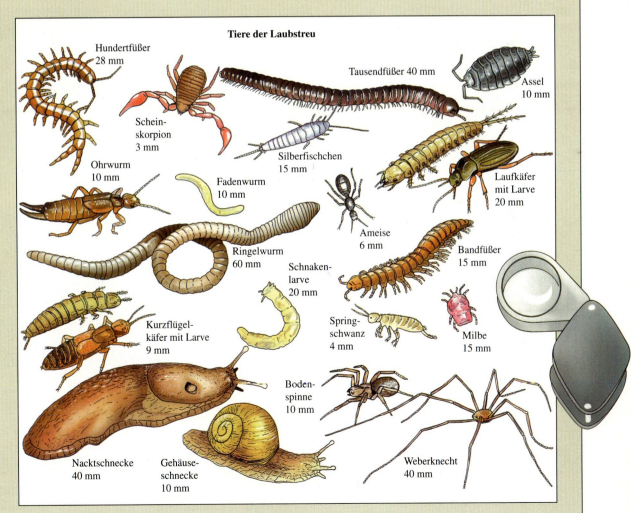

Tiere der Laubstreu

Die Salweide – ein Baum mit zwei Gesichtern

Salweide, männlicher Baum

Salweide, weiblicher Baum

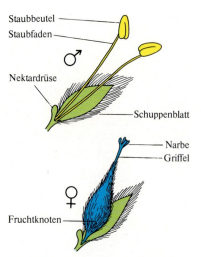
Männliche und weibliche Einzelblüten der Salweide

Viele Blüten sind groß, farbig und duften. Die Blüten der Salweide dagegen sind winzig klein. Sie fallen nur deshalb auf, weil einige Hundert von ihnen dicht in Blütenkätzchen zusammenstehen.

Blüten. Salweiden haben zwei Arten von Blütenkätzchen, gelbe und grüne. Bei den gelben Kätzchen findest du viele Staubblätter, aber keinen Stempel. Auf einem schuppenförmigen Blatt stehen immer 2 Staubblätter. Sie bilden eine *männliche Blüte*. Einige hundert solcher *Staubblattblüten* ergeben ein männliches Blütenkätzchen.
Die grünen Blütenkätzchen findest du nicht am selben Baum. Aber vielleicht hast du schon Weidenbäume mit grünen Kätzchen gesehen. Bei den Einzelblüten dieser Kätzchen steht auf einem Schuppenblatt immer 1 Stempel. Es sind *weibliche Blüten, Stempelblüten*.

Zweihäusigkeit. Salweidenbäume haben entweder männliche oder weibliche Blütenkätzchen. Sie sind getrenntgeschlechtig. Die beiden Geschlechter leben gewissermaßen in zwei verschiedenen Häusern: Die Salweide ist *zweihäusig*.

> Die Salweide hat getrenntgeschlechtige Blüten und ist zweihäusig.

Männliches Blütenkätzchen der Salweide

Weibliches Blütenkätzchen der Salweide

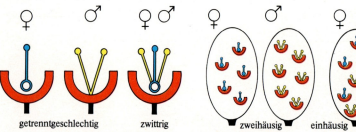

Getrenntgeschlechtige und zweigeschlechtige, zwittrige Blüten

Einhäusige und zweihäusige Pflanzen

1 Was versteht man unter einhäusig, zweihäusig, getrenntgeschlechtig und zwittrig?

Der Haselstrauch und der Wind

Stäubende Haselkätzchen

Männliche und weibliche Blütenstände der Hasel

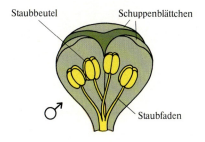

Männliche Blüte

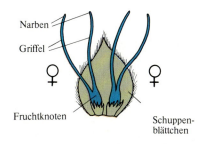

Zwei weibliche Blüten

Haselnüsse

Bau der Blüten. Schon im Herbst sind am Haselstrauch die braunroten *Blütenkätzchen* zu sehen. Im Februar blühen sie auf und hängen als lockere, gelbe Würstchen an den Zweigen. Jedes Würstchen ist ein Blütenstand mit einigen hundert männlichen Blüten. Immer 4 Staubblätter bilden eine Blüte. Jede Blüte ist von 3 Schuppenblättchen umhüllt.

Die kleinen weiblichen Blütenkätzchen sitzen am selben Strauch, die Hasel ist also *einhäusig*. Nur die roten, klebrigen, fadenförmigen *Narben* sind an der Spitze der Blütenknospen zu sehen. Immer 2 Stempel sitzen auf einem Schuppenblättchen. Jeder Stempel hat 2 klebrige Narben und entspricht einer *weiblichen Blüte*. 6 bis 10 solcher Blüten bilden zusammen einen Blütenstand. Die Hasel ist *getrenntgeschlechtig*.

Bestäubung. Der Pollen der Hasel ist für die Bienen schwer zu sammeln, da er nicht klebrig ist. Dennoch fliegen sie die Kätzchen an: Es ist der erste Pollen im Jahr. Für die weiblichen Blüten interessieren sich die Bienen jedoch nicht. Dennoch werden sie bestäubt: An einem warmen Tag öffnen sich die Staubbeutel. Beim leisesten *Windhauch* lösen sich ganze Blütenstaubwolken ab. Einige Pollenkörner bleiben dabei an den klebrigen Narben hängen.

> Die Hasel hat getrenntgeschlechtige Blüten und ist einhäusig. Die Bestäubung erfolgt durch den Wind.

1 Sind die Blüten der Hasel zwittrig oder getrenntgeschlechtig? Ist der Haselstrauch einhäusig oder zweihäusig? Wie ist es bei der Salweide, wie bei der Kirsche?

2 Kennst du noch andere Pflanzen, die ähnliche Blütenstände wie der Haselstrauch haben und auch vom Wind bestäubt werden?

Das Scharbockskraut – Frühblüher mit Wurzelknollen

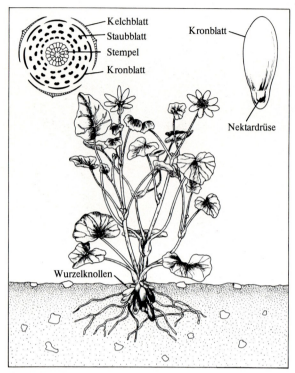

Das Scharbockskraut

Blätterteppich des Scharbockskrauts

An feuchten Stellen im Wald, in Parkanlagen, unter Bäumen und im Gebüsch blüht im März und April das Scharbockskraut. Pflanzen, die so zeitig im Jahr blühen, nennt man *Frühblüher*.
Die Blätter des Scharbockskrauts bilden einen dichten Teppich, aus dem die gelben Blüten wie Sterne hervorleuchten.

Blütenbau. Wenn du dir die Blüte einmal genauer anschaust, so findest du außen 3 grünliche Blättchen, die *Kelchblätter*. Auf sie folgen die gelben, glänzenden *Kronblätter*. Meist sind es 8. Die Anzahl der Kelch- und Kronblätter kann beim Scharbockskraut von Blüte zu Blüte schwanken. Genauso ist es mit der Anzahl der *Staubblätter* und *Stempel*. Am Grunde der Kronblätter scheidet die Pflanze eine süße Flüssigkeit aus, den Nektar. Er lockt Insekten an.

Blätter. Ist es nicht erstaunlich, wie die rundlichen Blätter angeordnet sind? Keines nimmt dem anderen das Licht weg. In den Blättern werden mit Hilfe des Sonnenlichts nicht nur *Baustoffe* für das Wachstum, sondern auch *Vorratsstoffe* gebildet. Wozu?

Wurzelknollen. Grabe eine Pflanze behutsam aus. Du entdeckst eine größere Zahl von länglichen Knollen. Es sind verdickte Wurzeln. Man nennt sie *Wurzelknollen*.
Es gibt helle, feste und dunkle, weiche Wurzelknollen. Die weichen Wurzelknollen sind *Vorratsspeicher* aus dem vergangenen Jahr. Ihr Inhalt wurde in diesem Frühjahr aufgebraucht. Daher konnte das Scharbockskraut so zeitig im Frühjahr wachsen und blühen.
Die festen Wurzelknollen sind die neuen Vorratsspeicher. Die Pflanze hat die kurze Zeit, in der es am Waldboden hell und warm ist, genutzt und Vorräte angelegt. Wenn die Bäume ausschlagen und es dunkel am Boden wird, sterben die oberirdischen Teile des Scharbockskrauts ab.

> Das Scharbockskraut ist ein Frühblüher. Es speichert Vorratsstoffe in Wurzelknollen.

1 Untersuche eine Blüte des Scharbockskrauts. Benenne die verschiedenen Teile. Vergleiche die Zahl der Kelch- und Kronenblätter bei verschiedenen Blüten.

Das Buschwindröschen – Frühblüher mit Erdsproß

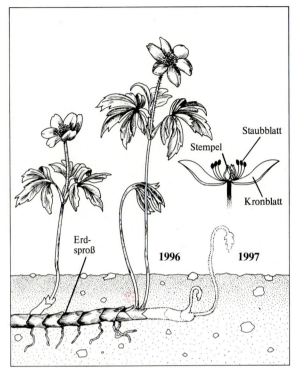

Das Buschwindröschen wird häufig Anemone genannt.

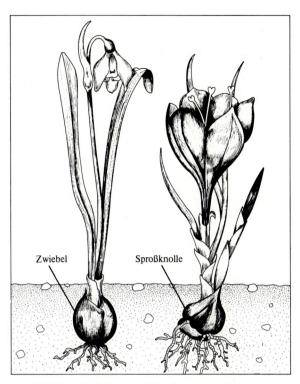

Auch Schneeglöckchen und Krokusse speichern Vorrat.

Erdsproß. Graben wir vorsichtig ein Buschwindröschen aus dem Waldboden aus, so kommt ein fingerlanges, bleistiftstarkes und braunes Gebilde zum Vorschein. Auf seiner Unterseite entspringen zahlreiche Würzelchen. Es ist ein *unterirdisch wachsender Sproß*, der Vorratsspeicher des Buschwindröschens. Man nennt ihn auch *Erdsproß*. An seinem vorderen Ende werden im Frühjahr Blüten und Blätter gebildet.

Sobald sich die Blätter entfaltet haben, beginnen sie, mit Hilfe des Sonnenlichtes neue Vorräte herzustellen. Im Erdsproß werden diese Vorräte dann gespeichert. Zugleich aber wächst der Erdsproß weiter. Das Buschwindröschen wandert so im Boden immer waagerecht weiter.

Wenn Anfang Mai die Waldbäume ihre Blätter entfaltet haben und es dadurch dunkel am Boden wird, ist der Vorratsspeicher des Buschwindröschens gefüllt. Seine Blätter welken.

> Auch das Buschwindröschen ist ein Frühblüher. Seine Vorratsstoffe werden in einem Erdsproß gespeichert.

Frühblüher mit anderen Vorratsspeichern

Das Scharbockskraut hat Wurzelknollen als Speicher, das Buschwindröschen einen Erdsproß.

Zwiebel. Schneeglöckchen, Tulpe und Märzbecher besitzen *Zwiebeln* als Vorratsspeicher. Zwiebeln bestehen aus vielen fleischigen Blättern, die wie Schalen ineinander stecken. In diesen Zwiebelschalen werden die Vorräte gespeichert.

Sproßknolle. Beim Krokus werden die Vorratsstoffe am unteren Ende des Sprosses eingelagert. Auf diese Weise entsteht eine dicke *Sproßknolle*. Jedes Jahr wird über der alten, geleerten Sproßknolle eine neue angelegt.

> Frühblüher blühen, bevor Bäume und Sträucher ihre Blätter entfalten. Sie alle besitzen unterirdische Speicherorgane.

1 Grabe behutsam ein Buschwindröschen aus. Spüle die Erde mit Wasser ab. Miß nun die Länge und die Dicke des unterirdischen Sprosses.

2 Betrachte die Blüte des Buschwindröschens und benenne die einzelnen Teile.

Schattenpflanzen des Waldes

Der Sauerklee wächst nur auf schattigem Waldboden.

Auch der Waldmeister ist eine Schattenpflanze.

Schattenpflanzen. Grüne Pflanzen sind auf das Sonnenlicht angewiesen. Manche benötigen nur sehr wenig und können daher auch im Schatten des Waldes gedeihen. Eine solche *Schattenpflanze* ist der *Sauerklee*. Wird es ihm zu hell, senkt er seine Blättchen nach unten. So fällt weniger Licht auf die Blattoberfläche. Andere Schattenpflanzen sind zum Beispiel der *Waldmeister* und *Farne*. Besonders genügsam sind auch die *Moose*. Wo andere Pflanzen an *Lichtmangel* sterben, da gedeihen sie noch prächtig. Schattenpflanzen enthalten oft Gift und werden selten gefressen. Wird der Wald gelichtet und bekommt mehr Sonne, kümmern die Schattenpflanzen und gehen ein. An ihre Stelle treten Lichtpflanzen.

Lichtverhältnisse im Frühjahr und Sommer. Im Frühjahr, wenn die Bäume noch nicht belaubt sind, fällt reichlich Sonnenlicht auf den Boden des Laubwaldes. In dieser Zeit finden wir *Buschwindröschen, Scharbockskraut, Märzenbecher* und andere Frühblüher. Bis das Laub den Lichteinfall mindert, haben diese Pflanzen ihre Vorratsspeicher gefüllt und welken. Übrig bleiben die Schattenpflanzen.
Im Fichtenwald ändern sich die Lichtverhältnisse im Laufe des Jahres kaum. Dort können daher nur ganz anspruchslose Schattenpflanzen gedeihen. Moosen genügt schon ein winziger Teil des Sonnenlichtes. Häufig kommen Pilze im Fichtenwald vor. Sie können völlig ohne Licht wachsen und gedeihen.

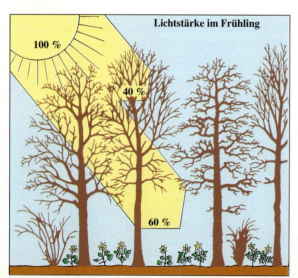

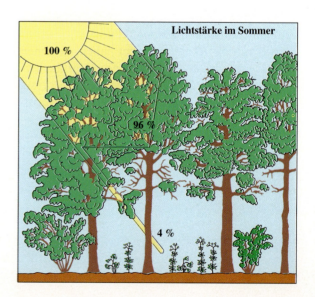

Praktikum: Lichtverhältnisse im Wald und am Waldrand

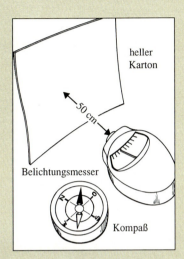

1 Messen der Lichtstärke

Benötigt werden: Belichtungsmesser oder ein Fotoapparat mit Belichtungsanzeige, Kompaß, Schreibzeug, Notizblock und ein weißer Karton.

Durchführung: Miß die Lichtstärke außerhalb des Waldes, am Waldrand und etwa 15 Meter innerhalb des Waldes. Der weiße Karton hilft, vergleichbare Werte zu erhalten. Mit Hilfe des Kompasses wird er immer in gleicher Richtung vor das Meßgerät gehalten. Halte die Ergebnisse in einer Tabelle fest und vergleiche die unterschiedlichen Lichtstärken.

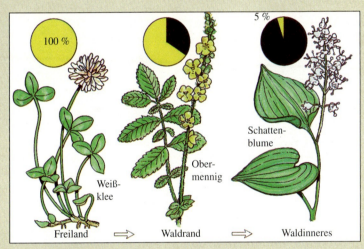

Lichtbedarf verschiedener Pflanzen am Standort

2 Lichtbedarf von Schattenpflanzen und Lichtpflanzen

Die Pflanzen am Waldboden im Innern des Waldes erreicht nur ein Teil des vollen Tageslichtes, da sie von Bäumen beschattet werden. Ihr Lichtbedarf entspricht nur einem kleinen Teil der außerhalb des Waldes gemessenen Lichtintensität (= 100 %).

– Stelle fest, welche Pflanzen in einem Meter Umkreis um den jeweiligen Meßpunkt wachsen.
– Bestimme deren Lichtbedarf und teile ein:
  < 5 % = Schattenpflanzen
  > 40 % = Lichtpflanzen

3 Sauerklee scheut das Licht

Benötigt werden: Zwei mittelgroße Blumentöpfe und eine Grabschaufel, Erde, zwei kräftige Sauerkleepflanzen.

Vorbereitung: Suche im Wald eine Stelle mit Sauerklee. Grabe vorsichtig zwei Pflanzen aus und setze sie in die Blumentöpfe. Stelle sie einige Tage an einen schattigen Ort. Vergiß das Gießen nicht.

Durchführung: Stelle einen Topf mit Sauerklee, bei dem die Blättchen waagrecht abstehen, ins helle Sonnenlicht und einen in den Schatten.

– Betrachte nach einer halben Stunde die Pflanzen.
– steht die rechts abgebildete Pflanze in der Sonne oder im Schatten?
– Wie verhalten sich die Blättchen in völliger Dunkelheit?

Bringe nach Abschluß der Versuche beide Pflanzen in den Wald zurück.

Kennübung: Geschützte Pflanzen im Wald

Gemeine Akelei
Die Akelei wächst in lichten Laubwäldern. Die nickenden Blüten sind blau oder violett. Die Kronblätter haben einen gebogenen Sporn. Die Akelei blüht von Mai bis Juli.

Großblütiger Fingerhut
Der Fingerhut gedeiht in lichten Wäldern. Die gelben Blüten stehen einseitig am Sproß und sind innen braun gesprenkelt. Die giftige Pflanze blüht von Juni bis September.

Türkenbundlilie
Die kalkliebende Türkenbundlilie ist in lichten Laubwäldern zu Hause. Die braunroten Kronblätter sind turbanartig zurückgeschlagen. Die Pflanze blüht im Juni und Juli.

Märzenbecher
Der Märzenbecher wächst in feuchten Berg- und Auwäldern. Die weißen, glockenförmigen Blüten haben sechs Kronblätter mit einem gelben Fleck. Blütezeit ist von Februar bis April.

Seltene Pflanzen brauchen unseren besonderen Schutz. Sie dürfen weder gepflückt noch ausgegraben werden. Das Naturschutzgesetz nennt alle geschützten Pflanzen. In der Bundesrepublik sind es über 200 Arten. Viele sind vom Aussterben bedroht. In Wandergebieten wird durch Bildtafeln auf geschützte Pflanzen aufmerksam gemacht. Für den Gartenanbau werden Samen von geschützten Arten inzwischen im Handel angeboten.

Blaustern
Den Blaustern findet man in lichten, feuchten Wäldern und Gebüschen. Die Blätter des Zwiebelgewächses sind grasartig. Die blauen Blüten öffnen sich im März.

Nestwurz
Die Nestwurz, ein Schmarotzer, blüht im Mai und Juni in Buchenwäldern. Die schuppigen Blätter und Blüten sind braun gefärbt, die Wurzeln im Boden netzartig verflochten.

Rotes Waldvögelein
Das Rote Waldvögelein ist eine Orchidee und wächst in kalkreichen, lichten Laubwäldern. Die äußeren, roten Blütenblätter stehen weit ab. Die Pflanze blüht im Juni.

Frauenschuh
In lichten, kalkreichen Laubwäldern blüht die Orchidee im Mai und Juni. Der gelbe „Schuh" ist eine Insektenfalle. Der Ausgang führt nur an der Narbe und den Staubblättern vorbei.

Seidelbast
K. H. Waggerl

Wie lieblich duftet uns im März der Seidelbast!
Doch innerwärts ist er voll Gift und Galle,
weil wir, in diesem Falle,
das Wunder nur beschauen sollen
(man muß nicht alles kauen wollen!)

Kennübung: Giftpflanzen im Wald

Seidelbast +++
Die roten Früchte und die Rinde sind sehr giftig. 10 Beeren können bei Kindern tödlich sein. Das Berühren kann zu Hautausschlägen führen. *Erste Hilfe:* Erbrechen, reichlich trinken.

Tollkirsche +++
Die größte Gefahr geht von den schwarzen Früchten der Giftpflanze aus. 5 Beeren können über Tobsuchtsanfälle zur tödlichen Atemlähmung führen. *Erste Hilfe:* Erbrechen.

Blauer Eisenhut +++
Der hochgiftige Eisenhut diente früher zur Herstellung von Pfeilgift. Das starke Gift lähmt die Atmung. *Erste Hilfe:* reichlich trinken.

Salomonsiegel ++
Erkrankung durch die dunkelblauvioletten Beeren, die einzeln in den Blattachseln hängen. Störung der Herztätigkeit. *Erste Hilfe:* Brech- und Abführmittel.

Manche Waldpflanzen enthalten tödliche Gifte. Man unterscheidet:
+ giftige
++ sehr giftige und
+++ sehr stark giftige Pflanzen.
Oft sind schon geringe Mengen für den Menschen lebensbedrohlich. Viele Tierarten dagegen fressen giftige Pflanzen, ohne zu erkranken. Aus manchen Giftpflanzen gewinnt der Mensch wirksame Heilmittel. Bei einer Vergiftung den Arzt aufsuchen.

Maiglöckchen ++
Das Essen der roten Beeren und das Saugen an den Blüten führt zu Verdauungsbeschwerden und Störungen der Herztätigkeit. *Erste Hilfe:* Aktivkohle.

Einbeere ++
Die schwarzen, fast kirschgroßen Beeren werden zuweilen mit Heidelbeeren verwechselt. Dies führt zum Erbrechen und zu Durchfall. *Erste Hilfe:* Aktivkohle.

Liguster +++
Giftig sind vor allem die schwarzen Früchte und die Blätter des Strauches. Das Essen der Beeren führt zur Entzündung von Magen und Darm und zu Durchfall. *Erste Hilfe:* Erbrechen.

Aronstab ++
Chemische Bestandteile der Blätter und der roten Beeren wirken ätzend auf Schleimhäute in Mund, Magen und Darm. Es kommt zu Entzündungen. *Erste Hilfe:* Aktivkohle.

Urwald in Deutschland

So sieht ein Wald aus, der sich selbst überlassen ist.

Ein Wald, der von Anfang an sich selbst überlassen blieb, das ist ein *Urwald*. Urwälder gibt es in Deutschland fast nicht mehr. Die letzten kleinen Reste, beispielsweise im Bayerischen Wald, stehen heute unter *Naturschutz*. Der Förster schildert Inge und Rolf einen solchen Urwald:

„Nur mühsam kommen wir im dämmerigen Wald voran. *Riesige, alte Fichten, Buchen und Tannen* bilden *zusammen mit jüngeren Bäumen* eine fast undurchdringliche Wand. Immer wieder müssen wir über kreuz und quer liegende *morsche Stämme* steigen, die von einer dicken Moosschicht überzogen sind. Plötzlich starrt uns die rindenlose, grauweiße Leiche eines *abgestorbenen Baumes* aus dem dunklen Grün der lebenden Baumriesen entgegen. Die Fraßgänge im Holz zeigen, daß ihn der Borkenkäfer getötet hat. Ein Fichtenstamm ist von vielen hundert Pilzen bewachsen. Dieser Baum wird wohl ebenfalls bald sterben. An einer *lichten Stelle* versperrt uns ein *Gestrüpp* von Himbeeren und Brombeeren den Weg. Auch *viele Jungbäume* drängen hier empor zum Licht. Wir folgen einem Bach, der aus einem kleinen See abfließt. Der Boden schwankt unter unseren Füßen. Vorsicht! Ein Moor . . ."

1 Vergleiche die beiden Fotos oben. Welche Unterschiede zwischen Urwald und Fichtenforst stellst Du fest?

2 Bei uns sind nur Urwaldreste erhalten geblieben. Wo auf der Erde gibt es noch große Urwälder?

Vom Urwald zum Forst

Von Menschen gepflanzter Wald

Im Wald bist du sicher schon einmal dem Förster und seinen Waldarbeitern begegnet. Sie pflanzen junge Bäume, fällen ältere, zersägen Stämme oder bessern Wege aus. *Unser Wald wird genutzt und gepflegt.* Er ist ein *Forst*, kein Urwald. Doch wie war es früher?

Nach der Eiszeit kam der Wald. Vor 15 000 Jahren, während der *Eiszeit*, gab es bei uns *keinen Wald*. Von Skandinavien und von den Alpen drangen *riesige Gletscher* bis nach Mitteleuropa vor. Dann wurde es *wärmer*. Nach und nach konnten bei uns *Kiefer*, *Birke*, *Hasel* und *Eiche* wachsen. Schließlich gesellten sich *Tanne*, *Fichte* und *Buche* hinzu.

Der Mensch rodete den Wald. Anfangs sammelten die Menschen in den ausgedehnten Urwäldern nur Früchte und jagten das Wild. Dann aber begannen sie *Wald zu roden*, um Felder anzulegen und Siedlungen zu gründen. In den ersten 1000 Jahren nach Christi Geburt verschwand in Mitteleuropa über die Hälfte des Waldes.

Waldnutzung ohne Pflege. Der restliche Wald wurde *immer stärker genutzt*. Zum *Heizen*, bei der *Glasherstellung* und *Metallverarbeitung*, für *Haus- und Schiffsbau* sowie für viele *Geräte* benötigte man Holz. Außerdem diente der Wald als *Viehweide*. Die Tiere fraßen nicht nur Bucheckern und Eicheln, sondern auch die Triebe junger Bäume, die dann abstarben. Der Wald begann zu *verkümmern*.

Beginn der Waldwirtschaft. Aus Angst vor *Holzmangel* begann man um 1800, den Wald zu *schützen*. Das Vieh durfte nicht mehr in den Wald getrieben werden. In *Saatschulen* wurden junge Bäume herangezogen und später ausgepflanzt. Da Fichten schnell wachsen und viel Holz liefern, legte man oft *reine Fichtenpflanzungen* an. Solche Pflanzungen aus nur einer Baumart nennt man *Monokulturen*. Heute geht man wieder mehr zu *Mischwald* über, der *widerstandsfähiger* ist. Alle Waldarten werden aber bei uns nach dem gleichen Grundsatz bewirtschaftet: Es darf jedes Jahr *nur soviel Holz geschlagen werden, wie nachwächst*.

Früher diente der Wald auch als Viehweide. Schweine wurden im Herbst in den Wald getrieben, um sich von Eicheln zu ernähren.

Unser Wald ist ein Forst, der genutzt und gepflegt wird.

Der Fichtenborkenkäfer – Schädling im Fichtenforst

Am Rand einer Fichtenmonokultur hängt an einem Gestell ein schwarzer Kasten mit zahlreichen Schlitzen. Es ist eine *Lockstoff-Falle* für den *Fichtenborkenkäfer* oder *Buchdrucker*.

Entwicklung. Fichtenborkenkäfer werden kaum 5 mm lang. Dennoch gehören sie zu den am meisten gefürchteten *Forstschädlingen*. Die Männchen suchen im April kränkelnde und geschwächte Fichten auf. Solche Bäume sondern bei Verletzungen nur wenig Harz ab. Durch die Rinde bohrt sich das Männchen in den Bast ein. Hier legt es eine Kammer an. Zwei bis vier Weibchen folgen nach. Sie werden vom Männchen begattet. Danach bohren sie im Stamm nach oben und unten *Muttergänge*. In kleine Nischen legen sie je ein Ei, insgesamt 30 bis 60 Stück. Die ausschlüpfenden Larven fressen sich in Seitengängen vom Muttergang weg. Die *Larvengänge* laufen nebeneinander her wie die Zeilen einer Buchseite. Daher kommt der Name „Buchdrucker". Am Ende der Seitengänge verpuppen sich die Larven in einer geräumigen Puppenwiege. Ab Ende Juni schlüpfen die Käfer.

Oft legen die Weibchen ein zweites Mal Eier. So nimmt die Zahl der Käfer rasch zu, besonders in Fichtenmonokulturen, wo sie Nahrung und Brutbäume im Überfluß finden. Einer solchen *Massenentwicklung* sind ihre *Feinde*, wie Spechte, Meisen, Kleiber oder Buntkäfer, nicht gewachsen. Auf 1 m² Rinde können dann über 100 Brutplätze kommen. Dadurch wird die saftführende Bastschicht schwer geschädigt, die Fichte stirbt ab.

Biologische Bekämpfung. Wenn die Fichtenborkenkäfer einen geeigneten Brutbaum gefunden haben, locken sie ihre Artgenossen mit einem *Duftstoff* herbei. Lockstoff-Fallen enthalten Beutel mit künstlich hergestelltem Duftstoff. Die Borkenkäfer werden in die Falle gelockt und so von den Fichten ferngehalten. Diese *biologische Schädlingsbekämpfung* hat den Vorteil, daß sie den Borkenkäfer trifft, andere Tiere aber weitgehend verschont.

> Der Fichtenborkenkäfer kann in Fichtenmonokulturen große Schäden anrichten. Mit Lockstoff-Fallen ist eine biologische Bekämpfung möglich.

Fichtenborkenkäfer

Fraßbild. In der Mitte liegen die Muttergänge.

Lockstoff-Falle. Neuere Modelle sind schwarz.

1 Sammle Rindenstücke mit Fraßbildern vom Fichtenborkenkäfer. Zeichne ein Fraßbild und beschrifte es.

2 Wo findet der Fichtenborkenkäfer besonders günstige Lebensbedingungen? Wie könnte man ihn langfristig auch bekämpfen?

Praktikum: Die Entwicklung des Fichtenborkenkäfers

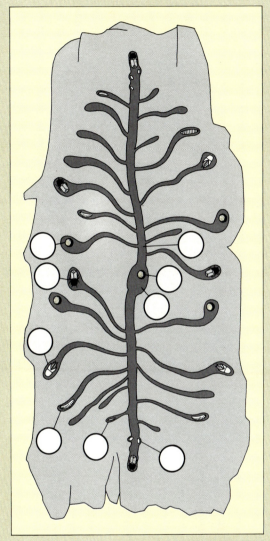

Wenn du dir das Rindenstück links ansiehst, fallen dir sofort die zahlreichen Gänge in der Innenseite der Rinde auf. Die Gänge hat der Fichtenborkenkäfer gefressen. Man nennt ihn auch Buchdrucker. An seinem Fraßbild kannst du die Entwicklung des Buchdruckers verfolgen:

1. Das Männchen frißt Ende April von außen ein Loch in die Rinde.
2. In die Innenseite der Rinde bohrt es eine Kammer.
3. Hier finden sich 2 bis 4 weibliche Borkenkäfer ein. Das Männchen begattet sie.
4. Die Weibchen fressen baumaufwärts und baumabwärts Muttergänge.
5. An den Seiten des Mutterganges legen sie Eier ab.
6. Aus den Eiern schlüpfen die Larven. Sie fressen sich in Seitengängen vom Muttergang weg.
7. Die Larven häuten sich mehrmals und werden immer größer, die seitlichen Larvengänge daher immer breiter.
8. Am Ende der Seitengänge legen die Larven eine Kammer an, in der sie sich verpuppen.
9. Aus den Puppen schlüpfen ab Ende Juni die fertigen Käfer.
10. Jeder Käfer bohrt sich ein Ausflugloch durch die Rinde.

1 Zeichne das Fraßbild in dein Heft ab. In die leeren Kreise trägst du ein, welche der 10 Entwicklungsstufen jeweils vorliegt. Du brauchst nur die Nummer anzugeben.

2 Suche im Wald an gefällten oder abgestorbenen Fichten nach dem Fraßbild des Buchdruckers. Achte auf kleine Löcher in der Rinde wie im Foto unten. Hebe die Rinde vorsichtig ab. Findest du noch Larven, Puppen oder Jungkäfer?

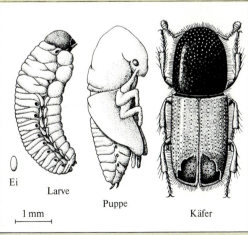

Ei Larve Puppe Käfer
1 mm

Umwelt aktuell: Wir brauchen den Wald

Seit einigen Jahren steht der Wald im Mittelpunkt zahlreicher Diskussionen. Wir gehen sehr großzügig mit dem Rohstoff Holz um und bewegen uns wie selbstverständlich in dem Naturraum. Aber der Wald ist für uns Menschen viel mehr als nur Holzlieferant und Ort der Erholung.

Holzlieferant
Jährlich schlagen wir etwa 30 Millionen Kubikmeter Holz. Das sind 30 Millionen Würfel von 1 Meter Länge, 1 Meter Breite und 1 Meter Höhe. Damit wird aber nur die Hälfte unseres Holzbedarfes, etwa für Papier und Möbel gedeckt. Der Rest muß eingeführt werden.

Wasserspeicher
Die lockere und humusreiche Moosschicht saugt das Regenwasser auf. Bis zu 200 Liter kann ein Quadratmeter Waldboden speichern. Dieses Wasser steht nicht nur den Waldbäumen zur Verfügung, sondern speist auch zahlreiche Quellen und das Grundwasser.

Luftfilter
Die Bäume des Waldes reinigen die von Staub und Ruß verunreinigte Luft. Die Schmutzteilchen bleiben an Blättern und Nadeln hängen. Der nächste Regen spült sie dann fort. So kann 1 Hektar Buchenwald in einem Jahr der Luft bis zu 240 kg Staub entziehen.

Bodenschutz
Baumwurzeln mit einer Gesamtlänge von bis zu 100 km durchziehen jeden Quadratmeter Waldboden. Das verhindert, daß die Erde vom Wasser weggespült wird. Vor allem im Gebirge können in entwaldeten Gebieten Regenfälle zu gefährlichen Erdrutschen führen.

Temperaturausgleich
Der Wald hat einen ausgleichenden Einfluß auf das örtliche Klima. Wie angenehm kühl es im Sommer im Wald ist, hast Du sicherlich schon selbst erlebt. An heißen Tagen liegt die Temperatur im Wald bis zu 4 °C niedriger als in der Umgebung. Zudem ist es im Wald meist windstill.

Ort der Erholung
Viele Menschen kommen in den Wald, um sich zu erholen. Hier kann man sich frei bewegen und frische Luft atmen. Die Ruhe und die reine Luft tragen zu unserem Wohlbefinden bei. Wer offene Augen und Ohren hat, wird auch viele Tiere und Pflanzen entdecken.

Der Wald als Erholungsraum

Die Förster haben vieles getan, um den *Freizeitwert* des Waldes zu erhöhen. Aber nicht alles, was die Besucher tun, gefällt ihnen. Da rasen einige mit Mopeds oder Mountainbikes auf schmalen Pfaden durch den Wald und scheuchen das Wild auf. An einer verlassenen Feuerstelle liegt Müll. Auch den Besuchern des Waldes gefällt dies nicht.

Wer den Wald für die Gestaltung seiner Freizeit nutzen möchte, sollte sich unbedingt an bestimmte *Verhaltensregeln* halten. In der Abbildung auf dieser Seite beachten sie die Besucher jedoch nicht. Was sollten sie unbedingt unterlassen? Die folgenden Gebote helfen dir dabei.

Einige Gebote zum Verhalten im Wald

1 Offenes Feuer ist verboten, denn es kann zu einem Waldbrand führen. Es darf auch nicht geraucht werden.

2 Wälder sind Fußgängerzonen. Autos gehören auf die ausgewiesenen Parkplätze.

3 Unterstellhütten, Ruhebänke, Informationstafeln und Wanderzeichen sind für alle Wanderer da. Sie dürfen nicht beschädigt werden.

4 Im Wald darf nicht gelärmt werden. Tiere und Besucher wünschen sich die Ruhe des Waldes.

5 Im Wald darf nur auf festgelegten Plätzen gezeltet werden.

6 Forstkulturen dürfen nicht betreten werden, denn die jungen Pflanzen könnten leicht beschädigt werden.

7 Scheuche das Wild nicht auf. Der Lebensraum des Wildes ist so klein geworden, es braucht Ruheplätze.

8 Nimm keine Tiere mit nach Hause. Verletzte Tiere melde dem Förster.

9 Die Pflanzenwelt wird immer ärmer. Verzichte ganz auf das Pflücken von Blumen oder begnüge dich mit einem kleinen Handstrauß.

10 Geschützte und seltene Pflanzen darfst du weder pflücken noch ausgraben.

11 Verletze keine Bäume mutwillig oder achtlos. Auch sie sind Lebewesen.

12 Abfälle dürfen nicht liegenbleiben. Sei Vorbild für andere und verleite sie nicht zur Nachlässigkeit.

Wald in Gefahr

Schäden durch Vergiftung. Inge und Rolf haben schon einiges über das *Waldsterben* gehört. Auf ihren Spaziergängen bemerken sie jedoch nichts davon. Der Förster erklärt ihnen, warum man von den *Waldschäden* oft wenig sieht. Jeder kranke Baum wird so bald wie möglich gefällt, damit das Holz noch verwendet werden kann.

„Und wie erkennt man, daß ein Baum krank ist?" fragt Rolf. Der Förster zeigt ihnen den Zweig einer *Fichte*. Die Nadeln an den Zweigspitzen sind noch hellgrün. Sie wuchsen in diesem Jahr. Die dunkelgrünen Nadeln dahinter sind zweijährig. Dann kommen *gelbliche Nadeln mit brauner Spitze*. Obwohl erst drei Jahre alt, sind sie schon krank. Sie werden bald abfallen. Ein gesunder Baum wirft seine Nadeln erst nach etwa sechs Jahren ab.

Der Förster weist auf eine alte Fichte. „Schaut einmal an diesem Baum hinauf. Wie licht seine Krone ist. Lange wird der nicht mehr leben!" Inge ist erschrocken. Sie möchte wissen, ob man das Waldsterben nicht verhindern kann. „Doch", sagt der Förster, „aber dazu müßten weit weniger *Schadstoffe* aus Schornsteinen und aus den Auspuffrohren der Autos in die Luft gelangen. Sie *vergiften die Nadeln*. Außerdem dringen sie mit dem Regen auch in den Boden ein. Dort schädigen sie die Wurzeln und erschweren es dem Baum, lebenswichtige Mineralstoffe aufzunehmen."

Schäden durch Insekten. Geschwächte Bäume sind anfälliger für Insekten, die in ihrem Holz fressen. Das zeigt der Förster den Kindern an einem Rindenstück vom Stamm der alten Fichte. Auf der Innenseite der Rinde sind viele Rillen. „Das war der *Fichtenborkenkäfer*", erklärt der Förster. „Besonders in trockenen Jahren kann er in Fichtenwäldern großen Schaden anrichten. Und mit kranken Bäumen hat er natürlich leichtes Spiel. Es sieht nicht gut aus für unseren Wald!"

Das Foto zeigt links eine noch gesunde Fichte und rechts eine kranke Fichte. Der kahle Baum in der Mitte ist bereits abgestorben.

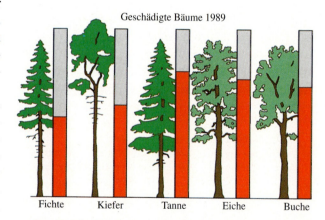

Immer mehr Bäume erkranken. Im Jahr 1989 waren bereits die Hälfte aller Waldbäume geschädigt.

> Schadstoffe in der Luft lassen die Bäume erkranken. Kranke Bäume sind besonders anfällig für holzfressende Insekten wie den Fichtenborkenkäfer.

1   Nadelbäume erkranken als erste und sind auch häufiger geschädigt als Laubbäume. Woran liegt das? Denke daran, daß die Schadstoffe zuerst auf die Blätter einwirken.

2   Achte beim Waldspaziergang auf Nadelbäume mit lichter Krone und auf Laubbäume mit abgestorbenen Ästen und vorzeitig braunem Laub.

3   Überlege dir, welche Folgen ein völliges Waldsterben haben könnte.

Praktikum: Erkennen von Waldschäden

Schäden an Laubbäumen

- Blätter beginnen bereits im Sommer zu welken.
- Schon Anfang Juni verlieren erkrankte Bäume grüne Blätter.
- Schwer erkrankte Bäume verlieren bis Ende September ihr gesamtes Laub, ohne die typische Herbstfärbung
- Blätter rollen sich ein und fallen ab.
- Die Kronen erkrankter Bäume sind schütter belaubt.
- Die Hauptäste beginnen von außen her abzusterben.
- Die abgestorbenen Äste der Baumkronen stehen „krallenartig" nach oben.

Schäden an Nadelbäumen

- Die Nadeln verfärben sich gelb-braun.
- Die Nadeln fallen vorzeitig ab.
- Die nach unten hängenden Seitentriebe sind entnadelt und hängen wie Lametta herab.
- Als letzte Rettungsmaßnahme bildet der Baum „Angsttriebe": aus den Seitenzweigen wachsen neue Ästchen empor.
- Der Baumwipfel flacht ab. Er bildet ein „Storchennest".
- Die noch grünen Zweige erscheinen verkrüppelt und verformt. Sie stehen in alle Richtungen ab.

1 Mit dem Förster im Wald

Wir bitten einen Förster, uns auf einem Lerngang durch den Wald die Folgen der Luftverschmutzung zu zeigen.

Vorbereitung: Wir überlegen uns Fragen über Waldschäden an den Förster. Für die Arbeit im Wald benötigen wir Schreibzeug und eine Tasche zum Mitnehmen von einzelnen Zweigen. Auch ein Fotoapparat und ein Fernrohr können auf unserem Lerngang sehr nützlich sein.

Wie kann man erkennen, ob ein Baum krank ist?

- haltet in einem Protokoll fest, welche Merkmale als Krankheitszeichen euch der Förster bei einem Nadelbaum und welche er euch bei einem Laubbaum zeigt. Die Abbildung links im Buch gibt ein Beispiel, wie eine solche Auflistung aussehen könnte.
- prüft, ob alle Bäume im besuchten Waldstück in gleichem Maß erkrankt sind.
- vergleicht Bäume, die verschieden alt sind.
- macht mit dem Fotoapparat Bilder von gesunden und erkrankten Bäumen.
- achtet auch auf Schadensmerkmale bereits gefällter, kranker Bäume. Wie sehen die Jahresringe von geschädigten Bäumen aus?

2 Gestaltung eines Posters

Gestaltet mit den gesammelten gesunden und kranken Zweigen, mit Fotos und mit Zeitungsausschnitten ein Poster mit dem Thema „Waldschäden". Die wichtigsten Ursachen der Waldschäden werden auf dem Poster vermerkt.

Register

A
Aal 142
Abendsegler 37
Ackerwachtelweizen 107
Ackerwildkräuter 106, 107
Aderhaut 42
Afterflosse 135
Ahorn 195
Ährchen 96
Ähre 96
Ährengras 98
Akelei 226
Allergie 22
Allesfresser 215
Allesfressergebiß 94
Alpensalamander 148
Alpensteinbock 37
Ameise 188, 219
Ameisenlöwe 177
Ameisensäure 189
Ameisenschutz 189
Ameisenstaat 188
Amsel 168, 169
Amselnest 168
Anemone 223
Apfel 82
Aquarium 137
Arbeitsbiene 180, 181
Aronstab 227
Art 39, 80
artgerechte Tierhaltung 22
Assel 177, 219
Atemloch 190
Atemröhre 179
Auerochse 91
Auge 41–43, 178
Ausläufer 101
Außenohr 44
Außenskelett 178

B
Bach 133
Bache 94
Bachforelle 139
Bachstelze 161
Bakterien 104, 218
Bandfüßer 219
Bandscheibe 55, 56
Bankivahuhn 164, 165
Barbarazweig 203
Bast 199, 212, 213
Bauchflosse 135
Baummarder 210
Baumschicht 193
Beckengürtel 52
Befruchtung 66, 78

Bergahorn 201
Bergmolch 148
Beringung 175
Bestäubung 76, 86, 199, 221
Bestimmungsbücher 87
Bestimmungsschlüssel 87
Beuger 58
Beutefang 8
Biber 37
Biene 76, 178
Bienenschwarm 181
Bienensprache 184
biologische Schädlings-
  bekämpfung 127
biologisches Gleichge-
  wicht 118, 119
Birkenpilz 209
Blatt 195
Blattader 75
Blättermagen 92
Blattläuse 125, 129
Blauer Eisenhut 227
Blaustern 226
Blindenschrift 47
Blindschleiche 156
Blumenkohl 85
Blüte 75, 76, 86, 87, 195, 196, 199, 220, 221
Blutegel 191
Blütenkätzchen 220, 221
Blütenknospe 75
Blütenkronblatt 75
Blütenpflanze 74, 75, 193
Blütenstand 199, 201
Blütenstaub 75
Bodenspinne 219
Bodentiere 218
Bohnen 86
Borke 195, 199
Brombeere 82, 204
Brunft 212
Brust 178
Brustkorb 52
Brutpflege 161
Brutschmarotzer 172
Brutschrank 166
Buchdrucker 230
Buche 195–197
Bucheckern 197, 207, 217
Buchenwald 196, 197
Buchenwickler 207
Buchfink 211, 217
Buntspecht 170, 171
Buschwindröschen 223, 224

C
Champignon 209
chemische Schädlings-
  bekämpfung 126
Chitin 122, 178
Chitinpanzer 178

D
Dachs 37, 210, 215
Dachsbau 215
Deckfedern 162, 163
Delphin 35
Dezibel 44
Doldenblütler 110
Dotter 166
Dotterkugel 166
Dottersack 139, 141
Drohne 180
Dromedar 32
Drüsen 48, 63
Duftmarke 6, 11, 13
Dunen 162, 163, 167
Dünger 104

E
Eberesche 206
Echopeilung 28
Eiche 194, 195
Eichel 65, 201
Eichelhäher 207, 211
Eichhörnchen 207, 210, 217
Eidechse 156
Eierstock 64, 66, 166
Eileiter 64, 66, 166
Einbeere 227
Eingeweidesack 190
einhäusig 196, 200, 201, 220, 221
Eireifung 64
Eisbär 33
Eisenhut 227
Eiweiß 166
Eizelle 64, 66, 67, 71, 75, 78, 166
Elefant 24
Elster 207
Embryo 68, 166
Ente 167
Erbsen 86
Erdbeere 82, 105
Erdhöhle 21
Erdkröte 149, 151, 53
Erdspecht 171
Erdsproß 88, 223
Erdstern 209
Erzeuger 218

Eßkastanie 206
Eule 171

F
Fadenwurm 219
Fahne 86, 163
Falbkatze 7
Familie 39, 80
Fanggebiß 156, 157
Farn 193, 224
Farnwedel 193
Fasanenhahn 165
Feder 162
Federkleid 173
Feld-Rittersporn 107
Feldflur 130
Feldhase 18, 36, 131
Feldmaus 113–119
Feldsandlaufkäfer 177
Feuchtlufttier 122, 146, 190
Feuchtpflanze 88
Feuersalamander 147
Fichte 195, 198, 199, 234
Fichtenborkenkäfer 230, 231, 234
Fichtenforst 230
Fichtenholz 198
Fichtenwald 194, 224
Fiederblatt 81
Fingerabdruck 50
Fingerhut 226
Fisch 135–137
Fischotter 36
Flachwurzler 198
Flaschenbovist 209
Fledermaus 26–29
Fleischfresser 9, 11, 34, 214, 217, 218
Fliegenpilz 209
Florfliege 191
Flosse 135
Flügel 162, 179, 186
flügge 161, 168
Flughaut 26, 27
Flugmuskel 27
Flurbereinigung 132
Flußkarpfen 141
Flußpferd 24
Forelle 139
Forst 229
Förster 216
Forstschädling 230
Fraßspuren 216
Frauenschuh 226
Frauenspiegel 107
Friedfisch 141

Frischling 94
Froschjäger 157
Froschlurch 147, 149
Fruchtknoten 75
Frucht 76, 78, 84, 86, 87, 97, 101, 195, 197, 204, 205, 207
Fruchtbecher 197
Fruchtblase 68, 70
Fruchtblatt 75, 84, 86
Fruchtknoten 78, 86, 221
Fruchtstand 201
Fruchtwasser 68, 70
Frühblüher 109, 194, 222, 223
Fuchs 210, 214, 215

G
Gans 167
Gattung 39, 80
Gebärmutter 64, 66, 67
Gebiß 9–11, 92
Geburt 70
Geburtshelferkröte 152
Gegenspieler 58
Gehäuseschnecke 219
Gehirn 38, 42–44
Gehör 10
Gehörknöchelchen 44
Gehörlose 47
Gehörn 213
Gelbbauchunke 149
Gelber Knollenblätterpilz 209
Gelbhalsmaus 210
Gelenk 53
Gelenkkapsel 53
Gelenkkopf 54
Gemeine Akelei 226
Gemüsegarten 102
Gerste 98
Geruchssinn 11, 41, 92, 142
Geschlechtshormone 63–65
Geschlechtsorgane 64, 65
Geschmackssinn 41
Gesundheit 60
Getreide 96
Geweih 212, 213
Gewölle 114
Giftdrüse 147, 189
Giftpflanze 227
Giftschlange 158
Giftzahn 158
Giraffe 24
Glasaal 142
Glaskörper 42

Glatthafer 110
Glied 65
Gliedmaßenskelett 52
Glucke 167
Goldhamster 16, 17
Granne 98
Gras 96
Grasfrosch 144–146, 149
Graugans 174
Grauspecht 171
Greifvogel 114
Griffel 75, 221
Großblättriger Fingerhut 226
Grünes Heupferd 191
Grünfink 207
Grünspecht 171

H
Haarkleid 38
Haarschnecke 177
Habicht 211, 217
Hafer 98
Hagebutte 80, 206, 207
Hagelschnur 166
Hahn 164
Hainbuche 194, 201
Halbhöhlenbrüter 161
Hallimasch 209
Haltungsschäden 57
Haltungstraining 61
Harnsamenleiter 65
Hasel 195, 221
Haselkätzchen 221
Haselnuß 206, 207
Haselstrauch 221
Haubenmeise 211
Hausrotschwanz 161, 175
Hausschwein 94
Haustier 14–17, 20, 22, 23, 165
Haut 41, 48–51
Hautatmung 146
Hautmuskelschlauch 122
Häutung 155
Hecht 140
Heckenrose 80, 206
Henne 164
Herbar 111
Herbizide 106
Hering 143
Hetzjäger 11
Heuler 34
Hinterleib 178
Hoden 65
Hodensack 65

Höhlenbrüter 161, 170
Hohltaube 171
Holunder 205
Holz 199, 229
Honig 181, 182
Honigbiene 178–181
Honigmagen 181, 182
hören 45
Hormone 63
Horn 155, 156
Hörner 92
Hörnerv 44
Hornhaut 42
Hörsinn 41
Hörsinneszelle 44
Horst 115
Hufe 91, 94
Huhn 95, 164–167
Hühnerei 166
Hülse 86
Hülsenfrüchtler 86
Hummel 86
Hummelkolibri 173
Humus 104, 197
Hund 10–15
Hunderassen 12
Hundertfüßer 219

I
Igel 120, 121
Igelschutz 121
Imker 181, 185
Innenohr 44
Insekt 177, 178, 186, 191
Insektenfresser 31, 120
Insektenfressergebiß 31
Iris 42

J
Jahresringe 195, 199

K
Kaiserpinguin 173
Kalb 91
Kalkgehäuse 190
Kalkschale 166
Klasse 39
Kammolch 148, 152
Kaninchenbau 19
Karpfen 141
Karpfenzucht 141
Kartoffel 100, 101, 103
Kartoffelanbau 103
Kartoffelbovist 209
Katze 6–9, 14, 15, 39
Katzenauge 8, 9

Katzenkralle 8
Kaulquappe 144, 145
Keiler 94
Keim 67, 68
Keimling 97
Keimscheibe 166
Kelchblatt 75, 81, 84, 86, 222
Kerbtier 178
Kernobst 81
Kiefer 195, 200
Kiefernwald 194
Kiemen 136, 144, 147
Kiemenblättchen 136
Kiemenhöhle 136
Kirsche 76–79, 195
Kitz 212, 213
Kitzler 64
Klatschmohn 106
Kleiber 171, 207
Kletterfuß 170
Klitoris 64
Knoblauchkröte 152
Knochen 52–55
Knochenhaut 54
Knochenmark 54
Knolle 101
Knospen 203
Kohl 85, 105
Kohlmeise 207
Kohlrabi 85
Kohlweißling 186, 187
Kokon 122
Kolibri 173
Kolonie 19
Kompost 104
Komposthaufen 104
Kopf 178
kopulieren 83
Korbblütler 110
Kornblume 106, 107
Kornrade 107
Kranich 174
Kräuter 193
Krautschicht 193
Krebstier 177
Kreuzblütler 84
Kreuzkröte 152
Kreuzotter 158
Kreuzschnabel 207
Kriechtier 154–159
Krokusse 223
Kronblatt 81, 84, 86, 87, 222
Kröte 151
Kuckuck 172, 174, 211
Kuckucksei 172

Kugelgelenk 53, 156
Küken 166, 167
Kulturlandschaft 90
Kurzflügelkäfer 219

L

Labmagen 92
Lachs 142
Laich 144
laichen 142
Laichgewässer 150, 151, 153
Landschaft 132, 133
Landschnecke 190
Längsmuskel 123
Lärche 200
Lärm 44
Larve 125, 144, 147
Laubbaum 197
Laubblatt 75
Laubfall 202
Laubfrosch 149, 152
Laubmischwald 201
Laubstreu 219
Laubwald 194, 196, 201, 224
Laufkäfer 219
Laufvogel 173
Lederhaut 42, 48, 49
Lederkarpfen 141
Lederlaufkäfer 191
Leitbündel 75
Leittier 13
Lichtbedarf 225
Lichtpflanze 225
Liguster 227
Linde 195
Linse 42
Lippenblütler 87
Losung 216
Löwenzahn 108, 110
Luchs 37
Luftsack 162
Lunge 38, 145
Lungenatmung 146
Lurch 144, 147–153

M

Maiglöckchen 227
Mais 99
Marder 217
Marienkäfer 125
Maronen 206
Märzenbecher 224, 226
Mauersegler 174
Maulwurf 30, 31

Maus 207
Mäusebussard 113–115, 119
Mäuselsprung 214
Mausohrfledermaus 26
Meerschweinchen 21
Meise 161, 171
Menschenaffe 24
Menstruation 64
Milbe 219
Mineraldüngung 106
Mineralstoffe 104, 196
Mischwald 194, 196, 200, 201, 229
Mittelohr 44
Mongolische Rennmaus 22
Monokultur 126, 198, 229
Moorfrosch 152
Moos 193, 224
Möwe 175
Muschel 191
Muskel 58, 59
Muskelkater 61
Mycel 208

N

Nabelschnur 68, 70
Nacktsamer 199
Nacktschnecke 219
Nadelbaum 198
Nadelwald 194
Nagetier 21, 116
Nährstoffe 100
Nahrungskette 217
Nahrungsnetz 217
Narbe 75, 221
Nasentier 11
Naturschutz 156, 157, 189, 228
Naturschutzgebiet 37
Nebenhoden 65
Nektar 182
Nestbau 161, 168
Nestflüchter 18, 91, 167
Nesthocker 19, 115, 168, 170
Nestwurz 226
Netzhaut 42
Nisthilfe 161
Nisthöhle 170
Nußfrüchte 197
Nutzpflanze 96, 100
Nutztier 91, 95, 181

O

Oberhaut 48, 49
Oberlippe 87

Obstplantage 105
Odermennig 225
Ohr 41, 44
Ohrwurm 219
okulieren 83
Orchidee 226
Ordnung 39
organische Stoffe 218
Ozonloch 51

P

Paarhufer 32, 91, 94
Pansen 92
Pantherpilz 209
Parasit 191
Pavian 24
Penis 65
Pestwurz 88
Pfaffenhütchen 205
Pfahlwurzel 75, 89, 200
Pfifferling 209
Pflanzen 218
Pflanzenfresser 21, 113, 116, 131, 217, 218
Pflanzenschutzmittel 106
Pflaume 82
pfropfen 83
physikalische Schädlingsbekämpfung 127
Pilze 104, 193, 208, 218
Pilzgeflecht 208
Pinguin 173
Pirol 211
Pollen 75, 76, 181, 182
Pollenhöschen 182
Pollenkamm 182
Pollenkorn 78
Pollenschlauch 78
primäre Geschlechtsmerkmale 65
Pubertät 63, 64
Pupille 8, 9, 42

R

Rangordnung 11, 13, 164
Raps 84, 105
Raspelzunge 190
Raubfisch 139, 140
Raubtier 9, 11, 33, 34, 39, 214
Raubtiergebiß 9, 33, 34, 214
Rauchschwalbe 161
Raupe 187
Rebhuhn 130, 165
Regenbogenhaut 42
Regenwurm 104, 122–124

Reh 210, 212
Rehlosung 216
Reifezeit 63
Reis 99
Rennmaus 22
Revier 6, 13, 16, 170, 215
Ricke 212, 213
Rind 91–93
Rinde 195, 199
Rinderhaltung 93
Ringelnatter 156, 157
Ringelwurm 177, 191, 219
Ringmuskel 123
Rispe 98, 205
Rispengras 98
Robbe 34
Robinie 195
Roggen 98
Röhrenknochen 54
Rosengewächse 80–82, 204
Rosenkohl 85
Roßkastanie 195
Rotbauchunke 152
Rotbuche 194, 196
Rote Liste 36, 152
Rote Waldameise 188, 189
Roter Hartriegel 206
Rotes Waldvögelein 226
Rothirsch 210
Rotschwanz 174
Rückenflosse 135
Rückenmark 55
Rudel 11, 13
Ruderschwanz 147
Rundtanz 184
Rüttelflug 114

S

Salomonsiegel 227
Salweide 220
Samen 76, 84, 199, 207
Samenanlage 75, 78, 199
Samenerguß 65
Samenleiter 65
Sammelbein 182
Sasse 18, 131
Satanspilz 209
Sattelgelenk 53
Sauerklee 224
Säugetier 24, 27, 36–38, 91, 210
Schädelknochen 52
Schädling 230
Schädlingsbekämpfung 126–129
Schadstoffe 234

Schallwelle 44
Schamlippe 64
Scharbockskraut 222, 224
Scharfer Mauerpfeffer 89
Scharniergelenk 53
Schattenblume 225
Schattenpflanze 224, 225
Scheide 64
Scheinskorpion 219
Schlange 156, 158
Schlehe 195
Schleichjäger 9
Schließfrucht 81
Schmetterling 186, 187, 191
Schmetterlingsblütler 86, 110
Schnakenlarve 219
Schnecke 44, 190
Schneeglöckchen 223
Schote 84
Schultergürtel 52
Schuppe 135
Schuppenkleid 155, 156
Schwalbe 161, 174
Schwangerschaft 68, 69
Schwänzeltanz 184
Schwanzfedern 170
Schwanzflosse 135
Schwanzlurch 147, 148
Schwanzmeise 211
Schwarzdorn 206
Schwarzer Holunder 205
Schwefelkopf 209
Schweinemaststall 95
Schwellkörper 65
Schwerhörigkeit 44
Schwimmblase 135, 140, 141
Schwimmhaut 33, 34, 146
Schwirrflug 173
Schwungfedern 162, 163
Seefrosch 152
Seehund 34, 36
Segmente 122, 178
Sehen 45
Sehne 59
Sehnerv 42
Sehsinn 41
Seidelbast 227
Seitenlinie 136
sekundäre Geschlechtsmerkmale 65
Siebenschläfer 36
Silberdistel 89
Silberfischchen 191, 219
Sinne 9, 10, 41
Sinneskörperchen 49

Sinnesorgan 41, 42, 136
Sinnesschädigungen 47
Sinneszelle 42
Skelett 8, 10, 26, 52
Sommer-Adonisröschen 107
Sonnenbrand 51
Spargel 105
Specht 170, 171, 207, 217
Speisemorchel 209
Spelzen 96
Sperber 217
Spermazelle 65–67
Spiegelkarpfen 141
Spinnentier 177, 191
Spitzmaus 31
Sporen 208
Sport 60
Springfrosch 152
Springschwanz 219
Springspinne 177
Sproß 75
Sproßknolle 223
staatenbildende Insekten 188
Stachelkleid 120
Stamm 195
Star 171
Staubbeutel 75, 221
Staubblatt 75, 81, 84, 86, 87, 220, 222
Staubfaden 75, 221
Steinfrucht 204
Steinobst 81
Steinpilz 209
Stempel 81, 86, 222
Stempelblüte 220
Stengel 75
Steuerfedern 162, 163
Stieleiche 201
Stinkmorchel 209
Stockwerke des Waldes 193
Stoffkreislauf 218
Storch 174, 175
Strauch 193, 204, 205
Strauchschicht 193, 205
Strauß 173
Strecker 58
Sturmmöwe 175
Sumpfdotterblume 88
Süßgras 110
Süßkirsche 82
Symbiose 208

T
Tabak 105
Tagpfauenauge 191

Tanne 200
Tannenzapfen 207
Tarnfarbe 156
Tarnung 131
Tastsinn 9
Taube 162
Taubheit 44
Tausendfüßer 219
Teichfrosch 152
Teichmolch 148
Teichrohrsänger 172
Tierschutzgesetz 23, 95
Tollkirsche 227
Tollwut 214
Tomate 101
Trachee 179
Traubenholunder 205
Trittsiegel 216
Trockenpflanze 89
Trommelfell 44
Türkenbundlilie 226
Turmfalke 113

U
Ultraschall 28
Unkraut 106
Unterhaut 48
Unterlippe 87
Urwald 228, 229

V
Verbraucher 218
Verwandtschaft 39
Vogel 211
Vogelfeder 162, 163
Vogelzug 174
vollkommene Verwandlung 180, 187
Vorhaut 65

W
Wachsdrüse 181
Wachstumshormon 63
Wachstumsschicht 199
Wachtel 131
Wald 193, 194, 196, 232–235
Waldbäume 200, 201
Waldkauz 211, 217
Waldmaus 207, 217
Waldmeister 224
Waldrebe 206
Waldschäden 234, 235
Waldsterben 234
Waldwirtschaft 229
Warnkleid 147

Wasserfrosch 152
Wasserspitzmaus 36
Weberknecht 219
Wechselkröte 152
wechselwarm 145, 154, 156, 158
Wehen 70
Weichtier 77, 190, 191
Weinbergschnecke 190
Wein 105
Weinrose 80
Weißbuche 201
Weißdorn 206
Weißklee 110, 225
Weizen 96, 97
Wiederkäuermagen 92
Wiese 108–113
Wiesel 113
Wiesenkerbel 108, 110
Wiesenpflanze 109
Wildbiene 177
Wildhuhn 165
Wildkaninchen 19
Wildkatze 7
Wildkräuter 106
Wildpflanze 110
Wildschwein 94, 210
Wildtier 16, 112, 120
Winkelspinne 191
Winterknospen 203
Winterlinde 206
Winterschlaf 29, 120
Wirbel 55, 156
wirbellose Tiere 177, 191
Wirbelsäule 9, 11, 52, 55–57, 156
Wirbeltier 9, 11
Wirsingkohl 85
Wolf 11–13
Wühlmaus 116
Wurzel 75
Wurzelknolle 222, 223

Z
Zapfen 200
Zauneidechse 154–156
Zaunkönig 211
Zebra 24
Zecke 191
Zehengänger 11
Zehenspitzengänger 32, 94
Zoo 24
Zuckermais 105
Zuckerrübe 105
Zugvogel 174

Bildverzeichnis

Fotos: ADN/dpa 9.2; Ahrens/Photo Center 66.2; Alberti/Silvestris 105.7; Albinger/Mauritius 198.2; Albinger/Silvestris 234; Angermayer, T. 12.1, 116.1, 120.3, 191.7; Angermayer/Silvestris 191.3; ARDEA/Silvestris 22.1; Astrofoto/Van Ravenswaay 51.1; Batteiger/Anthony 48.; aus: Les tres riches heures de Duc de Berry 229.2; Bellmann, H. 176.7; Berberich, W. 19.2; Bernhard/Mauritius 173.3; Bienert/Silvestris 11; Birke/Photo Center 66.1; Brandl/Silvestris 90.5; Brilliant, A. aus: Wahrnehmung/Spektrum 45.2; Brugger, A./Schnepf 90.1; Buff, W. 227.6, 53, 81.1, 198.3, 220.4; Buhtz, A. 23.1, 40, 86.1–3, 88.2, 101.2, 110.2,3, 111.2, 116.2, 156.3, 202, 203, 220.1,2; Burger/Mauritius 173.2; Christiansen, A. 174.1,2; Cramm/Acaluso International 159.1; Cramm/H. Lade 134.4; Cupitt/Okapia 227.3; Danegger/Silvestris 114.2, 121.2, 131.2, 155.1, 206.2; Debelius/Acaluso International 143; Diedrich 212.1; dpa 47.2; Eckhard/Prenzel 91.2, 99.2; Engelhard, O. 81.3, 84, 89.1, 189, 216.1,2,5, 228, 229.1; Fischer/Mauritius 128.1,3, 232.6; Fotofachlabor Stuttgart 90.4; Frerichs/IFA 20; Geiersperger/Silvestris 79.1; Goettert/dpa 23.2; Grohe/IWZ 101.1; Groß/Silvestris 89.2; Hahn/Acaluso International 175.1; Hanneforth/Silvbestris 206.5; Harstrick/Photo-Center 221.1; Haslberger/Angermayer 110.4; Hassan, S.A. 128.2; Heblich/Silvestris 37.6; Hehl/Acaluso International 24.2; Heilmann/ZEFA 165.1; Hill/Prenzel 70.3; Hirsch/Silvestris 5.2, 36.3; Hollatz, J. 4.6, 17, 21.1, 22.2, 42, 43.1–6, 45.1, 47.3, 50.1, 57.3,4, 62.1–4, 218.1–4; Huber/Silvestris 106; Ikan/Acaluso 35.1,3; IKan/Okapia 35.2; IMA Hannover 105.5,8; Ima Hannover 126.2; Jacana 164.2; Jung/Silvestris 79.2; Kerscher/Silvestris 153.2; Kinlein/Prenzel 168; Kleesattel, W. 185, 127.1; Klein & Hubert/Okapia 206.9; Klu/Okapia 105.6; Kolmikow/Mauritius 73; Krebs/Bavaria 60.1; Kuch/Silvestris 213; Kulzer, E. 29; Kunz, B. & H./Okapia 206.6, 226.6; Labler/Prenzel 99.1; Lacz/Silvestris 36.6; Landesanstalt für Pflanzenschutz, Stuttgart 127.2; Laue/Silvestris 36.5; Lederer/IFA 105.2; Lee Rue, L./Bavaria 131.1; Lehr, H. 129.1–4; Liaison/Bildagentur Schuster 72.2; Limbrunner, A. 31, 130, 170.1,2, 176.3; Maier/Silvestris 191.2; Manus/Mauritius 60.2,3; Marc/IFA 47.1; Mauritius 26; Mauritius/AGE Kat. 69, 72.5; May, G. 10; Meier, R./Silvestris 191.9; Meyer/Photo-Center 150.1; Meyers/Acaluso International 142; Müller/Silvestris 191.1; Nagel/Acaluso International 83; Nautsch/Bavaria 176.5; Nilsson L. 68.1; Okapia 21.2, 93; Pagni/Prenzel 72.3; Pedone/Bavaria 126.3; Pelka/Silvestris 134.2; Pfletschinger, H. 125.2; Pfletschinger/Angermayer 122.1, 125.1/1,1/2, 144.1,3, 145.1–3, 148.2–4, 149.2,3, 155.2, 157.2, 176.2, 178.1,2, 181.1–3, 184, 186.2,3, 187.1–3, 188.1,2, 190.1,2, 191.5,8, 230.2; Pforr, M. 161.,230.1; Podlucky, R 153.1; Postl/Silvestris 180.1; Prenzel, F. 71, 97; Prenzel/IFA 68.2; Prenzel/Silvestris 105.1; Pretscher, P. 131.3; Rauch/Silvestris 176.1; Rech/Okapia 134.1; Redeker 40.1,2, 49.1,2, 50.2, 57.1,2; Reichelt, G. 133.2; Reinbacher/Bavaria 70.1; Reinhard, H. 5.1, 6, 8, 9.1,2, 18.1,2, 19.1, 36.2,4, 37.2,4,5, 38, 74.1, 78, 90.2,3, 94.1, 95.1,3, 105.3,4,9, 107.1–5, 108.1–3, 110.1, 111.1, 120.1,2, 121.3, 134.3, 137, 139.1, 140, 141, 144.2, 146.1,2, 147.2,3, 149.1, 151, 156.2, 158.1, 160., 165.2,3, 167.1,2, 186.1, 191.4, 192.1,3,4, 196, 197, 198.1, 205.1,2, 206.1,3,4,7,8, 207.1, 212.2,3, 214, 221.2, 222, 224, 226.1,3,4,5,7,8, 227.1,2,4,5,7, 232.1,3–5; Reinhard/Angermayer 7, 16, 27, 37.3, 94.1, 114.1, 215, Reinhard/Okapia 107.6; Sauer, F. 156.1; Sauer, F. 139.2; Schendel/Acaluso International 159.2; Schlodien/ZEFA 230.3; Schork/Bio-Info 232.2; Schösser/IFA 227.8; Schösser/Prenzel 100.1; Schrempp, H. 80, 150.2, 169, 220.3, 100.2; 147.1; 154.; 164.1; Schrempp/Photo-Center 91.1 Schwammberger/Acaluso International 216.3; Schwebler, W. 208; Schwind/Okapia 95.4; Siemens 47.4; Signalbau Huber AG 47.6; Silvestris 133.3; 192.2; Skibbe/Silvestris 148.1; Stork/Burda GmbH 74; Studio-tv-Film 77.2,3; Thompson, S.A. 12.2; Thönig/Mauritius 194.1,2; Toenges/Bio-Info 226.2; TPL/IFA 72.4; TPL/IFA Bilderteam 72.1; Traub/Silvestris 216.4; Trötschel, P. 172.1–5; Vloo/Bavaria 70.2; Walz/Silvestris 34.1; Weigel/Zefa 133.1; Weinzierl/Silvestris 191.6; Wendler/Silvestris 121.1; Willer, K.-H. 88.1; Willner/Silvestris 176.4,6; Wothe/Silvestris 149.4; Wüstenberg/Acaluso International 175.2; ZEFA 35; Ziesler/Angermayer 173.1; Zwez/Mauritius 104.

Grafiken: Büro für Gestaltung, Biste und Weißhaupt, Schwäbisch Gmünd: 50.4, 56.1,3,4, 130.2, 152.1; Eickhoff, Manfred, Speyer: 7.1, 8.3,4, 10.2, 19.2, 20.2, 26.2, 28.2, 30.2, 32.3, 76.1,2, 77.4, 78.1,4, 80.2, 81.2,4, 83.2, 84.2, 85.4, 86.1, 88.2, 89.2, 96.1–3, 97.2, 98.1–3, 99.3,4, 100.1,4, 135.1, 137.2,3, 138.1–3, 141.2, 142.1, 144.1,2, 145.1,2, 158, 182.3, 189.2, 197.3, 202.2, 203.1,2, 214.3, 220.3,6, 221.3–5, 222.1, 223.1,2; Albert R. Gattung, Edingen-Neckarhausen: 13.1, 158.2, 159.2; Groß, Karlheinz, Mundelsheim: 13.2, 14.1, 15.1–3, 27.2, 28.1, 30.3, 33.2, 39.1, 41.1–5, 43.7, 45.3, 48.2, 49.4, 53.2,4, 58.1, 60.4, 72.6, 78.3, 85.5, 91.1, 94.3, 102.1–3, 111.2, 113.1, 119.2, 124.1–6, 126.2, 129.1, 150.3, 163.4, 167.1, 181.4, 182.1, 183.1, 208.2, 210.9, 213.2, 217.2, 225.1, 228.2, Symbole der Sonderseiten Praktikum, Gesundheit, Umwelt aktuell, Zur Diskussion; Haydin, Herbert, Bensheim: 38.2, 49.1, 51.1, 61.1,3, 103.1–5; Kipper, Udo, Hanau: 44.2, 177.1; Konopatzki, Angelika, Heidelberg: 171, 188.3, 200.1–3, 201.1–3, 210.1–8, 211.1–9; Konopatzki, Harald, Heidelberg: 63.1,2, 68.3, 71.2; Kühn, Jürgen, Atelier Heidelberg: 32.2, 112.1, 117.1, 209; Mezger, Angelika, Heidelberg: 25, 196.2; Müller, Ulrike, Heidelberg: 233.1; Pfiffigunde e.V. Beratungsstelle bei sexuellem Mißbrauch, Heilbronn: 73.2; Rißler, Albrecht: 6.1, 8.1; Schrörs, Michael, Bad Dürkheim: 16.2, 17.1, 21.3, 22.2, 46.1,3, 56.2, 204, 207.2, 219.1, 225.2,3; Schrörs, Michael nach Vorlage Kurt Krischke: 50.2, 219.2.
Kleinanzeigen aus: „Das Tier" und „Sperrmüll": 23.2
Naturschutz-Aufkleber: D. Krüger, Hamburg, Landesamt für Ökologie: 106
Aus: Les très riches heures de Duc de Berry: 229.2

Alle übrigen Grafiken fertigte Kurt Krischke, Esslingen. Die Redaktion ist ihm dafür zu großem Dank verpflichtet.

Rosi Schl.